산문밖에서 쓴 에세이 여시아문

보이지 않는 것을 보는
어리석음

해누리북스

산문밖에서 쓴 에세이 여시아문

보이지 않는 것을 보는
어리석음

해누리북스

저자의 서문

이제 우리는 어느 하늘 아래서
누굴 사랑하고 그리워하지?

강춘 그림

　나는 중1 때 할아버지의 갑작스런 별세로 인간의 죽음을 처음 목격하고 절망과 충격에 빠졌다. 그토록 지엄하시던 조부께서 어처구니없게 수의를 입으시고 좁은 관속에 옹색하게 누워 계시던 모습, 이어 높은 산 깊은 땅속에 매장되는 하관을 지켜보면서 어떻게 할아버지를 산속에 버릴 수 있느냐고, 대성통곡을 하며 할아버지를 불렀던 기억이 선명하다.

　그 후로 나는 삶과 죽음에 대한 깊은 절망과 연민을 가슴 속에 지닌 채, 적멸의 시간을 기다리는 지금까지도 풀리지 않는 두려운 퍼즐 하나를 끼고 살면서 무심한 세월의 강물을 흘려

보내고 있었다. 나는 어디서 와서 어디로 가는가. 끝내 나는 조부처럼 참담한 적멸의 순간을 맞게 되는 것일까?

 나 말고도 그간 얼마나 많은 인류가 똑같은 의문의 한을 품은 채, 세상을 하직했던가. 그 이유는 지금도 살아있는 인류 어느 누구도 붓다의 말씀대로 「그저 모를 뿐」이다. 사람도 꽃처럼 윤회한다는데, 나는 죽어서 어디로 꼭 가야 한대요. 글쎄, 거기가 어딘지도 모르고, 내가 차를 탈 때마다 꼭 찍었던 T맵의 마지막 행선지는 아직 나타나지 않고 있다.

 나는 지금까지 살면서 자주 이게 아닌데 아닌데 하다가 요즘 내 입버릇이 된 노랫말처럼 바람 바람아! 세상이 지쳐 울고 싶은 날, 너는 나를 달래주지 않으려나…그래도 포기하지 않고, 천천히 내세의 탐색을 멈추지 않던 중, 나는 우리처럼 아주 오래전에 지상의 흙을 밟으셨던 위대한 영혼의 스승이시자, 멘토이신 TOP 2가 남긴 인간 붓다의 『경전』과 인간 예수의 『성서』에 나온 대목들을 읽으며 이 책을 쓰기 시작했다.

 결국 우리 삶의 프로그램은 스마트폰의 앱처럼 설계를 맘대로 바꿀 수 없도록 기본 환경이 전생에서 이미 설정되어 있었다는 것, 그 결과 우리는 삶의 방식을 바꿀 권리가 없고, 바꿀 방법도 모르고, 바꿀 의지도 없었다. 하지만 최근에는 인류의 운명에 놀라운 변화들이 나타나기 시작했다.

첨단 IT 공학과 나노기술은 인체와 기계를 결합한 사이보그(cyborg) 인공지능 로봇이 신의 창조(인간) 권력에 손을 대기 시작한 것이다. 미래 학자들은 사이보그가 슈퍼 컴을 통해 인간의 두뇌를 계속 업로드하게 되면, 머잖아 인간의 IQ가 10억 배로 증강되면서, 인체의 심장과 폐 등 주요 장기들이 인공부품으로 급속히 대체될 것이며, 인간의 수명 역시 무한대로 연장되는 놀라운 초 인류들의 대거 등장을 예고한 것이다.

그와 함께 이 세상에는 사이보그와 인류와의 반목과 대립의 비극적 상황이 전개될 것이며, 그 결과 신의 분노는 인류에게 제2의 소돔과 고모라의 유황불 징벌을 불러올 수도 있다는 두려운 생각마저 들었다. 그게 아니라면 꿈과 눈물로 가득 찬 선하고 아름다운 우리 바보 인간들은 이제 어느 하늘 아래서 누구를 사랑하고 그리워할 것인가.

2024. 7. 25

저자 유 홍 종

차례

1 보이지 않는 것을 보는 어리석음
사람도 꽃처럼 윤회한다 11
빈방에 홀로 무릎을 꿇고 20
나는 왜 태어나 살다가 죽는가 28
그저 모를 뿐 37

2 저승까지 뚜벅뚜벅
널 여기서 만나다니 47
무엇을 버리고, 무엇을 초월하는가 55
내 마음의 「착한 나」와 「악한 나」 62
삶의 각본은 전생에서 짜인다 68

3 적멸을 기다리며
우주의 창백한 푸른 점 하나 77
유대교에 없던 내세가 창조되다 86
과학의 상상력은 미래의 예언이다 95

4 등신불을 찾아서
수백 리 노란 밭길 물든 적막 105
자신의 독 하나 깨지 못하는 등신 117
나는 죽기 위해 태어난 것일까 124

5 복희씨의 예언 한 마디

돈벼락 맞을 팔자를 타고났구나 131
내 생각은 대부분 허구다 138
점괘의 마술적 상상력 144
나비도 내 꿈을 꿀 수 있을까 150

6 미래의 신인류가 등장하고 있다

아함경이 들려주는 신비한 우주 157
티끌 한 톨 속에 우주가 들어 있다 162
1억 년의 빙하기가 다가오고 있다 171
내 절친 인간형 로봇 휴머 노이드 176

7 개미의 제국

사람과 개미는 어떻게 다른가 183
내가 왜 죽어야 하지 193
누가 코끼리를 만져 보았는가 202
마음의 의지가 뜻을 이룬다 209

8 절대순환의 법칙

신이시여! 이 강물을 거슬러 오르게 하소서 215
해탈, 삶과 죽음이 풀리는 열쇠 224
당신을 붓다로 불러도 되겠습니까 228

9 죽어서 다시 사는 나

그의 전생은 줄루족의 전사였다 239
윤회는 에너지의 순환 법칙이다 248
영혼이 우리의 뇌세포를 지배하고 있다 255
탐욕의 단맛과 포기의 쓴맛 260
내가 외로울 때 누가 위로해 주지? 267

10 인도의 지혜

아침마다 다시 사는 소녀 275
바라나시의 안마사 284
행위를 행동으로 바꾸는 지혜 289

11 신성한 지옥의 노래

염라대왕의 핏빛 갑옷 299
아케론강의 뱃사공 309
법수 거사에게 들었다 318

1

보이지 않는 것을 보는 어리석음

내가 태어나고 죽는 것을 내 의지대로 변경할 수 없는 한,
그것은 내 본질이 아니므로 내가 간여할 일이 아니다.

사람도 꽃처럼 윤회한다

불교적 인생관은 낙관적이라기보다 비관적인 측은지심 쪽에 더 가까워 보인다. 그래선지 경전을 통해 바라보는 삶의 적막감은 성서보다 훨씬 더 커 보인다. 나는 노을이 질 무렵이 되면 늘 가슴 한구석에서 서늘한 바람이 분다. 너무 외롭고 쓸쓸하다. 그 미묘한 정서적 감성은 말로 표현할 수 없는 두려움이기도 하다.

그런 어느 날 한 사찰에서 적멸보궁이라는 현판에 나온 적멸(寂滅)이라는 단어를 본 순간 충격을 받았다. 그래! 적멸, 내가

찾던 그 말이다. 그 후로 저녁놀은 나의 외로움이나 적막감보다 더 강렬한 적멸로 바뀌었다. 적멸의 사전적 의미는 「사라져 없어짐」이지만 적멸은 마치 큰 어둠의 망토가 나를 훅 덮어 씌워서 삼켜버리는 전율 같은 두려움으로 다가왔다.

하지만 불교의 내세는 적멸로 끝나는 무상한 삶을 칼로 무 자르듯 폐기하지 않고, 윤회라는 생명의 순환 법칙으로 되살려 우리에게 또 다른 삶의 시간과 공간의 무대로 확대해 놓았다. 아니! 내가 죽었는데 다시 살려준다고?

비록 우리에게 관념적인 상상이지만 절망에 빠졌던 우리들에게 다시 관조할 수 있는 삶이 죽음의 강 건너 마을 저편에 존재한다는 사실이 얼마나 위로가 되는가.

그래? 까짓, 그곳에는 비록 천국도 있고, 죄를 징벌하는 무서운 형장 같은 지옥도 있다는데, 운세 따지지 말고, 그 지옥 훈련에 맞서 도전해 볼 수 있지 않을까? 그게 적멸이나 회칠한 죽음의 옹벽에 갇혀버리는 것보다 낫지 않을까?

큰스님의 다비식에서도 나는 그런 생각이 들었다. 큰 스님의 거대한 생애가 한순간, 불길과 잿빛 먼지와 바람으로 허무하게 사라져 가는 적멸의 순간을 목격한 후부터 나는 큰스님께서 가신 저승에 관심이 더 깊어졌다. 큰스님도 가신 곳인데 나라고 못 갈 이유가 있는가. 죽음의 적멸아! 기다려라, 내가 간다? 그런 주제넘은 용기는 한편 위로가 되기도 했다.

큰스님의 영결식에서 다비장까지는 그분이 생전에 쌓아두신 행적을 기리는 제자들의 글귀들이 장황한 깃발들로 펄럭거렸다. 그 뒤로 큰스님의 법구가 뒤따랐다. 글귀들로만 어찌 큰스님의 생전에 쌓은 공덕을 헤아릴 수 있겠는가.

큰스님은 유언 한 마디 남기지 않으셨지만, 제자들은 각자 깨달은 법문을 하나씩 들고 큰스님과의 이별을 화두로 내걸며 슬픔을 시위로 대신하는 듯했다. 큰스님께서는 그 깃발들에 나온 글을 보시면서 쓴웃음을 지으셨을 것이다.

**보라! 이 세상에서는 아무리 위대하고 고결하고
화려한 삶도 마침내 한 줌의 흙이다**

법구 뒤로는 큰스님을 따르던 수행자들의 행렬과 슬픔의 염송이 계속 이어졌다. 곧이어 법구는 연화대 위에 정중히 모셔지고, 진행 순서에 따라 거화(炬火)를 알리는 외침 소리와 함께 선방 수좌들이 연화대에 불을 붙였다.

이어서 타오르기 시작하는 불길, 불길. 불길… 그 속에 부서지고 스러지는 큰 스님의 육신, 그 장엄한 불길들이 잿더미로 남은 후에 연기조차 사라진 화장터에서 흘러내리는 내 눈물만 뺨에서 더디게 마르고 있을 뿐이다. 그때 비로소 큰스님의 영혼이 깃든 육신이 세상에서 흔적을 지우고 남은 습골과 사리가 수습된다. 나는 지금도 큰 스님의 적멸이 잊혀 지지 않고, 내 뇌리에 화석이 되어 단단하게 굳어져 있다.

　불교가 세상의 만물을 구성하고 있는 물질의 본질이 없음(無)과 비어있음(空)에 근거를 두고 있는 이유도 바로 그것이다.

　「나는 가톨릭신자지만 전생을 믿지 않을 수 없다.」

　이 말은 스위스 정신 분석학자 칼 구스타프 융이 한 말이다. 융은 이미 심층분석 심리학계의 전설 같은 존재다. 그의 자서전을 보면 심리학은 신화와 종교, 연금술과 신비주의와 관련된 본능적인 집착과 통찰력으로 가득 차 있다. 꿈과 상상력은 몽상적이고 비체계적인 혼돈 속에 헤매는 것 같지만, 그는 분명 보이지 않는 것을 보는 어리석음을 통해서 또 다른 신비한 주술적 삶의 지혜를 공감하고 터득하고 있었던 것 같다.

　칼 융은 우리 무의식 속에 잠재된 영감과 상상력을 과감히 세상 밖으로 끌어내어 체계적인 이론으로 복원시키려는 본능적인 감각을 지닌 학자였다. 융은 자신이 겪은 영적 체험들을 전생과 절묘한 인연과 판타지로 환치시켜 놓고 있었기 때문이다. 그는 83세의 나이에 제자 아니엘라 야훼 여사와의 대담을 통해서 자전적 인생관을 이렇게 진술하고 있다.

　「나는 인간의 삶이 자신의 뿌리를 근거로 대지에 존재를 드러내는 식물과 같다는 생각이 든다. 꽃은 삶의 실체를 뿌리에 숨기고 있다가 봄이 되면 마치 신기루처럼 허망한 삶의 화려한 신화를 드러낸 후에 가을에는 다시 모습을 감춘다. 꽃은 그처럼 끝없는 생성과 소멸을 통해 순환적 삶을 계속 이어 나가고 있다. 인간도 꽃처럼 그 실체를 거대한 영적 뿌리에 숨기고 그 영혼의 실체를 땅속에 감추고 있다가 때가 되면 꽃으로 피어나 다시 영속적인 순환의 삶을 이어가고 있지 않은가.」

꽃이 뿌리의 영혼을 피어 내듯이
사람도 영혼을 드러낸다

그래서 나는 이 세상에서 가장 의미 있는 진실은 우리의 무의식 속에 내재 된 내적 체험을 꽃처럼 밖으로 끌어내는 일이라고 생각한다. 그래서 융은 자신의 무의식 속에 숨어있는 내적 체험의 원료들을 명상과 꿈을 통해 이웃들에게 들려주는 일이 이 세상에서 가장 가치 있는 일(작업)이라고 말했다.

융은 평생 만나고 사귀고, 사랑하고 미워했던 사람들과의 추억들은 기억에서 모두 사라지고 없지만, 오직 무의식에 잠재적으로 남아있는 경험의 축적들이 기억에 깊이 각인되어 남아있다고 고백했다. 인간의 본질은 오직 무의식의 영적 뿌리에서만 확인할 수 있다는 것을 믿고 있었다. 사실 인간에게 전생이 있거나 없거나 달라지는 일은 없다. 「세상의 모든 존재는 그 본질이 바뀌지 않고 영원하다.」

그것이 그의 신념이 되었다. 따라서 우리는 이 세상에 사는 동안 내 존재의 빛깔이 바뀌기를 기대해서는 안 된다. 우리 몸에는 전생의 흔적과 그림자들이 도처에 투영되어 있다는 것을 알고 있더라도 내가 할 수 있는 일은 없다. 지금의 나는 내 삶의 의지에 의해 독자적으로 창조되었고, 스스로 독립적인 개체로 살다가 죽는 것이 아니다.

장미는 다시 장미로 피어야 하고
모란은 다시 모란으로 피어야 한다

내 삶이 태어나고 죽는 것을 내 의지로 변경할 수 없는 한, 내가 전생에 어디서 누가 되어 살았거나, 내가 죽은 후에 내세의 어디서 누군가가 되어 살게 되거나, 그것은 진정한 내 본질이 아니기 때문에 내가 간여할 일이 아니다.

우리가 거기서 초월할 수 있어야 나는 그나마 이 세상에서 안녕과 평화를 누릴 수 있다. 그것은 철저한 불교적 인생관이기도 하다. 그런 인생관은 윤회라는 순환의 굴레에 나 자신도 포함되어 있다는 뜻이다. 내게 주어진 전생이나 이승이나 내세가 이미 내 의지나 능력 밖의 일이라면 나는 지옥을 피하려고 애쓰거나, 천국에 가려고 심한 고행을 해야 할 이유가 없다.

전생이란 이미 지난 과거의 삶이고, 내세는 아직 닥치지 않았는데 우리는 어제와 내일에 매달려 현재의 삶을 놓치고 있다. 가톨릭의 교리는 전생을 말하지 않지만, 이미 성서는 내세의 구원과 부활을 약속하고 있다.

특히 가톨릭 기도문 중에 예수 그리스도 역시 「십자가에 못 박혀 돌아가시고 묻히셨으며 저승에 가시어 사흘날에 죽은 이들 가운데서 부활하시고…」라는 대목이 나온다.

예수는 돌아가시고 묻히신 후에 저승에 가시어 사흘날에 부활한다. 저승이나 내세는 전생을 전제로 존재한다. 융이 전생을 부인할 수 없다는 것은 그 이유 때문이다.

내 삶은 누군가에 의해 설계되었고
내 의지는 모두 제거되었다

그것은 내가 죽은 후에 지금의 내 영혼이 그대로 다시 태어난다는 것을 전제로 해야 한다. 지금의 내 영혼이 저승에 태어나서 다른 영혼으로 산다면 그것은 부활이라고 할 수 없다.

비록 전생의 나와는 외모가 다르고 이름도 다르고 부모가 다르고 종족이 바뀌어도 나는 내세에서 현세의 영속성을 지닌 동일한 영혼으로 태어나야 한다. 그것은 마치 앞뜰의 장미가 다음 해에는 개망초 진달래로 피어서는 안 된다는 뜻과 같다.

그 뿌리의 본질이 바뀌어서는 안 된다는 뜻이다. 그렇다면 나는 죽었다가 짐승으로 태어나서도 안 된다. 나의 내세는 전생이었던 이승에서 내가 살던 환경과 조건을 갖춘 곳에서 영혼의 본질도 같은 모습으로 태어나야 마땅하다.

그것은 마치 장미꽃의 유전자 염기서열이 전생의 것과 달라서는 안 된다는 강력한 반증이다. 그렇다면 결국 불교와 가톨릭은 끝내 진리의 바다에 함께 녹아있다는 것을 깨닫게 된다.

가톨릭이나 불교나 영혼의 가지는 뿌리에서 하나로 만난다

오래 전, 숭산 큰스님께서 하신 말씀이다. 모든 종교가 진리를 따르고 있는 한, 모든 인간은 한 뿌리에서 나온 또 다른 줄기이자 가지라고 말할 수 있다. 같은 사과지만 일본에서는 링고, 미국에서는 애플, 인도에서는 망고로 불리지만 사과가 열린 곳이 다르다고 해서 사과 맛이 달라지는 것이 아니다.

내가 만난 숭산 큰스님은 분명 살아서 명상하는 그 자체가 이미 거대한 성서이자 경전이셨고, 그분의 영혼은 수많은 후배와 제자들이 찾아오는 산속에 세워진 한 채의 거대한 도서관이나 다름없었다. 내가 만난 숭산스님과 큰 주지스님은 지금 내가 살고 있는 현생에서 그림자를 거두신 지 오래되었다. 그 후로 더 오랜 세월이 무심히 흐른 후에야 나와 함께 등신불의 영적 체험순례에 동반하셨던 젠센터의 선승 J스님의 입적 소식을 뒤늦게 전해 들었다.

지금 그분들과 나와의 시절 인연은 끊겼지만, 그분들은 내가 사는 동안 내 영혼 속에 여전히 함께 살아계신다. 내가 아직도 그분들과 침묵의 대화를 나누고 있다는 것은 나와 함께 마음의 공간을 공유하고 있다는 증거다. 그래서 나는 그들과 영혼의 대화를 계속할 수 있다.

　내가 돌아가신 어머니에게 말을 건네는 순간, 나는 이미 어머니의 대답을 함께 듣고 있다. 내세에 사시는 어머니는 지금 내 영혼과 함께 과거의 추억을 공유하고 소통하고 있다는 뜻이다. 그것을 어찌 보이지 않는 것을 보는 어리석음이라고 말할 수 있겠는가. 나는 이따금 눈을 지그시 감고 그분들과의 과거를 떠올리며 울고 또 웃기도 한다.

　그들과의 이별은 허망하고 슬프고 안타까운 일이지만 융의 말에 의하면 그들 역시 나처럼 거대한 영혼의 뿌리에서 한 계절 세상에 나와서 자기 뿌리의 존재를 드러냈다가 본래 영혼의 집으로 돌아가는 기나긴 영혼과 육신의 순환과정을 밟고 있다.

　그분들과 내가 이승에서 맺은 시절 인연은 한 줄기 바람처럼 내 영혼의 숲을 크게 흔들고 지나가면서 그들과 내가 전생에서 예정된 내세인 현세를 거쳐서 이어지는 인연은 여전히 계속되고 있다는 생각에는 변함이 없다. 나는 그들과 내세에서 그리고 더 먼 내세에서 반드시 다시 전생에 만났던 것처럼 만날 것이라고 믿고 있다. 내가 큰스님과 J스님에게 바라는 것이 있다면 그분들이 생전에 그토록 갈망했던 덧없는 윤회의 굴레에서 벗어나기를 바랄 뿐이다.

빈방에 홀로 무릎을 꿇고

 큰스님이 떠난 조실은 텅 비어있다. 방안은 적막이 감돈다. 해가 저물어도 인기척이 없고, 방에는 불도 켜지지 않은 채, 빈틈없는 어둠과 침묵이 교교하게 머물고 있을 뿐이다.
 세상의 모든 존재는 무상에 근본을 두고 있기에 우리 역시 보이지 않는 실재의 그림자에 불과하다는 것을 큰스님은 손수 보여주셨다. 그것이 큰스님이 우리에게 남긴 위대한 계시다.

**우리는 지금부터 보이지 않은 스님을 보는
어리석음에 사로잡히게 될 것이다**

비어있어 늘 충만한 백자 항아리/ 아른한 꽃과 새 울음소리/ 인고의 유약 빗살과 은은한 청화/ 그 쓸쓸함을 위하여/ …중략…오늘은 두 손 모으시고 조용히 앉아 계시다

— 한광구의 시 「백자항아리」 중에서

 우리가 그처럼 닮고자 애썼던 큰스님의 영혼은 지금 어디 계시는가. 그분이 남긴 육신의 잿더미와 습골과 사리는 어떤 위로도 되지 않는다. 제자들은 모두 큰스님이 여전히 조실에 살아계신다는 생각을 쉽게 버리지 못했다. 그 느낌은 우리가

이 세상에 실재하는 존재가 아니라는 것을 믿기 어렵게 만들었다. 그렇다면 큰스님의 본질은 영혼이었는가, 육체였는가. 영혼과 육체 중, 어느 것이 본질인가. 문득 칼 융의 말이 떠오른다.

「나는 인간의 삶이 자신의 뿌리를 근거로 대지에 존재를 드러내는 식물과 같다는 생각이 든다.」

그렇다. 큰스님은 지금 자신이 대지에 존재를 드러낸 꽃을 거두고 뿌리의 본질로 돌아가신 것이다. 큰스님은 이 세상에서 잠시 빌린 조실을 반납하고 본래의 집으로 돌아가셨다. 노스님께서 사시던 집(육체)에서 나가셨으니 이제 그 방은 내세로 가신 스님에게는 전생의 방이 되어버렸다.

수행이 깊으신 노스님이 지상에서 떠나신 후에 살아남은 우리들은 모두 각자의 분수에 알맞게 그분으로부터 받은 넋의 한 부분을 골고루 나누어 가졌다. 큰스님은 자신을 제자들의 마음속에 골고루 남겨 두셨으니, 지상에 죽음의 흔적을 남기실 이유가 없다. 그래서 여전히 우리들 마음속에 살아계신 노스님이 눈에도 선하고 목소리도 귀에서 쩌렁쩌렁 울리고 있다. 그것이 들리지 않는 것을 듣는 어리석음이 될 수가 있을까.

그분은 저 멀리 어느 물리학적인 공간의 경계 너머가 아닌, 우리들 마음의 가장 아름다운 자리에 꿈과 판타지로 살아계신다. 그 순간 나는 이 세상에는 두 가지 존재의 법칙이 있다는 사실을 깨닫게 되었다. 이 세상에 살아서 존재하시던 큰스님의 기억과 입적하신 후에 우리 마음속에 더 큰 그림자로 어른거리며 살아계신 큰스님의 모습이다. 그것이 우리가 말하는 존재의 두 형상이다.

선은 악을 통해 그 존재와 가치를 드러내고, 악은 선이 있기에 그 무서운 존재가 드러난다. 삶은 죽음이 없다면 존재할 수가 없고, 죽음은 반드시 삶을 전제로 존재한다. 전생도 내세를 전제로 존재한다. 보인다는 것은 보이지 않기 때문에, 보이지 않는 것은 보이는 것으로 인해서 존재한다.

빛과 어둠은 서로의 존재를 위한 본질로 존재한다
그래서 빛은 어둠의 본질이다

천국과 지옥, 플러스와 마이너스, 남과 북, 부와 가난, 자유와 억압, 천사와 악마도 서로 그렇다. 그래서 신은 인간에게 육체와 영혼, 즉 3차원의 세상과 4차원의 결합을 통해 위대한 인간의 존재를 탄생시킬 수 있었다. 「네가 있어야 내가 있고, 내가 없으면 너도 없다.」 그렇게 상호 결합과 서로가 서로에게 얽힘으로 이루어진 것이 존재에게는 불멸의 법칙이 되었다.

우리는 마치 비파처럼 존재한다. 비파는 쌍떡잎식물 장미목 장미과에 속하는 상록소 교목으로 만들어지는 악기다. 하지만 비파의 본질은 상록소 교목이 아니다. 비파의 본질은 음률이다. 비파가 비파소리를 내지 않으면 비파가 아니다. 그저 상록소 교목이라고 말한다. 그런데 놀라운 사실은 현에서 울리는 음률은 물질이 아니다. 형체가 없는 소리, 즉 공기의 파장이 만들어 낸 비파의 본질은 보이지 않는 공기의 파장(영혼)일 뿐이다.

음률은 파생하는 순간 소멸하고, 다른 음률의 생성으로 끝없이 이어지고 있다. 비파소리처럼 소멸과 생성의 긴 사이클이 우리 삶의 모습이다. 사람도 그와 같다. 내가 거울로 보이는 내 모습은 내 본질이 아니다. 나는 유기질로 만들어진 뼈와 살로 골격을 갖춘 육체일 뿐이지만 그 골격 속에서 육체를 장악하고 있는 보이지 않은 영혼을 본질이라고 말한다.

나의 본질인 영혼 역시 물질이 아니다
그래서 나의 본질은 없음이다

없음이 아니라면 비어있음이다. 우리 눈은 단지 영상이 빚어 낸 빛의 파장을 통해 나의 육체를 바라보면서 그것을 나라고 말하고 있을 뿐이다. 따라서 나는 실체가 없는 꿈이며 판타지에 불과하다. 우리는 참으로 어려운 자기 존재의 본질, 즉 참 나인 영혼을 탐색해 볼 수 있게 되었다.

나의 본질인 영혼을 우리는 숨 쉬는 동안에만 확인이 가능하다. 숨을 멈추면 나는 내 본질을 깨닫지 못한다. 우리에게 너무 잘 알려진 시 가운데 김춘수 시인의 「꽃을 위한 서시」는 존재의 필연적인 인간 관계를 「우리들은 모두 누군가의 그 무엇이 되고 싶다」는 관계 즉 너는 나에게 혹은 나는 너에게 그 무엇인가 인연으로 관계를 맺고 싶다는 마음을 원하고 있다는 뜻이다.

나(영혼)는 처음 엄마의 자궁(육체)에서 수태되어 부모로부터 99.9%의 유전자(DNA)를 받고 이 세상에 태어난다. 나는 세상에 나오기 전에 「알콩이」라는 태명을 받고, 알콩이로 불리기 시작한다. 엄마가 알콩이라는 태명을 지어서 불러주기 전에 나는 단지 엄마의 뱃속에 매달린 몸짓, 혹은 무의미한 동작과 꿈틀거림, 혹은 익명의 세포에 지나지 않았다.

우리들은 모두 누군가의 그 무엇이 되고 싶다
너는 나에게 나는 너에게

하지만 엄마가 내 이름을 알콩이로 불러주었을 때 나는 비로소 엄마의 아들 알콩이가 되었다. 엄마가 내 이름을 알콩이로 불러준 것처럼, 누가 나의 이 빛깔과 향기에 알맞은 나의 이름을 불러 다오. 나는 그에게로 다가가서 향기가 되고 싶다. 나도 그의 「알콩이」가 되고 싶다.

그렇게 나의 본질인 나(자아)는 엄마로 인해서 알콩이 달콩이가 된다. 나의 본질인 영혼은 태어난 후에는 태명을 버리고 「돌이」 혹은 「순이」로 다시 이름이 불리며 단지 그 대명사로 제한된 운명을 누릴 뿐이다.

내 영혼은 누구인가. 나는 왜 지금 나라는 영혼의 집에 머물러 있는가. 내가 여기 있어야 할 이유는 무엇인가. 나는 어디서 온 것이며 또 어디로 갈 것인가. 내가 사는 이 우주는 왜 한도 끝도 없이 넓은가. 왜 내가 감히 그 크기를 헤아릴 수조차 없이 넓은 것이며, 넓어야 하는 것인가.

우리는 뭘 알고 사는 게 아니라, 그저 아메바처럼 숨만 쉬고도 살 수가 있다

내가 헤아릴 수 있을 만큼만 좁으면 안 되는 것일까. 시간이란 왜 정녕 마침이라는 것이 없이 영원한 것일까. 나는 왜 귀중한 지상에서의 삶을 이런 식으로 살아야 하는가. 나에게 이 세상은 실로 놀랍고 경이롭지 않은 것이 없다.

하지만 우리는 존재 이유와 의문에 대해서 어느 것 하나 아는 것이 없다. 아무도 가르쳐 주지도 않는다. 사람들의 관행과 습관의 소용돌이에 휩싸여 삶의 끝이 어디로 가고 있는지도 모르면서 살다가 죽는다. 그렇게 사는 것도 신기로운 일이긴 하지만 때때로 우리는 사랑을 깨닫고, 아름다운 꽃과 하늘과 햇빛을 바라볼 수 있는 기쁨도 있다. 정말이다.

나는 그렇게 속절없이 살다가 풀잎에 맺힌 이슬이 햇볕에 마르는 그토록 짧은 삶의 시간을 마쳐야 한다. 여기서 「마쳐야 한다」는 말과 「속절없이」라는 말에 주목해야 한다. 놀랍게도 속절없음이 우리 삶의 본질일 수도 있기 때문이다. 사람이 죽어가면서 삶이 속절없다고 여기지 않는 사람이 단 한 사람도 없기 때문이다.

내가 살아있는 한, 나는 남의 죽음만 보고, 정작 나 자신은 죽음을 보지 못한다

우리들의 삶이 반드시 무엇을 이루기 위해 이 세상에서 한 백년 쯤 살면 되는가. 그래서 사람들은 백 살까지 살기를 바라는 것일까? 우리 인간은 모두 그렇게 속절없이 살아야 할 이유가 반드시 있는가? 꿈과 미래는 단지 삶의 빈 시간들과 어처구니없는 일정을 하나씩 지우개로 지워나가기 위한 부질없는 긴 과정인지도 모른다.

그렇다고 나는 달리 살 어떤 묘수도 대안도 없다. 나도 다른 사람들처럼 속절없이 죽어야 한다. 우리는 남의 죽음은 볼 수 있어도, 정작 나의 죽음은 볼 수가 없다는 것도 놀랍다.

숨이 넘어가는 순간까지도 죽음을 자각하지 못하기 때문에 자신의 죽음을 인정하지 않는다. 그래서 결국은 모두 속절없이 죽는 줄도 모르고 세상을 하직해야 한다. 나는 아름다운 이 세상에서 사랑하는 사람과 가족과 정든 이웃들과 아무런 이유도 모른 채, 인연을 맺고 살다가 끝내는 참담한 눈물의 이별을 해야 한다. 삶이 그토록 짧고 허망하고 속절없는 것이라면 애초에 나는 이런 곳에 살러 오지 않았을 것이다. 그런데도 나는 이 지상에 와서 살아야 한다. 삶의 순환 법칙, 환생과 죽음의 윤회, 그런 자각이 들어도 나는 이 땅에 너무 오래 살았다는 생각이 들면서 작가 캐롤 A. 터킹턴의 말을 떠올려 본다.

「나의 삶이 아름다웠다면 추억이 될 것이고, 고통이었다면 좋은 경험이 될 터이니, 결코 후회하지 않을 것이다.」

나는 왜 태어나 살다가 죽는가

모든 경전의 첫머리에는 「여시아문如是我聞」이라는 글귀가 나온다. 붓다의 제자 아난다가 「나는 붓다의 가르침을 들은 사실 그대로 전하는 것이니 의심하지 말라」는 뜻이다.

이따금 수행이 깊은 스님들에게 선이 무엇이냐고 물으면 비유로 대답을 해주시기도 하지만 그 해석을 나 혼자 이해를 해야 하므로 여간 어려운 게 아니다. 내 질문에 산문 안에 계신 선사들께서는 각자가 느낌대로 말해주시거나, 때로는 말도 안 되는 아득한 대답을 해주시기도 했다. 그처럼 선의 수행에는 정답이 많기도 하고, 정답이 전혀 없을 수도 있다.

수행은 자기만의 수행법을 찾아야 하고, 그 길 역시 스스로 터득해야 한다

선에 이르는 길은 마치 차량의 T맵처럼 목적지까지 가이드 역할을 해주는 것은 아니다. 누가 제대로 된 수행법을 일러준다면 누군들 선에 이르지 못하겠는가. 혹시 수행자가 스승의 수행법을 따라 익히고 스승의 수행 방식에 매달리면 길을 잃고 헤맬 수 있다. 그것은 스승의 수행법이지 자신의 수행법이 아니기 때문이다.

그 점에서 선은 수험공부와도 같다. 전교 수석의 공부 방식을 따라서 한다고 모두 수석이 될 수 있는 것이 아닌 것처럼, 일타 강사의 비결을 터득했다고 해도 그 비법 역시 따라붙는 데는 각자의 한계가 있다. 수험공부도 자신만 터득한 비법을 스스로 찾아야 한다.

고타마 싯다르타는 6년 동안의 명상 수행을 통해 깨달음을 얻기까지 누구의 가르침이나 안내도 받은 적이 없었다. 모두 혼자 시작했고, 스스로 깨달음을 이룬 붓다는 그 방식을 제자들에게 가르쳐줄 수가 없었다. 자기만이 터득한 길이 다른 사람에게는 적용될 수 없기 때문이었다. 붓다의 말대로 「그저 모를 뿐」이다.

그렇게 모름을 통해 스스로 수행을 시작하고 마침내 도통을 한 후에도 붓다는 그 방법을 누구에게도 가르쳐 줄 방법을 찾을 수가 없었다. 따라서 붓다는 누가 물어도 「그저 모를 뿐」이라고 대답한 것이다.

세상의 진리와 이치도 끝까지 혼자만의 방식을 찾아내어 그 이치를 스스로 터득하게 되는 것처럼 수행 역시 많은 방식의 좌절 끝에 마침내 길을 찾게 되기도 한다.

서기 778년경 중국 산동성 조주 관음원은 위대한 선사로 추앙받는 조주 스님이 수행하던 곳으로 유명하다. 『벽암록』이라는 책에는 조주 스님과 선에 관해 나눈 기록이 남아있다.

「만법이 하나라면 마지막 하나는 어디로 갑니까?」

이 말은 질문조차 어렵지만 만법이란 세상의 모든 만물이라는 뜻이고, 하나란 만물의 근본을 이루고 있는 최소 단위를 뜻한다. 한 마디로 제자는 세상 만물을 이루고 있는 근본 물질이 무엇이고 그것은 어디서 비롯된 것인가. 바로 그 어려운 존재의 근원을 묻는 말이다.

 불교는 세상을 이루는 근본을 불(佛:부처)이라고 말한다. 선(禪)에서는 세상의 근본이 무(無)지만 가톨릭에서는 세상의 근본이 하느님이다. 여기서는 불교의 경전이 말하는 만물의 근원을 살펴보면 경전의 기본사상을 떠받치고 있는 두 진리의 기둥은 바로 「제법무아」와 「제법무상」이라는 것은 잘 알려져 있다.

 바로 그 두 개의 기둥에 삶의 지혜가 모두 농축되어 있다. 그 말은 붓다가 득도를 이룬 후에 이 세상을 한 마디로 압축해서 표현한 불교 철학의 핵심이기도 하다. 이미 무아와 무상은 그 압축을 푸는 과정을 반복해서 집중할 필요가 있다.

나(자아)의 실체는 그 원본이 이 세상에 없고, 다른 곳에 따로 있다

 「제법무아 諸法無我」는 이 세상의 모든 존재는 자신의 본질인 실체가 없다는 뜻이다. 나무면 나무, 돌이면 돌, 구름이면 구름 등 세상의 모든 사물은 사실상 실체가 없고, 실체가 없으니 그림자 같다는 뜻이다. 사람도 지금의 나는 진짜 자기 실체가 아니라는 뜻도 포함되어 있다. 그래서 이 세상에 사는 「나」는 진짜 원본인 「나」의 복사판(카피), 즉 모조품이라는 뜻이다. 나는 없고, 나는 본질의 가짜로 살고 있을 뿐이다. 왜냐하면 진짜 오리지널인 「나」라는 본질은 지구라는 시간과 공간의 제한을 받는 존재로 살아서는 안 되고, 죽어서도 안 되는 무한하고 영원한 생명을 누리는 존재이며, 자유를 지닌 영혼이다.

그래서 「나」는 지금 우리가 살고 있는 인간의 몸에 갇혀서 살다가 죽어야 하는 그런 존재가 아니다. 「제법무상諸法無相」이란 이 세상에 존재하는 모든 것들은 동질성이 변하지 않는 것이 하나도 없다는 뜻이다.

나는 세월이 갈수록 변하고 병이 들고 늙어서 노쇠해지고 끝내는 소멸된다

「나」뿐만 아니라 이 세상에 존재하는 모든 존재는 반드시 변하고 소멸하는 허무한 존재다. 진짜인 본질은 변하거나 사라져서는 안 되지만 만물은 변하거나 사라지기 때문에 본질이라고 말할 수 없다. 왜 꼭 그래야 하는 것인가.

더구나 위대한 존재인 인간은 왜 사는 동안 생로병사의 고통에 헤매다가 끝내는 허무하게 몰락하고 그 존재마저 흙이 되어 끝내는 먼지처럼 형체조차 없어지는가. 왜 꼭 그래야만 하는 것인가. 그 문제는 영원한 숙제이다.

고타마 싯다르타는 카필라국의 왕자 시절에 머릿속에 떠오른 바로 그 의문의 화두를 풀기 위해 6년에 걸친 고통스러운 명상 수행 끝에 마침내 그 화두를 깨우쳤다. 고타마가 깨달은 것은 평범한 인간의 지혜로는 깨우칠 수 없었던 「우주와 인간과의 인연」 「신불(神佛)과 인간의 인연」 「삶과 죽음의 인연」 「영혼의 끝없는 윤회」를 통해 사람이 왜 이 세상에서 그토록 고통스러운 삶을 대를 이어가며 살아야 하는지. 그리고 그 거친 삶의 고통 끝에 허무하게 죽어야 하는가에 대한 대답을 얻게 된 것이다.

그것이 마침내 득도를 통해서 깨달은 답이다. 사람은 왜 태어났으며 어떻게 태어났으며 왜 살다가 왜 죽는 것인가. 그리고 죽은 후에는 왜 어디로 무엇을 하러 가는가. 그것을 논리적으로 깨달은 인류 중에 첫 번째 인간이 바로 붓다였다.

그로 인해 세상의 많은 중생들은 아아! 바로 그거였구나. 그래서 내가 태어났구나. 그래서 나는 병들고, 늙고, 쇠약해져서 죽는 것이로구나. 마침내 나는 죽어서 흙먼지가 되는구나. 우리는 그 모든 의문을 붓다의 깨우침과 가르침을 통해서 전해 듣게 되었다.

그것을 전해 들은 것도, 붓다가 쓴 글을 읽거나 책을 통해서 일러준 것이 아니라, 제자들이 모두 듣고, 머릿속에 기억하거나, 불러 준 대로 베껴 쓴 것들이었다.

제자들은 그 말씀을 훗날 서로 기억을 모으고 글을 모아서 다시 말을 나누거나 글로 나누어서 학습한 것들이다. 따라서 오늘날의 불교 경전은 모두 부처님이 불러준 대로 제자들이 받아쓴 것들이다.

붓다는 우리에게 두 개의 우주를 보여주고 있다. 하나는 우리 눈에 보이고 만져지는 3차원의 현실 세상(현상계)에 속하는 「물질의 우주」와 우리 눈에 보이지 않고 만져지지 않지만, 분명 상상과 연상과 기억을 통해서 머릿속에 존재하는 4차원의 세상(의식계)인 「의식의 우주」다.

인간은 3차원 물질과 4차원 의식의 절묘한 인연의 결합이다

바로 유기질인 육체와 그 육체를 지배하기 위해 존재하는 영혼과의 절묘한 결합의 인연이다. 경전에서는 우주 삼라만상의 자연이 눈에 보이는 것처럼 무질서하고 무작위로 존재하는 것으로 보이지만 실제로 우주는 과학적으로 정교하게 짜여졌고, 바로 치밀하고 논리적인 자연현상의 이치를 경전에서는 연기(緣起)로 풀어놓고 있다.

연기란 「인연으로 인해서 비롯된다.」는 뜻으로 무엇이 원인이 되어 어떤 결과로 나타난 현상을 말한다. 예를 들어 부싯돌이 다른 부싯돌과 부딪치면 불이 일어난다. 그 말은 부싯돌과 부싯돌이 만난 인연으로 말미암아 두 부싯돌과는 전혀 다른 「불」이라는 물질이 결과로 태어난다는 뜻이다. 다시 보자, 수소 분자 두 개(H2)가 산소 분자 1개(O)와 인연을 맺어 결합하면 물(H2O)이라는 전혀 예기치 못했던 다른 물질이 화학변화를 통해서 태어난다.

붓다가 살던 당시 고대 인도에서는 이 세상은 흙과 물과 불과 바람, 이렇게 네 가지가 만물의 근본을 이루고 있다고 믿고 있었다. 하지만 깨달음을 얻은 붓다는 그것이 잘못된 이치라는 것을 알았다. 모든 만물이 저 혼자 스스로 독립한 존재는 세상에 단 하나도 없다는 것을 깨닫게 된 것이다.

이 세상의 모든 개체 존재는 저 홀로 존재할 수 없다. 반드시 다른 존재가 다른 존재와 운명적인 인연의 결합을 통해서 둘이 아닌 다른 물질의 개체가 창조된다. 그것이 붓다가 그토록 반복해서 말하던 연기설이다.

그 사실은 붓다의 깨달음을 통해서 알려졌지만, 오늘날의 과학(화학)은 이 세상 물질의 원소들에 각기 고유번호인 화학기호를 붙여두고 수많은 화학 기호들이 서로 만나고 얽히고 결합해서 전혀 다른 어떤 개체 물질을 이루어 낸다는 사실을 실제 화학 연구실에서 밝혀낸 것이다.

이미 붓다가 깨달음을 통해서 보이지 않는 것을 보는 어리석음이라고 여겼던 것을 과학적 실증을 통해서 눈에 보이는 지혜의 결정체로 확인하게 된 것이다.

다시 만물의 근원 얘기로 돌아간다. 물리학에서 원자의 크기는 1센티의 1억분의 1로 더 이상 쪼갤 수 없는 물질의 마지막 최소 단위인 알갱이를 말한다. 원자 안에는 원자의 10만분의 1 크기의 원자핵이 별도로 자리 잡고 있고, 원자핵의 주위로 전자가 돌고 있다. 다시 원자핵 속에는 원자핵을 강력하게 받쳐주는 중성 미립자가 존재한다.

또 원자의 미립자 안에는 쿼크(quark)라는 최소단위의 원소가 밝혀졌다. 쿼크는 지금까지 6개가 발견되었지만 놀랍게도 질량도 부피도 없는 에너지 입자로 물질이면서도 물질이 아닌 듯한 형태로 존재한다는 것이 확인된 것이다.

인간의 존재란 과학과 영성의 결합이 영적 세계로 바뀐 것이다

결국 쿼크가 보이지 않는 물질이 아니라 파장 에너지의 입자가 물질로 존재하지 않고, 눈에 보이지 않는 에너지라면 만물의 근원이 물질이 아니라 그저 비어있음(空), 혹은 무(無)라는 것이 밝혀졌다. 그렇다면 붓다의 선언은 현대과학이 밝혀내지 못한 존재의 본질을 해탈을 통해 밝혀낸 셈이다.

이제 원자 속의 쿼크라는 것이 만물의 근원 물질로 밝혀진 이상, 물질(육체)이 비물질(영혼)과의 인연이 결합하여 창조된 인류 기원의 의문이 마침내 풀리게 된 것이다.

그러나 물리학적으로는 세상을 이루는 물질의 최소 단위는 원자이고, 그 원자를 스스로 존재할 수 있도록 창조한 것은 우리 눈에 보이지 않지만, 그 존재를 늘 인정하던 영혼, 그것이 바로 신의 입김이 된 것이다.

신의 입김을 가톨릭에서는 영성으로 표현한다. 영성은 영어로 소울(soul)이나 스피릿(spirit)으로 표기된다. 이제 과학이 손댈 수 없는 보이지 않는 것을 보는 어리석음이 지혜의 영역으로 바뀔 수도 있다. 그렇다면 사람은 어떻게 창조되었으며, 우리는 그것을 어떻게 알 수 있는가.

인체의 세포는 평균 60조 개가 있다. 인체의 주요 부분만 해도 심장은 그 무게가 300여 그램이지만 심장은 하루 10만여 번을 박동한다. 인간의 뇌는 그 무게가 1천3백여 그램이고 140억여 개의 신경세포로 복잡하게 얽혀있다.

눈은 70여만 개의 시신경 섬유로 이루어져 있고, 하루에 1억 3천2백 만여 건의 정보를 접수하고 반응한다. 사람의 폐활량은 평균 3천여ml로 하루에 2만 3천여 번 숨을 내쉰다. 인체 내의 혈관의 총길이는 12만여 km나 된다. 4만km인 지구의 둘레를 노끈으로 세 번 감을 수 있는 길이다. 인체는 모두 지구에서만 존재하는 유기질들로 정교한 구성으로 짜였지만 인간 존재의 가장 중요한 구성은 영혼이다.

그저 모를 뿐

 그렇다. 우리는 의학적으로 인체를 해부하고 그 구조와 기능을 낱낱이 밝혀냈지만, 뇌 기능에 관한 연구에 들어가면 붓다의 말처럼 「그저 모를 뿐」이다. 머릿속에서 구름처럼 피어오르는 세상에 대한 온갖 의혹과 질문들. 인류는 누가, 언제, 어디서, 무엇을, 왜, 어떻게, 창조했는지 신문 기사의 육하원칙으로 밝혀내는 일은 인간의 두뇌로는 거의 불가능하다.

 바로 그 인간 창조에 대한 의문은 지구가 태어난 이후, 인류가 기록상으로 지구에 살기 시작한 지, 수 천만년이 지났지만, 아직도 풀리지 않고, 앞으로도 풀릴 수 없는 영원한 미스터리로 남아있다. 혹시 천신만고 끝에 우리가 창조의 비밀과 진실을 알아냈다고 해도 무엇이 달라지겠는가.

 차라리 그저 모른 채, 각자의 현실적인 삶을 지금처럼 자신이 세운 목표에 따라 살다가 이 세상을 떠나는 것이 좋을지도 모른다. 게다가 인류의 역사상 인간 창조에 관한 기록으로 남아있는 책은 오직 성서밖에 없다.

 「땅에는 아직 들의 덤불이 하나도 없고, 아직 들풀 한 포기도 돋아나지 않았다. 주 하느님께서 땅에 비를 내리지 않으셨고, 흙을 일궈 낼 사람도 아직 없었기 때문이다. 그런데 땅에서 안개가 솟아올라 땅을 모두 적셨다. 그때 주 하느님께서 흙의 먼지로 사람을 빚으시고, 그 코에 생명의 숨을 불어넣으시니, 사람의 생명체가 되었다. 주 하느님께서는 동쪽에 있는 에덴에 동산 하나를 꾸미시어, 당신께서 빚어낸 사람을 거기에 두셨다.」 <창세기 5~7>

이것이 인간 창조의 성서 기록이다. 그런 무서운 진실을 우리가 소설을 쓰듯 멋대로 상상해서 쓰거나 해석할 수 없다. 단지 인류는 스스로 창조된 것이 아니라, 창조주의 피조물이라는 것을 알고 있다. 창조의 비밀은 오직 하느님밖에 모른다. 우리는 신이 인간을 빚는 모습을 그저 예술가가 조각칼로 작품을 다듬는 모습처럼 상상할 수도 없다. 창조주는 흙의 먼지로 사람을 빚고 숨을 불어넣어서 자신의 형상을 닮은 아담을 만들었더니 보기에 매우 좋았다고 말했다.

여기서 숨이란 하느님의 숨결, 바로 영혼이라 불리는 영성을 말한다. 인간은 신의 입김인 성령을 통해서 사람이 된 것이다. 그로서 인간의 영혼은 하느님의 숨결로 표현되고 있다. 인간이 신이 빚어낸 위대한 존재라면 오직 창조주의 영성을 닮고 태어났다는 이유 때문이기도 하다.

본래 눈에 보이지 않는 비물질인 영혼이라는 존재는 시간과 공간의 제약을 받지 않고, 죽음의 종말도 없는 영원한 존재였지만, 이 영혼이 하느님의 입김으로 유기물인 육체라는 그릇과 결합하면서 시력으로 보이는 존재가 되어 이 땅에 삶과 죽음을 누리는 존재로 타락한 것이다.

여기서 영혼이라는 위대한 존재는 본래 무한대의 자유와 사랑과 평화를 누리던 존귀한 존재가 흙으로 빚어진 작고 좁고 허접한 그릇 속에 마치 감옥에 구속된 듯 억제된 채, 이 세상에 살게 되면서 유기질인 육체가 낡아지면 그때야 겨우 자유를 되찾아 육신을 탈구하고 세상에서 벗어나게 된다는 뜻이다.

이 세상에 모든 개체의 존재는 무엇과 무엇이 결합한 인연을 통해서만 존재할 수가 있다. 그것이 그것으로 합체되지 않으면 어떤 결과도 이 세상에 그 존재의 윤곽을 드러낼 수가 없다. 아메바는 몸체가 0.02밀리미터에서 4밀리의 단순세포로 구성된 최소 생물이다. 그처럼 단순한 생물체조차도 이미 몸체에는 수천 개의 세포를 가졌고, 다른 동물에 기생해서 먹이를 얻고, 먹이는 식포에서 분해 흡수하고 소화할 수 없는 것은 배출하고 번식도 한다.

번식이란 자기 종의 개체를 온 세상에 널리 많이 퍼뜨려야 한다는 생명체들이 태어나면서 가진 절대 본능의 사명감을 수행한다는 뜻이다. 사람의 백혈구도 아메바와 똑같은 삶의 방식을 갖추고 세균이나 죽은 세포를 처리해 주는 유익한 기능을 수행하고 있다. 우리가 보기에 아메바는 사람보다 삶의 기능성이 더 확실하다. 인간에게는 인생관, 즉 이 세상을 사는 이유나 목적이 저마다 다르지만, 아메바의 생존 기능은 똑같다.

달리 보면 인간의 다른 인생관은 개체의 생존 이유와 별개로 존재하지만, 그렇게 보면 인간의 인생관은 삶과 죽음에 어떤 기여를 하고 있단 말인가.

결국 모든 생명을 지닌 것들은 존재 이유가 있거나 없거나, 다를 것도 없다. 우리 생존이 단지 그렇게 생존해야 할 이유를 붓다가 말한 것처럼 그저 모르고 살 뿐이다. 모르면서 삶에 어떤 가치를 둘 것인지 그저 모를 뿐이다.

물론 사람의 지능과 유전자가 가장 비슷한 고등 동물인 고릴라도 저 홀로 존재한 것이 아니다. 우리는 고릴라가 누구에 의해서 창조되었는지, 본래부터 그렇게 존재하고 있었던 것들인지 아니면 무엇으로부터 변종 된 것인지조차도 알지 못한다.

단지 고릴라나 아메바도 계속 그 몸체가 변하면서 우리들처럼 일정한 시간이 지나면 사멸된다는 사실만 확인할 수 있을 뿐이다. 존재 이유와 경위에 대한 경전의 『잡아함경雜阿含經』에는 이런 말이 나온다. 「이것이 있어야 저것이 있고 / 저것이 없으면 이것도 없다. / 이것은 저것에서 / 저것은 이것에서 비롯되었다.」

이처럼 이 세상의 모든 존재는 바위나 돌이나 나무나 꽃이나 새나 나비나 동물이나 사람이나 상호연관 접속의 연분으로 존재하게 된 것들이다. 그렇게 존재하는 것들은 그 본성이 그대로 영원히 머물러 있지 않고 변하고 끝내는 사멸한다.

경전에서 이 말은 시간상으로 모든 존재는 동질성이 변하지 않는 것이 없고, 공간적으로는 모든 존재는 자기 실체가 없다는 말로 표현하고 있다. 붓다는 훗날 연기법은 내가 만든 것이 아니라 본래부터 세상에 있었던 그대로의 현실 그 자체라고 말했다. 그로 인해 지금 숨 쉬고 사는 우리들은 진짜가 아닌 허상들이 되고 말았다.

나는 부모의 복제로 태어났기 때문에 진짜(본질)가 아니다

그래서 이 세상에 진짜인 나는 없다.

그럼 나는 왜 내가 가짜이며 진짜는 누군가. 나는 부모로부터 복제되어 태어났기 때문에 진짜가 아니다. 그럼 나의 부모는 원본인 진짜인가. 아니다. 부모 역시 조부와 조모로부터 복제되어 태어났다.

그렇게 많은 복제된 가짜가 본래의 나인 본질을 찾아 계속 거슬러 올라가 보자. 바닷물이 어디서 왔는지, 그 원류를 찾아서 강으로 거슬러 올라가 보고, 강에서 계곡으로 계곡에서 다시 산속 물골이 시작된 원점을 찾아가 보니, 끝내 물은 나무와 풀의 뿌리에서 나오고 있었다.

뿌리에서 나온 물은 결국 빗물이고, 그 빗물은 구름에서 떨어졌으며 구름은 수증기들이다. 그 수증기는 바다에서 기화된 물이라는 것을 알게 된다. 결국 물은 땅에서 하늘로 하늘에서 땅으로 윤회만 하고 있을 뿐이다.

그와 똑같이 인류도 조상을 찾아 거슬러 올라가 보자, 나의 부모에서 조부, 증조부로 거슬러 올라가고 또 거슬러 올라가면 우리는 하느님으로부터 창조된 최초의 인류라는 아담과 하와를 만나게 된다.

인도의 신화에 나오는 창조의 신 브라흐마는 천지를 창조한 존재의 근원으로 일컫는 비슈누(Vishnu)로부터 나온 존재다. 인류는 브라흐마로부터 시작되었고, 인류 최초의 조상은 마누(Manu)다. 마누는 성서의 아담과 하와처럼 인도 신화에 나오는 창세기 시조로 불린다.

《푸라나》등 문헌에 의하면 마누(본래 「인간」이라는 뜻으로 영어의 man과 관련이 있다.) 는 대홍수가 세상을 휩쓴 후에 유일하게 살아남은 인간이다.

마누는 물고기에 의해 구조되어 혼자 히말라야의 최고봉으로 대피했다가 대홍수가 끝난 후에 하산했고, 그때 어디선가 살아남아서 나타난 것이다」 라는 여자와 살면서 인류의 시조가 된다.

기독교 성서에 등장하는 「노아의 홍수」 와 유사한 홍수 설화를 가진 마누는 계시로 『마누법전』을 창제한 것으로 알려졌지만, 성서의 아담과 하와의 출생 환경과는 다르다.

결국 인류의 본질은 하느님으로부터 비롯되었다는 결론에 이른다. 하느님은 인간을 자신의 형상을 닮도록 만들었고, 자신의 혼을 불어넣어서 인간을 창조했다. 따라서 인간의 본질은 곧 하느님의 영성이라고 할 수 있다. 인간이 위대한 존재라는 것은 하느님의 영성을 갖고 태어났기 때문이다. 그래서 하느님의 본질을 닮은 인간은 영원히 죽어서는 안 된다. 그런 경전의 말이 아니더라도 이 세상에 살아있는 모든 존재는 영원한 것이 없고, 반드시 변하고 끝내는 죽는다. 왜 모든 존재는 변하고 죽어야 하는가. 그런 의문을 제기해야 한다면,

인간은 왜 영원히 죽지 않고 살아야 하는가
그렇게 살아서 어쩌자는 것인가

지금 우리 영혼은 물질계와 인연을 맺고 내 안에 몸의 주인으로 현상계에 거주하고 산다. 우리 육체는 영혼이 기거하는 임시 거처일 뿐이다. 우리는 이 세상에 살 동안 정죄하고 더 순수하고 높은 차원의 영혼 등급으로 업그레이드해야 하기 때문이다. 우리가 이 세상에 태어난 이유도 사는 이유도 그것 이외의 다른 뜻이 없다.

그것은 마치 죄인이 교도소에 갇혀 사는 이유가 속죄와

죄의 대가를 치르기 위한 것 말고는 다른 이유가 없다는 말과 똑같다. 우리 영혼이 죄업을 씻고 순결해지면 윤회의 사슬에서 벗어나 영원한 행복을 누리고 살게 되므로 사람이 이 세상에 다시 윤회하여 살러 올 필요도 없다.

  우리가 죽어서 의식계로 돌아갔다가 환생한 후에 다시 물질계로 되돌아오는 이유는 죄의 대가 즉 치러야 할 벌이 남아있기 때문이다. 그렇다면 이제 우리의 삶의 지상목표가 정해졌다. 우리는 전생의 죄업을 하루 빨리 씻고, 이 세상 살 동안 더 이상 죄를 더 지어서는 안 된다.

  경전은 우리가 삶과 죽음의 사이클이라는 윤회의 굴레에서 벗어나기 위해 어떻게 살아야 하는지, 삶의 방법을 제시해 주고 있지만 그 삶의 방식에 순응하고 사는 사람들은 그리 많지 않다. 말하자면 속세는 모든 사람들이 붓다처럼 해탈을 위해 목숨을 걸 용기와 의지도 없기 때문이기도 하지만, 그걸 원하지 않는 자유의지도 있기 때문이다. 하지만 사랑하는 사람이 아직도 서로 그리워하고 있다면 그 사람을 단 한 번이라도 보기 위해 죄를 지어서라도 함께 남아있을 수 있을까?

내가 너를 사랑했을 때/ 너는 이미 숨져 있었고/ 네가 나를 사랑했을 때/ 나는 이미 숨져 있었다./
너의 일생이 단 한번 푸른 하늘을 바라보는 일이라면/ 나는 언제나 네 푸른 목숨의 하늘이 되고 싶었고/ 너의 삶이 촛불이라면/ 나는 너의 붉은 초가 되고 싶었다./ 너와 나의 짧은 사랑 짧은 노래 사이로/ 마침내 죽음이 삶의 모습으로 죽을 때/ 나는 이미 너의 죽음이 되어 있었고/ 너는 이미 나의 죽음이 되어 있었다.

— 정호승의 시 「어떤 사랑」

저승까지 뚜벅뚜벅

우리 삶의 프로그램은 스마트폰의 앱처럼 설계나 디자인을
내가 바꿀 수 없도록 기본 환경이 설정되어 있다.

널 여기서 만나다니

　오래 전 기자 시절에 나는 해발 1천5백여 미터도 더 되는 절까지 5시간도 더 걸리는 무리한 산행을 강행한 적이 있었다. 그 시기에 여름 안거로 산사에 오신 큰스님의 제자 J스님과의 인터뷰 약속이 있었기 때문이었다. 그날 밤, 본사에는 큰스님의 제자들과 학승들이 예상보다 많이 찾아와서 방이 모자라자 나와 J스님은 학승들에게 숙소를 양보하고 극락암까지 이동해야 했다.

덕분에 나는 J스님과 밤을 함께 보낼 수 있는 행운을 누릴 수 있었다. 미국에서 선(禪)센터를 운영하시다가 귀국한 J스님은 그날 밤 나와 오랜 베갯머리 대화를 이어갔다.

암자의 방문 창호지에는 주목 나무 달그림자가 크게 흔들리고, 문풍지에서는 괴괴한 휘파람 소리가 들리는 가운데 나는 J스님으로부터 전생과 이승에 얽힌 판타지 드라마 같은 얘기들을 들었다.

옛 고대 인도의 마다가 국의 청년 아샤는 부처님의 수제자인 마하가섭의 문하생이었다. 아샤는 스승을 따라 나란다(Nalanda 那爛陀)에서 열리는 붓다의 법회에 참가했다. 아샤는 그곳에서 스승 마하가섭의 도반인 사리불과 함께 온 사촌 여동생 산디를 만났다. 둘은 서로 눈이 마주친 순간, 깊은 사랑에 빠지게 된다.

그 당시 18세의 청년 아샤는 입산을 앞둔 수행지망자였고, 16세의 소녀 산디 역시 비구승이 되어 출가 준비를 하던 중이었다. 두 남녀는 나란다에 열흘간, 머무르면서 매일 붓다의 법회에 참석했지만, 그들은 서로 사랑의 묘약에 빠져서 설법이 귀에 들어오지 않았다.

그들은 열흘이라는 긴 여름날을 한나절처럼 덧없이 흘려보내고 마침내 이별의 날이 다가왔다. 아샤와 산디는 마지막 날, 겨우 시간을 내어 보리수 아래서 만나 서로 손을 부여잡고,

불확실한 내세에 재회의 기약을 맹세하면서 이별의 눈물을 흘리며 헤어졌다. 그 후, 아샤는 고향에 돌아가서 끝내 수행승이 되지 못하고 외항선을 타고 평생을 풍랑과 싸우다가 은퇴한 후에야 늙은 선원의 몸으로 귀향했다.

 아샤는 그 후 자신의 몸을 가섭 승단에 의탁하고 여생을 병고로 보내다가 세상을 마친다. 그 후로 오랜 세월이 흐른 후에 아샤는 한국 땅에서 고아로 환생하여 큰스님을 만나서 동승 생활을 거친 후에 J스님이라는 수계를 받고 포교승이 되어 절을 떠난다.

 J스님은 대륙을 떠돌며 30여 년을 전도에 전념했다. 그 공덕이 지극한 탓에 J스님은 50세가 되던 해에 마침내 라오스의 수도 비엔티안의 황금색 부처 사리탑 탓루앙(That Luan)에서 전생의 나란다에서 만났던 산디와 충격적인 재회를 하게 된다.

두 사람의 만남은 우연이 아니라
전생에서 예정된 필연적인 해후였다

 J스님이 황금 불탑 탓루앙의 돌기둥 회랑을 거닐고 있던 중, 누군가와 어깨를 호되게 부딪쳤다. J스님이 뒤돌아보았을 때, 금발의 한 서양 여자가 미안해서 어쩔 줄 모르며 쏘리쏘리를 연발하고 있었다. 사진작가인 서양 소녀는 불탑을 찍기 위해 카메라 앵글을 멋지게 잡으려고 뒷걸음질을 치다가 그만

J스님의 어깨와 호되게 부딪친 것이다.

그 순간 J스님은 놀랍게도 그 서양 소녀가 전생의 첫사랑 산디라는 것을 스스로 깨닫게 된다. 진 스님은 소스라치게 놀라서 「Sandy! Fancy meeting you here! 산디야! 널 여기서 만나다니!」하고 부르짖으며 그녀를 와락 껴안았다.

그러자 놀랍게도 산디는 낯선 스님의 기습적인 돌발 행동에 조금도 당황하지 않고, 오히려 스님의 허리를 꼭 끌어안고 눈물을 주르르 흘린다. 전생의 아샤와 산디는 이승의 J스님과 엘라의 극적인 영혼의 교감이 이루어졌던 것이다.

그 시기는 이미 3년 전의 일이었다. 그날 밤 내가 들은 J스님의 시공을 초월한 러브스토리 역시 먼 옛사랑의 희미한 그림자에 불과한 일이 되고 말았다.

그들의 극적인 만남은 그것이 전부였다. 그들은 서로 전생의 아샤와 산디가 이승의 J스님과 엘라로 만났을 뿐, 그 길로 곧 헤어져야 했다. 두 사람은 사랑과 인연을 다시 내세로 미루며 「우리는 언젠가 다시 만날 것」을 약속했다.

그렇다 해도 둘의 재회는 불멸의 전설처럼 나를 감동시켰다. 나는 그 순간 그런 일이 실제 가능한지 의심이 들었지만 J스님은 그저 황당한 판타지 한 편을 내게 꾸며내서 한 얘기가 아니라, 자신이 겪은 진실한 사랑을 고백했다고 말했다.

J스님께서 전생의 산디를 기억하셨다는 것은 아라한의 경지,

즉 불교에서 말하는 깨달음의 첫 단계의 지위에 올랐다는 것을 의미한다. J스님이 6백여 년 전의 산디를 이승에서 엘라로 만난 사건은 결코 황당한 판타지가 아니었다. J스님의 영혼은 이미 전생을 기억하는 높은 경지에 이르신 것이다.

나는 십여 년 전에 J스님과 엘리가 만났던 것과 유사한 전생의 사건을 실제로 목격한 일이 있었다. 내 친구는 어느 날 허름하고 낡은 승복에 비니모자를 쓴 거지 스님의 방문을 받았다. 그 스님은 예고도 없이 친구의 출판사 사무실로 찾아와서 공손히 예를 갖추고 두 손을 모아 허리를 깊이 숙인 다음, 잠시 깊은 감명에 사로잡힌 것처럼 이내 말을 이어 나갔다.

「저는 전생의 한 때 로마제국 시절의 집정관 벨리사리우스의 참모 유스티나 장군을 모시던 부관 장교였습니다. 서기 533년 우리 로마군은 카르타고를 공격했습니다만, 아프리카의 마그나 전투에서 카르타고 군에 크게 패배했습니다. 우리는 장군님을 모시고 퇴각하던 중, 적군 매복의 기습공격을 받고, 장군님과 함께 장렬한 전사를 하게 되었습니다. 그것으로 우리들의 인연은 그 생애에서 끝났습니다만, 저는 얼마 전에 한국에서 영적인 눈을 뜨게 되어, 전생을 볼 수 있게 되었고, 유스티나 장군님께서 한국 땅에 환생해 계신 것을 알고, 꼭 한번 찾아 뵙고 싶었습니다. 단지 전생의 한 때 제가 모셨던 유스티나 장군님의 후생을 찾아뵙고, 비록 저를 기억하시지 못하지만 단지 인사를 올리고 싶었을 뿐이었습니다. 이제 저는 유스티나 장군님을 만난 오랜 소원과 염원을 풀었으니 여한 없이 기쁘게 돌아가겠습니다. 지금은 제가 실없이 이렇게 잠시 뵙고 떠날 수밖에는 없고, 유스티나 장군님께서도 전생의 기억이 없으시어, 지금의 제 출현도 알 수 없으시지만요. 장군님께서는 내세의 언젠가 저와 다시 만나서 세상을 함께 도모하게 될 날이 올 것입니다. 그때는 오늘 제가 왜 나타났는지 이해하시게 될 것입니다. 그럼 다시 뵙겠습니다.」

두 사람의 해후는 단지 그것이 전부였다. 친구는 거지 스님이 되돌아간 후에, 너무 황당하고 어처구니없다는 듯이 「갑자기 웬 거지발싸개 같은 녀석의 귀신 씨나락 까는 소리를 들었더니 재수 옴 붙었다.」라고 말했다.

친구는 그렇게 투덜댔지만, 나는 한동안 가슴이 먹먹했다. 만일 거지 스님의 말이 사실이고, 내가 그날 밤 절에서 우연한 인연으로 만난 J스님처럼 전생의 인연이 이승에서 그 실재를 드러낸 일이었다면 그 말을 귀신 씨나락 까는 소리쯤으로 내쳐버릴 수만은 없다는 생각이 들었다.

왜냐하면 그 후에 나는 로마사를 뒤적여 로마제국 시절의 집정관 벨리사리우스와 그의 참모 유스티나 장군이 역사적인 실존 인물이라는 것을 찾아냈기 때문이었다. 그것으로 그날 만난 거지 스님과 내 친구의 전생에 인연으로 얽혔던 역사의 현장 알리바이를 정확히 밝혀내고 소름이 돋았다. 내 친구는 전생의 한 때, 유스티나 장군이었고, 거지 스님은 유스티나의 부관으로 카르타고 전쟁에서 장렬한 전사를 한 전우의 넋이었다. 그게 아니라면 왜 거지 스님이 일부러 아무 관계도 없는 친구를 찾아와서 하릴없이 헛 나발을 불고 갔겠는가.

이승은 전생이 있었기에 존재할 수가 있고, 전생은 이승의 삶을 전제로 존재한다

더구나 내 친구 시인은 젊은 시절 한 때 외교관이 되어 이탈리아 대사관에서 근무한 적이 있었다. 신학대학 시절에 배운 라틴어 실력으로 일기를 쓴 것은 물론, 외교관 재직 시절에는 이탈리아어를 마스터했고, 로마사를 통독했으며 외교관으로 한국 최초의 로마 기행 에세이를 쓴 작가였다. 그의 지난 경력 하나만으로도 그가 전생에 로마 집정관이었다는 것을 확신할 수는 없지만, 그 사실이 나로 하여금 그가 전생에서 살았던 희미한 흔적을 근거로 제시했다는 생각이 든다.

그 관점에서 보면 J스님 역시 그날 밤 나와 베갯머리에서 무슨 근거로 그런 판타지 소설에나 등장하는 산디와 엘라의 이야기를 꾸며내어 내게 해주었겠는가. 나는 실제로 내가 겪어보지 않았고, 본 적은 없지만 그분들이 겪은 전생의 한 때 기억의 흔적을 소중하게 여기고 싶었다.

우리가 사는 세상은 수학 공식처럼 딱 떨어지는 답만 얻을 수 없다. 오히려 사려깊이 생각해 보면 이 세상처럼 비논리적이고 비이성적인 현실도 없다. 도대체 나의 생명과 존재를 어떻게 수학적 함수관계로 풀어서 증명할 수 있겠는가. 나는 J스님도 산디도, 거지 스님의 유스티나 장군도 그 당시 전생에 살았던 인물들이라는 점을 어차피 인정할 수밖에 없다.

　그러기에 나는 비록 이 세상에 사는 동안 보이지 않는 것을 보는 어리석음을 또 다른 판타지를 통해 공감할 수밖에 없다는 생각이 든다. 그게 아니라면 나는 보이는 것조차 보지 못하는 어리석음을 인정할 수밖에 없기 때문이다.

무엇을 버리고, 무엇을 초월하는가

중국 당나라 시대의 소설 <침중기枕中記>는 주인공 노생을 통해 삶의 허무감을 그린 소설이다. 이 소설에는 우리 귀에 익숙한 일장춘몽(一場春夢)이라는 말이 처음 나온다. 주인공 노생은 과거시험에 낙방하고 낙향하던 중, 주막에서 도사 여옹을 만나 술 한 잔을 기울이며 신세 한탄을 하다가 평상에서 스르르 잠이 든다. 그때 여옹은 청자 베개를 그에게 베어준다.

꿈에서 노생은 아름다운 아내를 맞아, 과거시험에 급제하고 관에서 승진을 거듭하는 동안 아들 다섯을 낳고, 고관대작으로 출세해서 부귀영화를 누리다가 여든 살에 병이 들어 여생을 마치려는 순간, 노생은 죽기 직전에 놀라서 잠에서 깨어나게 된다.

그의 옆에는 도사 여옹이 잠들기 전처럼 여전히 평상 위에 앉아 있고, 주막집 밥은 아직 뜸도 들지 않았다. 그는 잠깐 시든 사이에 꾼 꿈을 통해서 자신의 한 생애가 봄날의 일장춘몽처럼 덧없다는 것을 느낀다. 우리 인생 역시 노생의 꿈 이야기처럼 잠시의 낮잠에 꾼 꿈처럼 허망하다.

지금 이 세상은 81억여 명의 인류가 삶의 무대에서 서로 다른 꿈을 동시에 꾸면서 살고 있다. 내가 꿈꾸는 현실은 다른 사람의 꿈과는 스토리도 다르고, 컬러도 다르고, 냄새도 다르며 무늬도 전혀 딴판일 수가 있다.

나의 삶은 다른 사람의 삶과 섞이지 않고, 합쳐지거나 융합될 수도 없는 자신만의 독특한 운명에 귀속된 상황이다. 비록 삶의 형식은 달라도 우리들은 똑같은 결론(죽음)을 맞는다.

삶이 「덧없는 꿈」이라는 것은
영화의 스크린이 비유적으로 보여준다

본래 하얀 공간이었던 스크린에는 필름이 비치면서 수많은 빛의 에너지들이 교차하고, 그 빛과 그림자의 영상들은 마치 실재하는 우리 삶의 모습처럼 나타난다. 그 실상은 그럴듯한 영상의 환시(幻視)에 불과하다.

빛을 거두면 스크린에서는 영상들이 어김없이 사라진다. 우리는 객석에서 잠시 판타지에 집중했을 뿐이다. 영화가 끝나면 우리는 혼자 덩그러니 관객으로 남아있을 뿐이다. 우리의 삶도 한 편의 영화처럼 수많은 삶의 모습들이 끝내는 영화의 엔딩 자막과 함께 사라진다. 우리는 영화를 보면서 아무리 슬프고, 기뻐하고, 분노하고 절망해도 영화에 휩쓸리거나, 매몰되거나, 침몰 되지 않고, 관객의 냉정한 눈으로 지켜봐야 한다.

영화는 영화일 뿐이다. 그처럼 우리들의 삶도 덧없는 형상일 뿐이라는 진실을 냉정하게 직시하고 삶 자체를 초월하고 살아야 한다. 그것이 경전이 우리들에게 원하는 삶의 지혜다.

붓다의 깨달음은 현실과 꿈을 초월함으로써 완성되었다.

삶을 초월한다는 것은 삶에 매달리거나, 매몰되거나 포기하지 않고, 삶 전체를 명상과 관조 속에 넣고 살려야 한다는 뜻이다. 우리가 삶을 관찰자의 눈으로 바라볼 때는 자신을 바라보는 셈법이 달라진다. 어떤 슬픔과 고통과 격정과 분노의 파도가 몰아쳐도 휩쓸리지 않고 꼿꼿하게 자신의 자리를 지킬 수 있는 마음의 평화를 유지할 수 있다는 뜻이다. 그것이 삶의 본질을 지키는 큰 지혜다.

왜냐하면 삶의 본질(본래의 모습)은 영화의 스크린처럼 본래 비어있음과 없음, 그 자체이기 때문이다. 세상의 만물은 화학적으로 더 이상 쪼개질 수 없는 「원자Atom」라는 기본 물질로 구성되어 있다. 기원전 460년 무렵 그리스의 철학자 「데모크리토스」가 처음 내놓은 이론이다.

이 세상의 물질과 생명이 만들어진 최소의 단위는 무엇인가. 그것을 알면 우리는 생명의 본질을 밝혀낼 수가 있다. 그래서 과학자들은 물질의 합성인 돌이며 물이며 세포들을 계속 분리하고 나누고 쪼개기 시작했다. 그래서 더 이상 쪼갤 수 없는 단일 입자를 발견했다. 그것이 바로 「원자」였다.

우리는 그 후부터 만물과 생명의 최소 단위는 원자로만 알고 있었다. 하지만 1897년에 큰 사건이 터졌다. 영국의 물리학자 조셉 존 톰슨은 원자 안의 핵 주위를 빛의 속도보다 약간 느린 익명의 미립자가 회전하고 있다는 것을 밝혀냈다. 원자는 더 이상 쪼개질 수 없다는 학설이 깨진 충격적인 팩트가 밝혀진 것이다. 더구나 원자 속에서 빠른 속도(빛의 3분의 2에 해당하는 속도)로 회전하는 정체불명의 미립자의 흐름은 지금까지 세상의 물질 형태로 알려진 기체도, 액체도, 고체도 아닌 「제4의 형태」라는 것이 밝혀진 것이다.

이어 학계에서는 톰슨의 연구 성과를 기리는 뜻에서 그 미립자의 이름을 「톰슨이 발견한 전자」로 붙였다. 그처럼 제4형태의 존재 방식을 갖춘 전자는 에너지 파장이면서 그것이 세상의 모든 물질과 생명의 기본단위로 등장한다. 다시 말하지만, 에너지는 빛의 파장이지 물질이 아니다. 따라서 만물의 근원은 곧 없음(空)이라는 경전의 놀라운 진리가 마침내 과학적인 진실로 밝혀진 것이다.

우리에게 충격적인 사실은 물질을 이루는 본질이 「없음」과 「비어있음」이라는 진실을 현대과학이 밝혀내기 이전에 붓다가 깨달음을 통해서 그 진리를 밝혀냈다는 점이다.

붓다가 밝힌 공(空)의 사상은 인간의 삶 자체는 공(空)이며 비어있는 헛된 것, 즉 경전의 제법무상(諸法無常)과 제법무아(諸法無我)라는 두 개의 기본 기둥으로 완성된다. 제법무상은 「이 세상에서 변하지 않는 것은 없다.」 제법무아는 「이 세상에 나의 실체는 없다.」 그 두 마디가 불교의 핵심 사상으로 압축된다. 여기서 「나」란 개인은 물론 이 세상의 모든 일체의 존재를 뜻한다.

꽃은 지고, 열매는 떨어진다. 너도나도 변하고 사랑도 변한다. 우리의 기쁨도 절망도 모두 변한다. 우주도 변한다. 변하지 않는 것은 이 세상에 없다.

「나는 반드시 죽는다」 나는 실체가 없는 자아이므로 이 세상을 내 뜻대로 살 수 없다

모두 변하고 영원하지 않다. 그렇다. 당연히 소멸하는 것은 본질이나 실체가 아니다. 나 역시 어떤 한 줄기의 인연으로 이 세상에 태어났다가 사라진다. 인연은 덧없다. 그런 무상한 삶 속에서 내가 어떻게 내 뜻대로 살 수가 있단 말인가.

더구나 「나」는 아메바처럼 단세포 생물이 아니다. 내 몸은 뇌와 눈과 코와 입, 팔다리며 수많은 장기와 핏줄과 뼈 등 헤아릴 수 없이 많은 유기질로 만들어졌고, 이 세상의 물질과는 전혀 다른 전자처럼 제4의 형태를 지닌 영혼이 깃든 영적 존재다. 그런 존재인 나는 우주의 수십억 년의 역사와 세월이 흐르는 가운데 불과 1백 년도 못 되는 세월의 삶을 잠시 살다가 사라져야 한다.

경전은 우리로 하여금 그처럼 삶을 슬프고 애잔하고 비관적인 연민으로 빠져들게도 하지만 붓다의 비관적인 관조 속에는 놀라운 삶의 이치와 지혜가 깃들어 있다. 나는 반드시 죽고, 내 뜻대로 살지 못한다는 것을 내가 객관적으로 지켜보고 깨닫고 있는 한, 우리는 욕망의 노예로 살아서는 안 된다. 나는 대자연이 지구의 환경과 조건에 순응하면서 존재하는 것처럼, 혹은 물이 자신의 본질에 맞게 끝없이 낮은 곳을 향해 흐르는 것처럼 겸손하고 소박하고 평화롭게 살아야 한다는 것이다.

단순하고 소박하게 이치에 맞게 사는 것, 그것이 붓다의 가장 큰 지혜다

고대 인도의 한 선인은 가족과 친구와 재산과 지위와 명예를 헌 신발처럼 버리고 입산했다. 붓다처럼 살기 위해 선인의 제자가 되기를 원했던 것이다. 그러자 선인은 산에 들어온 그를 보더니 이렇게 말했다.

「그대는 내게 오면서 웬 패거리들을 잔뜩 끌고 왔는가?」

그 남자가 깜짝 놀라서 뒤를 돌아보았지만, 패거리라고는 아무도 없었다. 그는 자기 혼자밖에 없다는 것을 확인했지만 선인은 말했다. 「뒤를 돌아보지 말고 네 마음속을 들여다보라」고 말한다. 그는 눈을 감고 마음속을 지그시 들여다보며 명상을 시작했다. 그러자 선인의 말이 맞았다. 자신의 마음속에는 많은 패거리가 우글거리고 있었다. 가족들은 울고 있고, 친구들은 원망하고 있었으며, 그동안 함께 사업하던 동료들은 어서 와서 이득을 남긴 큰돈을 받아가라고 유혹하고 있었다.

그의 지위와 권력을 떠받들고 있던 동지들도 당장 환속하라고 외치고 있었다. 그의 마음은 여전히 건방지게 거들먹거리고 있었고, 허영심에 잔뜩 부풀어 올라 여전히 으스대고 있는 모습도 보였다.

선인의 눈에는 그가 며칠만 지나면 발길을 돌려 하산하는 모습이 눈에 훤히 보였던 것이다. 입산한 지 며칠도 못 되어 하산한 사람이 그동안 어디 한 둘이었던가.

선인은 그에게 가진 것들을 버리고 몸만 오라고는 말한 적이 한 번도 없었다. 그는 실제로 모든 것들을 버린 것이 아니라, 그 모든 것들을 마음속에 차곡차곡 쌓아서 숨겨 왔다. 하지만 그가 진정으로 사람들을 초월했다면 사람들이 들끓은 시장이나 혼잡한 광장에 있어도 그의 마음속에는 이미 시장도 광장도 사라지고 없었을 것이다.

만일 그가 집에 있거나 가족이 산으로 찾아오더라도 그가 가족을 초월했다면 가족은 마음에서 이미 사라지고 없었을 것이다. 그가 사랑에서 벗어난 것이 아니라 사랑을 초월했다면 그의 사랑은 자애심과 자비로 바뀌었을 것이다. 그가 돈의 집착에서 벗어난 것이 아니라 돈을 초월했다면 그의 눈에는 돈이 쓸모없는 돌덩어리로 보였을 것이다.

내 마음의 「착한 나」와 「악한 나」

사람은 태어나면서 두 개의 피할 수 없는 운명의 열쇠를 받아 쥔다. 하나는 육체를 받고, 또 하나는 그 육체가 소속된 공간과 시간의 조건과 환경을 받는다. 이 세상에는 81억여 명의 인류가 서로 다른 육체(DNA)를 받고 태어났다. 그 육체가 태어난 삶의 조건과 환경도 모두 각자 다른 것은 이 세상에서 서로가 치러야 할 죄업의 대가가 다르기 때문이다.

우리가 모두 대륙별로, 국가별로, 지역별로, 가족별로 혹은 인종과 종파별로 전혀 다른 삶의 조건과 환경을 갖고 태어난 것이 왜 중요한지는 경전이 그 이유를 잘 밝혀주고 있다. 똑같은 곳에서 똑같은 시간에 태어났지만, 누구는 왜 왕자나 공주로 태어나고, 누구는 왜 빈민의 노예로 태어나야 하는가.

우리가 태어날 때 전생에서 짊어지고 온 죄업의 배낭 무게는 서로 다르다

사람들은 모두 미래의 어느 날을 위해 꿈의 표적에 깃발을 꽂고, 그곳을 향해 열심히 달려간다. 하지만 대부분이 꿈을 이루기보다는 좌절하고 절망하는 사람들이 더 많다. 그 이유는 사람들이 「좀처럼 이룰 수 없는 것」을 목표로 삼기 때문이라고 한다. 사람들이 꿈의 목표를 정할 때, 가장 먼저 고려해야 할 점은 내가 전생에서 지은 죗값을 가장 먼저 치러야 하고, 그런 후에 이승에서 이루고 싶은 꿈의 목표를 정해야 하지만, 모든 사람이 그 현실을 잠시 잊고 자가가 정한 꿈의 목표를 향해 뛰기 때문에 좌절을 겪게 된다는 것이다.

그렇다면 사람들이 미래의 꿈과 목표를 정할 때는 이 세상에서 이루고 싶고 얻고 싶은 것을 목표로 삼아서는 안 된다는 것이다. 우리가 세워야 할 꿈의 목표는 가장 먼저 내 영혼을 비우고 깨끗하게 정화하는 일이 첫 번째 목표가 되어야 한다는 것이다. 그 진리를 뒤늦게 깨닫고 후회하는 사람들이 많다. 모든 세속적인 욕망은 쉽게 버리거나 초월하기 어려운 것은 우리가 붓다가 이룬 깨달음을 닮은 삶을 살아야 하기 때문이다. 그렇다고 우리가 모두 붓다처럼 출가하여 명상 수행을 해야 한다는 뜻은 아니다.

붓다는 우리에게 속세에 살면서도 높은 영혼의 목표를 세울 수 있는 황금률을 전해주고 있다. 그의 황금률에 따르면 붓다처럼 긴 고행의 세월을 단숨에 생략하고 깨달음을 얻은 자처럼 살 수가 있다. 그 해답은 곧 「마음의 평화」를 지키면 된다.

모든 사람들이 마음의 평화를 위해서 치러야 할 대가가 있다. 우리 마음에는 「착한 나」와 「악한 나」가 함께 산다. 「착한 나」는 늘 곧이곧대로 룰과 진리를 지키려고 애쓰지만, 「악한 나」는 항상 욕망의 끈을 놓지 않고, 정의와 진리를 대결하고 파괴해서 세속적인 것들을 쟁취하고 야합해서 이득을 얻어내며, 위선의 가면을 쓰고 산다.

우리는 「악한 나」를 따르지 않고, 「착한 나」를 따르면 된다. 그러기 위해서는 「악한 나」보다 「착한 나」를 지지하는 마음이 더 강해야 한다. 하지만 그때마다 「악한 나」는 늘 마음의 짐이 되어 양심의 고통에서 헤어나지 못하면서도 대부분의 사람이 끝내는 악의 유혹과 번번이 손을 잡는다.

마음의 평화를 정성을 다해서 지킨다면 이미 붓다의 깨달음을 이룬 것이다

우리들의 삶에서 고뇌와 슬픔의 8할은 바로 「악한 나」로부터 비롯되고 있다. 「악한 나」는 늘 「착한 나」의 손을 잡고 함께 지옥으로 가고 싶어 한다. 그때마다 「착한 나」는 악의 손을 뿌리칠 힘과 용기를 가져야 한다.

「착한 나」도 때때로 「악한 나」의 유혹에 빠져서 마음의 다짐과 결심이 무너질 때가 있다. 그런 「착한 나」에게 어느 날 붓다는 왜 「악한 나」와 손을 잡아서는 안 되는지를 붓다가 죽림정사에서 한 설법 내용을 들어보면 그 답이 쉽게 나온다.

「지금 네 눈에 보이고, 네 손에 만지는 모든 것들은 끝내 변하고 사라진다. 네 몸 역시 이 세상의 것이기에 한낱 허상의 그림자에 불과하다. 그 허상이 원하는 욕망에 사로잡혀서 마음의 평화를 거절해서야 되겠느냐. 네가 잠시 유혹을 견디지 못해서 네 마음을 악의 분노와 탐욕에 맡겨버리면 그처럼 소중한 마음의 평화는 어디서 찾아오겠느냐. 나는 이미 지금의 네 몸이 네 것이 아니라고 말했다. 네 몸은 세상 살 동안 잠시 빌려 사는 영혼의 집일 뿐이다.

네가 나이가 들고, 늙거나 병들면 네 육신은 버려야 할 먼지의 집에 불과하다. 네가 이 세상에서 만난 인연들, 네가 가진 재물들, 그 모든 것들은 네가 윤회의 과정에서 잠시 인연으로 만난 것들이고, 너와는 끝내 헤어져야 할 것들이다.

너에게 가장 소중하고 영원한 것이 있다면 네 생명과 마음뿐이다. 그것만이 네가 진정으로 지켜야 할 소중한 가치다. 그러기에 네 목숨과 마음을 소중히 하라고 나는 계속 강조하고 있다. 네가 아주 억울하고 분한 일을 당해도 그보다 더 중요한 것은 마음의 평화다. 네가 사랑하는 사람들이나 네 자녀들은 너와 전혀 별개의 영혼일 뿐이다. 너는 그들의 영혼과 운명 속에 한 발짝도 들어갈 수가 없고, 들어가서도 안 된다. 너는 지식과 경험의 교만에 빠지지만, 네 지식이 아무리 깊고 경험이 많다 해도 그것들 역시 마음의 평화와는 전혀 인연이 없는 것들이다. 오히려 지식이 많을수록 교만과 미망의 혼란 속에 빠진다.

네가 무명에서 벗어나는 길은 반성밖에 없다. 늘 바르게 보고, 바르게 생각하고, 바르게 말하고, 바르게 일하며, 탐욕을 버리고 마음속에 법의 등을 항상 밝히고 살아야 한다. 너희는 전생 윤회의 과정에서 배운 지혜에 만족하고 남과 다투지 않으며, 하늘처럼 맑고 넓은 마음을 지니며 늘 만족하고 겸손하고 감사한 마음을 지녀야 한다.

백만 권의 책을 읽기보다는
평화로운 마음 한 번이 더 위대하다

오직 자비심, 자비심만이 너를 구한다. 마음의 위선을 이기는 일은 백만 대군을 물리치는 일보다 더 큰 승리를 안겨준다. 큰 둑도 바늘구멍으로 무너지고, 위대한 마음도 구름 한 점으로 가려진다. 남에게 의지 말고, 남의 탓도 하지 말라. 모든 책임은 네가 져라. 네가 수행하는 목적은 너를 이기기 위한 것이지 남을 이기기 위한 것이 아니다.」

이처럼 경전은 「마음의 평화」를 지킬 것을 강조하고 있다. 우리는 마음의 평화를 위해서 가장 비열하고 무뢰한 자 앞에서도 굴욕적인 무릎을 꿇을 수 있는 용기가 필요하다. 그것은 자존심을 초월하는 깨달음의 경지와 같기 때문이다. 마음의 평화만이 영혼을 지키는 본질이라고 붓다는 설법에서 말한다.

「누가 네 왼쪽 뺨을 때리거든 오른쪽 뺨까지 내주어라」

예수 그리스도 역시 성서에서 그렇게 말했다. 그 이유가 무엇인가. 아주 큰 문도 작은 열쇠로 열리듯이 진리라는 이름의 대문도 「마음의 평화」라는 작은 열쇠로 열 수 있다는 것을 경전은 일러주고 있다.

그것은 비굴함도 아니고 염세주의도 아니고, 허무주의적 망상도 아니다. 그것이 바로 우리가 태어날 때부터 갖고 나온 나의 운명을 초월하는 방식이다. 우리가 자신과의 약속을 지키고 실천하면 우리는 곧바로 「마음의 천국」에 이르는 것은 물론, 대자연의 경이로움과 하나가 되는 초월의 경지에 이르게 된다. 그것이 붓다와 함께 예수가 깨달음을 통해 제시한 삶의 기본 해법이기도 하다.

우리 삶의 각본은 전생에서 짜였다

우리는 지금 전생에서 짜놓은 각본대로 살고 있다. 그런 황당한 말이 어디 있느냐고 펄쩍 뛰어도 그게 사실인데 어쩌겠는가. 그처럼 말도 안 되는 사실이 왜 말이 되는지 경전은 우리들에게 잘 일러주고 있다.

물론 경전에서는 각본이라는 말을 직접 언급하지는 않았지만, 우리가 이 세상에서 태어나서 살다가 죽어야 하는 이유는 잠깐 눈을 감고 조용히 묵상을 해봐도 쉽게 답이 나온다.

연극·영화의 배우들은 연출가들의 출연 제의를 받아서 극중에 등장하는 인물의 역할을 무대나 스크린에서 연기해야 한다. 연기자는 원하는 배역을 자기 마음대로 선택할 수가 없다. 그처럼 나 역시 세상의 무대에서 한 인간의 주인공으로 살도록 선택을 받았다면 나는 그 배역이 좋거나 싫거나 받아들이고 열심히 살아야 한다. 비록 내 자유의지가 아닌 타인에 의해서 정해진 삶이더라도.

우리는 그렇게 삶의 배역을 받아서 태어났고, 그 배역의 캐릭터가 가진 환경과 조건에 최선을 다해서 적응하고 살아야 한다. 그런 삶조차도 처음부터 시작과 끝이 정해진 것을 우리는 잘 알고 있다. 그것을 내 삶의 각본이 아니라고 말할 수 없는 이유가 거기 있다. 여기서 보다 구체적으로 내 삶의 각본이 원하는 스토리 구성과 동선을 잘 살펴보자.

나는 태어나서 자라고, 어른이 되면 직업을 갖고, 이성을 만나 사랑하고, 결혼해서 자녀를 갖고, 대체로 가정을 이루는 삶의 과정을 거친다. 나이가 들고, 퇴직 후에는 노후의 여생이 끝나는 대로 예정된 삶을 마감해야 한다.

나는 이미 삶의 배역을 받았으므로 역할에 최선을 다하면 된다

그처럼 삶의 절차는 누구나 예외 없이 공식처럼 그렇게 하도록 설정되어 있다. 물론 변수는 있다. 우리는 사고나 재난 혹은 급격한 질병과 노쇠 등 여러 악재로 삶을 일찍 마감해야 하는 돌발변수들도 존재한다. 하지만 큰 틀의 각본은 탄생의 축복에서 시작되어 죽음의 이별과 슬픔의 피날레라는 스토리는 확실히 정해졌다.

그것은 마치 나비가 알과 애벌레와 번데기를 거쳐 성충이 되는 완전변태의 절차를 끝마치는 나비의 일생과 다를 바 없다. 그 절대불변의 진리를 부인할 수 있는 사람은 아무도 없다. 우리는 이제 자신의 생애 역시 각본과는 다른 예외적인 존재가 아니라는 사실을 알고 있다. 각본의 요점은 「모든 사람은 태어나서 내 뜻대로 살지 못하고 죽는다.」 그 말은 모든 인간이 인정하는 진리다.

진리는 내가 인정하지 않거나, 믿지 않는다고 해서 바뀌는 것이 아니다. 진리는 예외 없이 정확하고 공평해서 더 냉혹하고 무섭다. 그래서 혹시 누가 아니라고 우기는 사람이 있을까 싶어 「붓다」는 경전에 삶과 죽음에 관한 정의를 대못처럼 박아 두었다. <잡아함경> 제12권 연기법에 나오는 제법무상(諸法無常)과 제법무아(諸法無我)가 언급했던 바로 그 내용이다.

내가 환생할 때는 전생에 살던 기억을 완벽하게 잊게 된다. 그리고 반드시 전생과는 전혀 다른 공간과 세대에 태어나 살아야 한다. 그 말은 붓다가 깨달음을 얻은 후에 정해진 법칙이 아니라, 붓다의 이전부터 이 세상에 이미 설정된 삶과 죽음의 이치다. 붓다는 그간 수많은 전생을 살았다는 것을, 전생의 기억을 찾게 되면서 자신이 수백여 번의 전생을 거쳤다는 사실을 깨닫게 되었다.

우리는 죽은 후에 윤회의 과정을 통해 끝없는 환생을 반복해야 한다

예수 역시 성서를 통해서 「너는 흙에서 태어났으니, 흙으로 돌아가리라, 먼지였으니, 먼지로 돌아가리라(창세기 3.19)」라고 말했다. 그는 인간의 탄생이 죽음을 전제로 태어난다는 것과 함께 우리는 살면서 지은 죄의 용서를 받고 반드시 부활할 것이라고 약속한다. 우리 몸은 썩어 없어질 것으로 묻히지만,

썩지 않는 것으로 되살아날 것이고, 비천한 것으로 묻히지만 영광스러운 것으로 되살아나며, 물질로 묻히지만 영적으로 되살아난다. (고린도 전서)

영원한 삶이란 속죄없이 윤회하지 않고 영원히 산다는 뜻이다

특히 예수가 말하는 부활이란 죽은 후에 현실(전생)에 지은 죄를 인정하고 뉘우치고 통회하고 용서를 받아야 한다고 말한다. 가톨릭의 공식 기도문에 나오는 「나는 죄의 사함과 육신의 부활을 믿으며 영원한 삶을 믿는다.」라는 기도는 육신의 부활을 믿고 영원한 삶을 믿는다는 뜻이다. 그것 역시 예수가 나타나서 처음 정한 법이 아니었다.

오래전 예수 이전부터 이미 이 세상에 정해져 있었던 생명 순환의 자연 현상이며 이치였다. 그것이 불교에서는 윤회라는 말로 표현된 것이다. 지금 내가 숨 쉬며 살고 있다는 말은 앞으로 언젠가 숨을 잠시 거둔 후에 다시 살게 된다는 것을 전제로 존재한다는 뜻이다.

나는 영원히 살기에 지금의 이 세상만 사는 것처럼 살아서는 안 된다. 내가 영원히 사는 한, 삶이니 죽음이라는 말은 별 의미가 없다. 내가 다시 태어나기 위해 잠시 숨을 쉬고, 혹시 숨을 쉬지 않아도 살아있어야 한다. 우리에게 영원한 삶이란 지금처럼 숨을 쉬지 않아도 살아있어야 한다는 뜻이다. 우리는 숨을 쉬지 않고도 살아야만 하는 한, 삶의 각본이 미리 정해진 것이 아니라고 말할 수가 없다.

내 삶의 각본은 불교나 그리스도교나 어느 종교에서나 깔끔한 결론으로 정리되어 있다. 나는 우리가 전생의 각본대로 살고 있고, 우리 삶의 프로그램은 스마트 폰의 앱처럼 설계나 디자인을 내가 바꿀 수 없도록 기본 환경이 설정되어 있다. 한번 설정된 것은 내가 바꿀 수 없다. 내 삶을 내 힘으로는 바꿀 수 없는 것. 그것을 우리는 운명이라고 말한다. 우리는 운명이라는 말에 약하다.

**내가 나 스스로 바꿀 수 없는 것이 운명이라면
내가 맘대로 바꿀 수 있는 것은 운명이 아니다**

운명인 것과 운명이 아닌 것이 어떻게 다른 가는 스마트 폰을 만들어 삶의 질을 바꾸어 놓은 스티브 잡스의 말을 들어보면 더 확실해진다. 그는 마흔 살의 나이에 암으로 세상을 떠나면서 우리에게 너무 외롭고 쓸쓸한 유언을 남겨놓았다.

「인류를 바꾸는 것은 IT 문명이 아니다. 사람은 태어나서 아주 짧은 순간을 살다가 죽는다. 우리는 지금까지 그 사실을 마치 관행처럼 으레 그런 것이거니 하고 여기며 살아왔지만, 기술 문명으로는 인류의 관행적인 운명을 바꿀 수가 없다.

인간의 문명과 기술은 삶의 질은 바꿀 수는 있어도 삶과 죽음의 진리는 바꿀 수 없다. 나는 지금까지 어렵고 힘들게 삶을 이어왔으나 굳게 다짐하고 노력한 결과, 크게 성공해서 남이 부러워할 만큼 잘 살 수도 있었다.

그것은 삶의 질이 빈곤에서 풍요로 바뀌었다는 뜻이지 운명이 바뀐 것이 아니다. 누구나 노력하면 성공할 수 있다는 말은 노력을 응원하는 말이지, 노력이 성공을 보장하는 것은 아니다. 아무리 노력해도 성공할 수 없는 경우도 많기 때문에 그 말은 진리거나 본질이라고 말할 수 없다.」

지구가 공전과 자전을 하면서 계절이 바뀌고, 낮과 밤이 바뀌는 것은 본질이어서 변하지 않는다. 우주의 운행 질서를 위해 그런 프로그램이 설정되었기 때문이다.

나는 스스로 태어날 수 없고, 내가 원하는 만큼 살 수도 없다

나는 늘 건강하고, 사랑도 열정적이고, 돈도 많이 벌고, 출세하고 권력과 명예를 쥘 수도 있겠지만, 내 삶이 그런 세속적 욕구와 만족을 위한 목적으로 태어난 것도 아니다. 왜냐하면 우리가 삶과 죽음을 내 의지대로 손아귀에서 지배할 수 없는 한, 누구도 자신이 원하는 대로 운명을 바꿀 수도 없다. 진리가 무서운 것은 그 때문이다.

잠시 늘 느끼는 짜증을 생각해 보자. 난 왜 구질구질하게도 못 사는 집에서 태어났지? 나는 엄마 아빠의 나쁜 유전자 덕분에 진저리나게 공부고생을 더 많이 해야 하지? 어떤 애들은 뛰어난 부모의 유전자를 받고 태어나서 나보다 공부를 덜 하고도 늘 성적이 상위권을 유지한다.

왜 나는 공부 복도 없는 찌질이로 태어났지? 돈은 어쩌자고 쇠파리처럼 나만 요리조리 피하고만 다니는 거지? 쟤는 취직시험마다 합격하고, 직장에서는 속도위반 진급도 잘하는데 나는 왜 벌점만 받다가 벽지로 발령이 나느냐고…난 행운이라고는 사은품 당첨 한번 못 해봤는데, 남들은 무슨 복으로 복권에 두 번씩이나 당첨되는 거냐고. 정말 짜증 나서 못 살겠다. 정말 세상이 원망스럽다. 그렇다고 나는 쉽게 죽을 수도 없다.

그처럼 우리는 늘 이 세상이 내 맘에 든 적이 한 번도 없다. 하지만 경전에서 그런 자들은 업보를 치르기 위한 카르마 때문이라고 말한다.

업보란 전생에서 지은 죄의 값을 현세에서 치러야 하는 밀린 숙제와 같은 것이다

쉽게 말하면 죄짓고, 교도소에 가면 1년이든 10년이든 종신이든 형기를 마쳐야 감방에서 나올 수 있는 것처럼, 우리도 전생에 지은 죄의 대가를 치러야 한다는 뜻이다. 지금 내가 짜증이 나는 것들은 모두 내 삶의 각본에 이미 짜여 있던 것들이다. 나는 내 뜻대로 살 수가 없다.

이 세상에서 내가 원하는 대로 살지 못하는 현실이야말로 내가 전생에서 저지른 죗값을 치르는 과정이라는 것을 알면 오히려 맘이 편해진다. 카르마라는 것은 내가 얼핏 스치는 생각 하나, 무심히 내뱉는 말 한마디, 습관처럼 하는 행동 하나까지 모두 선악의 결과를 초래하고 죄업을 쌓게 된다. 이 세상에서 자기 뜻대로 이루고 사는 사람도 많이 있을까? 우리가 무엇이든 맘먹은 대로 종이 두루마리처럼 술술 일이 잘 풀리는 행운의 존재들, 세상일이 맘먹은 대로 쓱싹쓱싹 이루어지는 사람이 따로 있다는 것을 우리는 주위에서 흔히 본다. 하지만 일이 술술 잘 풀리고 하는 일마다 대박을 터트리는 사람이라고 해서 죄와는 전혀 무관한 것은 아니다.

우리는 죄의 가장 나쁜 대가로 죽음을 떠올리지만, 죄의 대가는 반드시 죽음으로 치르는 것이 아니다. 간혹 생활고로 혹은 정신적 스트레스로 자살하는 사람들도 있지만, 그들은 고통으로 삶을 끝낸 것이지 자신이 지은 죗값으로 현세의 삶을 퉁 친 것이 아니고, 그럴 수가 없다.

우리가 부러워하는 백만장자 중에는 돈의 지옥에서 사슬에 매여 중병으로 죗값을 치르는 사람도 있고, 고위층 관리 중에는 권력의 쇠사슬에 두 손이 묶여서 고통의 죗값을 무겁게 치르는 사람도 있다. 예술가는 인기와 부와 명예의 덫에 허우적대며 정신의 위기를 약물로 연명하면서 죗값을 치러내기도 한다.

인간의 삶은 겉과 속이 달라서 눈에 보이는 것만으로 지옥과 천국을 구별하거나 판단할 수가 없다. 제 눈이 안경이듯이 누구나 이웃의 죄와 벌을 판단할 수 있는 시력을 가질 수가 없다. 우리가 지금 천국에 살고 있다고 부러워하는 많은 사람들에게「현실이 만족하고 행복한가.」라고 물으면 아무도 자신있게 대답하는 사람은 없다.

죄가 없는 사람은 천사로 살아야 하기 때문에 이 세상에 태어날 이유가 전혀 없다

그것은 마치 죄 없는 사람이 교도소에 갇혀있을 이유가 없는 이치와 같다. 사람이 이 세상에 사는 것은 모두 자기가 전생에 지은 죄 값을 치루고 있는 것이지, 누구의 탓도 아닌 자기 탓이다. 과연 누가 자신이 원하는 대로 살고 있는가. 더구나 이 세상은 내 뜻대로 살기 위해서 태어난 것이 아니다.

적멸을 기다리며

나는 죽은 후에 내세에서 다시 산다 해도
전생의 나를 기억하고 살 수 있기를 바란다.

-칼 세이건

우주의 창백한 푸른 점 하나

미국 국립항공우주국(NASA)의 허블 우주망원경과 케플러 우주관측소에서 수집된 데이터를 기반으로 조사한 결과, 지구의 나이 46억 년은 우주에서 앞으로 탄생하게 될 행성들과 비교해 봐도 꽤 젊은 측에 속한다는 발표가 있었다.

그렇다면 인류는 지구의 종말을 너무 성급하고 비관적으로 판단하고 있는 것이 아닌가 싶다. 천문학자들의 추산으로는 관측이 가능한 우주 내의 은하계가 1천억 개가 있다고 말한다.

실제로 그런 항성들을 정확히 세어볼 수 있는 것인지는 잘 모르지만, 오늘날의 천문학은 별의 개수를 세는 것쯤은 거뜬히 할 수 있는 능력이 있다는 말을 들었다.

경전(금강경)에서는 이미 항하(恒河:갠지스강)의 모래 수에 모래 수를 곱한 수만큼의 대우주(삼천대천)에 널린 불 세계(행성)에 천문학적인 별들이 우주에 존재하고 있다는 기록이 오래전부터 나와 있다. 천체과학에서는 태양이 앞으로 대략 60억 년 후쯤이나 핵융합 반응을 끝내고「찬란한 우주의 불꽃」이 꺼질 것이라는 전망을 하고 있다.

그런 예측이 실제로 가능한지는 알 수 없다. 하지만 그 후로도 오랫동안 우주의 도처에서는「새로운 태양」과「새로운 지구」들이 계속 생성될 것이라는 예측도 나온다. 우주에서 마지막 항성의 불이 꺼지려면 앞으로 1백조 년은 더 걸릴 것이라고도 말한다.

기껏 1백 년의 수명을 오래 산다고 말하고 있는 인간에게 60억 년, 1백조 년이라는 말은 상상을 초월하는 판타지 같은 세월이다. 우주는 인간의 상상력을 엄청나게 뛰어넘는 공간이다. 지구에는 물과 공기와 흙이 있고, 바람과 태양 빛이라는 자연환경과 생태조건을 갖추고 있고, 거기에 걸맞는 인류가 태어나서 살고 있다.

바로 지구적인 삶의 환경조건이야 말로 인간의 운명이 된 것이다. 따라서 인류는 지구의 운명과 마지막까지 함께 할 것이라는 생각이 든다. 혹시 다른 혹성으로 이주할 수 있게 된다 해도 인류는 유사지구를 찾아야만 하고, 그곳에 정착하기 위해서는 신의 한 수가 필요할 것이다. 인류는 과도한 욕망의 분출로 지구라는 절대 보금자리를 파괴하면서 온난화의 위기를 자초하는 한편 우주로 눈을 돌려 인간의 새로운 생태계를 탐색하는 중이지만, 인류에게는 여전히 지구보다 더 좋은 절대 생존지역은 없다.

은하계의 별들 중에
인간의 낙원으로 보이는 항성은 아직 없다

우주탐사선 보이저 1호가 전송한 화성이나 아름다운 모자태를 두른 토성이나 가장 큰 별 목성, 그리고 천왕성, 명왕성의 지표 사진들을 보아도 그 항성들이 얼마나 척박한 땅인지 알 수 있다. 특히 목성의 위성 「이오 Io」에는 4백여 개가 넘는 활화산들이 불길을 뿜어대고 있다. 용암이 3백여 km나 흐르는 유황 지옥이 목성이다.

최근 나사(NASA)가 발표한 목성의 4번째 위성인 「유로파」에는 지구의 남극처럼 얼음 밑에 액상의 물이 존재할 것이라는 가능성을 암시하고 있다. 이미 화성에서 물의 존재가 발견되었지만, 목성에도 빙산이 로키산맥처럼 형성된 것을 보면,

다른 항성에도 생명체의 존재 가능성을 보여준다.

미국의 천문학자 칼 세이건은 인류 역사상 가장 멀리서 찍은 지구 사진을 보면서 우주 속에 외롭게 둥둥 떠 있는 티끌 같은 한 점을 비유한 「창백한 푸른 점」이라는 책을 써낸 적이 있다.

그는 우리가 사는 지구가 티끌처럼 초라한 존재라는 것을 인류에게 인식시켜 주고 싶었다고 했다.

우주에서 본 지구는 사실상 초라한 먼지 한 톨에 불과하다

그 사실을 깨닫는 순간, 우리는 대우주의 신비한 경이감 앞에서 겸손해지게 된다. 이 티끌 같은 땅에 태어나서 무엇을 위해 서로 미워하고 악귀들의 전쟁판을 계속 벌이는지 깨닫기를 바라는 마음에서가 아닐까 싶다.

그는 저 광대무변의 우주공간에 생명체가 우리밖에 없다는 것이 엄청난 공간의 낭비라는 말을 남겼다. 우주공간을 인간의 경제적 효용가치로 따져보면 그 말도 가능하지만, 밤하늘의 그 많은 별들이 황무지와 암석 덩어리로만 우주공간에 둥둥 떠 있다는 것은 지구인이 경제적 관점으로 따져보면 너무 아깝고 허망하다는 뜻이다.

하지만 지구가 인류의 터전이 된 것처럼, 저 우주 어딘가에 인류와는 전혀 다른 어떤 귀신같은 존재들이 어떤 방식으로 살고 있는지 과연 누가 알 수 있는가. 미국의 천문학자 칼 세이건은 자신의 저서에서 이렇게 썼다.

「나는 죽은 후에 다시 살아난다 해도 나의 일부를 기억하고 느끼면서 계속 살아갈 수 있는 존재가 될 것이라고 믿었다. 만일 사후세계가 있다면 다시 태어난다 해도 반드시 내 호기심과 갈망을 충족시켜 주는 우주 연구를 하게 될 것이다.」

그의 꿈과 갈망은 내세에서도 역시 우주였다. 하지만 칼 세이건이 말하는 사후 세계에 인간이 생존하고 있는지, 사후 세계에도 지구가 아닌 태양과 별들이 존재하는 것인지는 그저 모를 뿐이다. 화성에는 이미 칼 세이건이라는 그의 이름이 붙은 기념기지가 있다.

그는 1996년에 화성 탐사계획에 참여하던 중 세상을 떠났지만, 그가 연구한 화성탐사선 「패스파인더호」는 그가 죽은 그다음 해인 1997년 7월에 화성 착륙에 성공했다. 미 항공우주국은 그의 비원의 꿈을 기념하기 위해 탐사선이 착륙한 지점을 <칼 세이건 기지>로 이름을 붙여주었다.

나는 그가 먼 훗날 다시 태어난 곳이 불교에서 말하는 인간이 사는 후세가 지구라면 칼 세이건 기념기지를 반드시 찾아갈 것이라 믿는다. 미 항공우주국이 오래전(2009년)에 발사한 케플러망원경은 지구에서 1천4백 광년 떨어진 다른 태양계의 백조자리에서 케플러-452b라는 지구와 유사한 행성을 발견했다고 발표한 적이 있었다.

그곳은 지구에서 빛의 속도로 1천4백 년 동안 달려야 겨우 도착할 수 있는 지구의 1.6배가 되는 큰 별이다. 그 별은 그 궤도에 존재하는 또 다른 태양이 공전하고 있다. 행성의 궤도가 우리의 태양과 지구와 비슷한 위치의 거리에 있어서 공전주기가 385일이고, 지표에는 물이 있고, 두꺼운 대기층을 형성하고 있으며 화산활동이 활발한 것으로 알려졌다.

그 별의 나이가 지구의 46억 년보다 오래전에 생성되었다면 지구처럼 문명을 가진 생명체가 살 수 있을지도 모르고, 지구의 인류와 소통도 가능할 수도 있다. 천문학자들은 우주를 1백 퍼센트로 볼 때 우리가 알고 있는 우주는 4퍼센트에 불과하고, 96퍼센트의 우주를 모르고 살고 있다고 말한다.

국제 미생물계통 분류학회의 발표를 보면 지구 전체의 생물체 무게만 해도 60%가 미생물이 차지하고 있고, 첨단 과학기술로도 지구상에 있는 미생물의 1%밖에는 키울 수가 없다고 말한다. 우리가 볼 수 없는 마이크로의 세계나 나노 크기의 세상에는 얼마나 많은 생명체들이 존재하는지 상상할 수도 없다.

더구나 우주의 블랙홀은 태양의 1백억 배나 큰 공간이어서 빛이 통과할 수가 없고, 시간이 정지되어 있다. 우주의 거대한 항성들이 블랙홀 속으로 빨려 들어간 후에 새로운 별로 태어나고, 새로운 은하계가 만들어지고 있고, 별들이 거기서 진화하면서 스스로의 전설과 신화를 만들고 있다.

아직 가설이지만 인류가 1천억 광년의 항성 여행에 성공하기 위해서는 우주선 자체가 블랙홀의 웜홀을 통해 순식간에 1천억 광년의 시간여행을 할 수 있어야 한다. 유기물질로 제작된 우주선이 블랙홀에 흡수되면 흔적도 없이 사라진다.

그 웜홀도 과학자들에게 이론적으로만 존재하는 것이어서 그 실체가 밝혀진 것도 아니다. 물론 상상이긴 해도 우주선이 블랙홀에 흡수되지만 않는다면 블랙홀의 웜홀을 통해 항성 간의 이동이 가능할 것이라는 가설도 있다.

인간의 영혼은 파동의 존재이기 때문에 블랙홀을 통과할 수도 있을 것이다

사후에 다녀온 사람들의 얘기를 들어보면 모두 자신이 어느 캄캄한 통로로 순식간에 빠져나갔다는 체험담을 고백하고 있다. 그것을 보면 우리가 죽은 후에 영혼은 블랙홀을 통과할지도 모른다는 상상도 해본다. 만일 우리가 말하는 내세가 지구가 아니라 다른 항성이라면 케플러-452b와 같은 항성에 가서 살 수도 있다는 상상이 가능해진다. 그렇지 않다면 빛의 속도로 1천억 광년이 걸리는 그곳을 어떻게 갈 수 있겠는가. 하지만 인류는 시간과 공간을 초월하는 타임머신과 같은 이동 수단으로 미래의 어느 날 유사지구에 도착할 것이다.

언젠가 그날은 반드시 온다. 미래의 우주 시대는 인류가 지구를 벗어나 삶의 공간과 시간이 전 우주로 확대될 것이고, 인류에게는 은하철도 999의 만화영화가 실현될 것이다. 그때가 되면 죽음 이후의 내세관도 크게 달라질 것이다.

우리는 전생에도 사람이었고, 현세도 사람이고 사후에도 육체와 영혼을 함께 갖춘 사람으로 태어나야 한다. 만일 전생의 존재가 괴물이었다거나 우리가 내세로 환생할 때는 마귀로 변신한다면 그곳을 인간의 전생이거나 내세라고 말할 수가 없다. 나의 본질은 마귀가 아니기 때문이다.

전생과 내세는 지금의 내가 사는 자연환경 조건과 기후조건을 모두 갖춘 곳이어야 한다

가령 우리가 환생한 곳이 케플러-452b이고, 내가 전생에서 돌이라는 이름으로 살았다가 내세에서는 순이로 이름이 바뀌어 백조자리라는 태양계에서 환생한다고 해도 돌이와 순이는 똑같은 게놈(genome)을 가진 유전자의 존재로 환생해야 한다. 그처럼 돌이가 가진 수많은 전생의 유전자들 생체 비밀을 순이가 고스란히 갖고 태어나야 비로소 우리는 환생이라는 말의 뜻이 성립된다고 볼 수 있다.

우주에서 환생의 꿈을 열망하던 칼 세이건의 영혼이 다른 태양계의 유사지구에서 칼 세이건의 유전자를 지녀야 하기 때문이기도 하다. 유전공학적으로 사람끼리의 유전자 염기서열은 99.9퍼센트가 같고, 인간과 침팬지는 98.4퍼센트가 유사하다.

최근 영국의 후성 유전학자 네사 캐리의 학설에 따르면 부모의 유전자는 자녀에게 전해지는 것은 사실이지만 판박이로 그 재능이 고스란히 후대에 전해져서 발현되는 것이 아니라, 일부의 유전자는 작동을 멈춘 채 잠재의식으로만 남아있다가 일부는 변형되어 최소 4대의 자손까지 유전적 영향을 미친다는 것을 밝혀냈다.

**유전자의 수치로 0.01퍼센트의 차이가
성격, 재능, 감각 등 천부적인 차별이 형성된다**

결국 우리는 선조들이 살아온 전생의 유전자들에 의한 운명의 각본에서 크게 자유로울 수가 없다는 것이 과학적으로도 증명되고 있다. 오래전 <사이언스>지에 발표된 논문에는 고대 네안데르탈인의 화석에서 핵 DNA를 추출 분석한 결과, 현대인의 유전자에는 2만 4천 년 전에 멸종했던 네안데르탈인의 유전자가 2% 안팎으로 섞여 있다는 것을 밝혀낸 적이 있었다.

네안데르탈인이 현생인류와 유전자의 이종교배를 한 것이 분명하고, 우리는 바로 그 후손이라는 얘기다. 논문의 저자 스반테 페보 독일 막스 플랑크 진화인류학연구소 유전학부 과장은 이 유전자를 「내적(內的) 화석」으로 분류했다.

유대교에 없던 내세가 창조되다

 불교에서는 전생에서 지은 죄의 값을 치러야 할 카르마(형벌)를 이승에서 치러야 한다. 나는 전생에서 지은 죄의 대가를 치르기에 알맞은 조건과 환경을 가진 부모를 선택해서 이승에 태어나야 한다는 뜻이다. 그렇다면 나는 태어나기 전에 이미 내가 살게 될 이승에서 삶의 조건과 환경부터 결정된다는 뜻이다.

지금의 나는 원하든 원치 않던 전생에서 내세의 형벌을 선택한 셈이다

 우리는 단지 전생을 기억해 내지 못할 뿐, 내가 전생에 지은 죄의 값을 내가 치른다는 삶의 의지로 나타난 세상이 바로 지금의 이승이 된 것이다. 그 의무가 바로 내가 피할 수 없는 운명과 손을 잡고 있다. 우리는 전생이 없다고 생각하거나 혹시 있다고 해도 안 믿으면 된다.
 전생을 믿느냐 안 믿느냐는 자신이 결정할 일이다. 거기에 어떤 강요도 뒤따르지 않는다. 내가 전생이 있다고 믿는데 누가 어쩔 것이며, 내가 전생이 없다고 하는데 누가 어쩔 것인가.
 내가 전생이 있다고 믿거나 없다고 믿거나 달라질 것은 아무것도 없다. 내가 전생을 인정하거나 무시한다고 해서 지금 나의 운명이 바뀌거나 면제되는 것이 아니기 때문이다. 지금 내가 가진 운명은 자신이 짊어진 책임이고, 그 책임과 의무도 자신의 몫이 될 수밖에 없다.

물은 제 골을 따라 낮은 곳으로 흘러서 계곡과 개울과 강을 거쳐 바다에 이른다. 혹시 흐르지 못하고 고여 있던 물은 수증기로 바뀌어 구름이 되어 하늘에 머무른다. 물은 잠시 머물다 가지만 거슬러 흐르지 않고, 저 갈 길을 찾아간다.

유대교에는 전생이나 내세가 없다. 사람은 태어나서 살다가 죽어서 관 뚜껑에 못을 치는 순간, 육체와 영혼은 소멸한다고 믿는다. 고대 유대교의 진보 개혁 세력이었던 예수 그리스도는 우리가 지금 살고 있는 현생(이승)과 내세의 존재를 내세웠다. 인간의 속죄의식과 내세에 대한 열망은 사랑을 통해 구원을 받고 현실에서 내세로 이동하게 된 것이다.

예수는 인간의 눈에는 보이지 않는 내세를 통해 인간의 삶의 무대를 눈에 보이는 이승에서 눈에 보이지 않는 미래의 공간으로 우리들의 삶과 생명을 크게 확대시켰다. 인간의 육체는 지상에서 소멸하지만, 영혼은 속죄와 사랑으로 구원받아 내세에서 육체와 함께 부활한다. 예수는 그 자신이 스스로 몸으로 부활하여 자신의 예언을 세상에 재현해 보임으로서 하느님의 현존을 인류에게 확인시켜 준 것이다.

그로 인해 인류는 세상에서 지은 죄를 속죄하고 보속하면 용서를 받고 사랑을 통해 영혼이 깨끗해지면서 나는 몸과 더불어 부활하고 영원한 새 삶을 얻게 된다. 유대교에 없었던 내세가 예수를 통해서 새롭게 무한대로 창조된 것이다. 죽은 인간이 부활하다니! 예수가 유대 사회에 내건 신앙의 슬로건은 당시 유대교의 집권보수 세력으로서는 도저히 용납할 수 없는 대역죄였다.

인간 영혼의 영원불멸이란 나의 본질인 영혼이 영속적으로 생명을 누린다는 뜻이다

불교 역시 나의 본질인 내 영혼은 윤회를 통해서 영속적인 삶을 누린다. 그래서 불교는 전생과 현세와 내세가 동시에 존재한다. 사람이 죽으면 육체는 흙이 되어 소멸하지만, 영혼은 윤회를 통해 새 육체를 받아 환생한다.

내가 사후에 가는 내세에서는 나는 전생의 모든 기억(소프트웨어)들이 잠재의식이라는 이름의 저장고(앱) 속에 보관해 두고 환생한다는 뜻이다. 전생의 영혼인 나는 비어있는 유전자(앱)만 갖고 환생해서 새로운 삶의 경험과 기억을 저장하기 시작한다. 내가 환생한 곳은 바로 지금의 현세가 된다.

우리는 환생할 때 여인의 몸에서 잉태되어 각자 새 육체와 이름을 얻고 전혀 다른 환경과 조건에서 살게 되지만 우리는 전생에서 지은 죄업을 풀어야 할 숙제가 있기 때문에 삶에서 고난의 형벌을 계속 이어가야 한다. 전생의 기억들은 모두 무의식의 상념대에 갇혀서 재생이 불가능하기에 우리는 오직 현생(이승)의 삶에만 몰두해서 살 수밖에 없다. 우리는 그렇게 끝없는 윤회를 거치고 또 거치면서 내 영혼은 수많은 전생의 경험과 이력들이 쌓여간다.

지금 내가 숨 쉬는 삶의 현장이 전생도 되고, 현생도 내세도 된다. 오직 붓다처럼 해탈한 영혼만이 자기가 살아온 전생을 기억할 수 있다. 붓다는 전생 윤회의 굴레에서 이미 벗어나서 해탈을 통해서 다시 환생하지 않았다. 붓다처럼 해탈해서 윤회의 굴레를 벗어나면 우리들의 영혼은 환생할 때까지 어디에 머물러 있는지 잘 모른다. 적어도 물리학적으로는 3차원의 세계가 우리가 사는 현실이다. 인간의 오감으로는 인지할 수 없는 세계가 우리와 함께 공존하고 있다. 붓다는 우리가 볼 수 없는 4차원에서 우리를 내려다보고 있을지도 모른다.

그 세상에는 우리가 잘 알고 있는 위대한 영혼의 존재 예수와 붓다가 최고 수준의 영적 그래프 위에 올라가 있다. 사람마다 영혼의 단계별 수준은 모두 다르다. 큰 죄를 저지른 최악의 영혼은 밑바닥에서 시작해서 그 단계가 수십억 등급으로 나뉘어져 있고, 사람들은 죄를 지으면 지을수록 영혼의 단계가 마치 증권시세처럼 그래프 밑바닥으로 떨어진다.

하지만 속죄하고 뉘우치고 반성하고 보속하면서 이웃에

사랑과 자비를 베풀수록 영혼의 등급은 점차 상향 증권시세처럼 그래프가 위로 마구 솟구쳐 오른다.

가령 인류의 인구가 81억 명(현재 지구의 인구시계 참고)이라면 그 인구의 수만큼 그래프의 등급이 미세하게 나뉘어져 있고, 인간의 영성 등급은 하루가 다르게 등락이 계속 바뀌고 있다는 뜻이다. 따라서 우리는 끝없는 기도와 수행을 통해서 사랑과 자비를 통해서 영혼의 등급을 올리는 일에만 몰두해야 한다고 경전에서는 강조하고 있다. 그것이 우리에게 주어진 구원의 길이다.

인간은 죄없이 영혼이 깨끗해질 때까지 윤회의 악순환이 계속된다

불교에서는 일정한 수행을 거친 후에는 최소한 아라한의 등급에 올라야만 자신은 물론 남의 전생도 볼 수 있는 깨달음의 경지에 이른다고 말한다. 그 말은 아라한의 경지에 오른 선인만이 전생의 기록이 담긴 잠재의식의 저장고(앱)를 열어볼 수 있는 자격과 능력을 갖춘다는 뜻이기도 하다.

화엄경 십지품(十指品)에는 우리도 수행을 통해서 마음이 조화를 이루면 신의 진리를 깨달아 윤회를 통해서 전생을 볼 수 있다고 밝혀놓았다. 고대의 석가 제자들이나 불교학자들, 고승들의 문헌에도 윤회의 역사와 경험을 기록한 글들이 수 없이 나온다. 그중에는 붓다의 이런 글도 읽을 수 있다.

「나는 한 두 번의 생애뿐만 아니라 수백, 수천의 전생을 기억하고 수백수천 카르마(업보)도 기억하고 있다. 나는 몇 번째 삶에서는 어디서 무슨 이름으로 몇 살까지 살았고, 어떤 고난의 경험을 겪었으며 어디서 어떻게 죽었다가 몸을 숨기고 다시 태어났는지 모든 윤회의 역사를 기억하고 있다.」

실제로 티베트의 정신적 지도자 달라이라마는 전생을 기억할 수 있는 영적 능력을 갖추어야만 지도자로 선출될 수 있다. 그 말은 불교의 아라한 경지에 이른 선인만이 티베트의 지도자가 될 자격이 있다는 뜻이다. 티베트에서는 달라이라마를 관음보살의 화신처럼 여기고 존중한다.

티베트는 최고 지도자가 죽으면 후계자를 독특한 방식으로 찾아낸다. 티베트의 고위 지도자 승려들은 호수에 비치는 환영을 통해 아이를 찾아낸 다음, 그 아이가 전생을 기억하는 영적 능력이 있는지 테스트를 통해서 확인한 후에 면밀한 판단을 거쳐서 후계자로 옹립하고 있다.

티베트의 망명정부 지도자 제14대 달라이라마는 불과 3살에 영적 능력을 테스트받고, 티베트 최고의 지도자가 되었다. 그는 수십 번의 전생을 거쳤다는 것이 증명된 것이다. 우리는 전생에서 치르지 못한 죄의 값을 현세에서 기워 갚기 위해 태어나지만, 그 죄업을 갚지 못하면 다 갚을 때까지, 그리고 영적 능력을 얻을 때까지 삶과 죽음의 사이클을 순환하는 윤회의 업보를 계속해서 거쳐야 한다.

그 과정을 거치는 동안 우리가 깨달음의 경지에 이르렀을 때, 비로소 자신의 영혼을 통해 전생을 볼 수 있게 된다. 그렇다면 우리는 모두 붓다처럼 깨달음을 얻는 해탈을 해야만 한다. 그러기 위해서 우리의 영혼은 전생의 죄를 닦아내야 한다.

우리는 전생에 지은 죄의 값을 치르기는커녕 이승에서 죄악을 덧칠만 하고 있다

따라서 그 영혼이 죽고 다시 환생할 때는 전 전생과 다음 전생에서 지은 죄까지 가중처벌을 받기 때문에 거의 최악의 지옥에 해당하는 삶의 각본을 선택해서 살면서 죄의 값을 치를 수밖에 없다. 우리는 죄가 크고 많으면 많을수록 환생할 때 최악의 삶의 조건과 환경에서 태어나야 하는 카르마를 겪는다.

우리말에 설상가상이란 말이 있다. 눈 위에 서리까지 덮인다는 말로 <엎친 데 덮치는 악순환>이 계속된다는 뜻이다. 우리가 전생에 지은 죄의 대가를 치르는 중에 다시 죄를 지어서는 안 되는 이유가 거기에 있다.

지금 속죄하기도 바쁜 세상에 내 뜻대로 살 수 있는 여유가 어디 있겠는가. 인생이라는 정해진 코스를 마라톤처럼 달리는 동안 결승점에 집중해야 할 선수가 내 뜻대로 쉬어 갈 수도 없는 것과 같은 이치다.

그렇다면 살아있는 동안에 내 뜻대로 할 수 있는 일은 진정 없는 것일까? 그래도 숨 쉬는 일은 내 맘대로 할 수 있다고 생각했는데 그것도 아니다. 먼저 숨 쉬는 일은 수명과 관계가 깊어서 사람마다 숨을 쉴 수 있는 세월이 시한부 운명처럼 정해져서 허파의 박동 횟수가 각기 다르게 정해졌다. 누구나 원하는 대로 숨 쉴 수 있는 것도 아니다. 폐포 내의 공기를 기가 흐르는 길을 통해 뽑아내는 호기呼氣와 바깥 공기를 폐로 끌어들이는 흡기吸氣, 즉 호흡은 내 근육이 내 뜻과 관계없이 저 스스로 이루어지고 있다.

내 호흡은 뇌신경이 멈추지 않도록
허파의 박동 최대치가 설정되어 있다

그래서 우리는 사실상 숨도 내 뜻대로 쉬는 것이 아니다. 그럼 숨을 안 쉬는 것은 내 맘대로 할 수 있지 않을까 싶지만 우리는 애써 숨을 참아도 단 1분도 견디기 어렵다. 우리에게는 숨을 안 쉴 수 있는 자유도 주어지지 않았다.

폐는 심장과 함께 잠시도 멈출 수 없는 생명의 핵심 기관이다. 더구나 뇌는 우리 몸의 모든 기관을 지휘 통제하는 전투 사령부와 같다. 대뇌는 마음을 다스리고, 소뇌는 몸을 다스린다. 뇌는 척추를 통해 온몸에 신경섬유를 포진시키고 일사불란하게 우리 몸을 장악하고 지휘한다. 그러므로 뇌는 산소와 혈액을 지속적으로 공급을 받고 있다. 단 몇 분만 공급이 중단되면 신체가 마비되어 버린다. 우리의 뇌 속에는 눈부신 햇살처럼 분출하는 「욕망이라는 이름」의 전차가 파멸을 향해 브레이크도 없이 달리는 한편 그 파멸이 초래하는 비극적 회한의 눈물들이 동시에 강물처럼 흐르기도 한다.

세상의 눈부신 햇살 다 모이면/ 시내가 되고 강이 되는가/ 모든 사람이 죽을 때 흘리는/ 임종의 한줄기 눈물이/ 빛보다 더 빠른 회한의 강물인 것을/ 저 가을 산 즈믄 기슭/ 굽어도는 저녁 강은 알고 있을까.

— 조광호의 시 「가을 저녁 강가에서」 중에서

우리의 뇌는 욕망의 화신같은 용광로의 불길과 함께. 그 불길을 끄거나 억제하는 힘이 천사와 악마처럼 두 개의 기능을 조절한다.

과학의 상상력은 미래의 예언이다

지금의 대서양 위치에 있었던 아틀란티스 대륙은 기원전 1620년경 규모 7.0 이상의 대지진이 발생, 지구의 지표 단층들이 충돌하면서 무려 1천5백억 톤의 마그마 기둥이 1만 미터의 대기권 위로 솟구쳐 올랐다. 그 폭발력은 히로시마 원폭의 4천 배나 되는 위력으로 미노아 문명은 완벽하게 파괴되었다. 대륙 자체가 몽땅 바닷속으로 뒤집혀 들어간 것이다.

그 사건의 내막은 그리스 철학자 플라톤의 <대화록>에서 밝혀졌다. 그 사실을 토대로 4세기경 고고학적 발굴 작업이 시작되면서 대서양 한복판에서 사라진 대륙 아틀란티스의 미노스 문명은 전설이 아닌 역사적 사실로 확인되었다. 아틀란티스 대륙처럼 기록이 사라졌다고 해서 있었던 사실조차 없던 일이 되는 것은 아니다. 우리가 단지 모르고 있었을 뿐이다.

**나에게 전생의 기억이나 기록이 없다고 해서
내 전생이 없어지는 것은 아니다**

지금 나의 현실은 전생을 전제로 존재하고 있기 때문이다. 경전에서는 사실상 인간은 실체가 없는 존재이며 우리는 단지 그림자에 불과하다는 것은 이미 언급된 말이지만, 나 자신은 사실상 망막에 비친 비주얼로 존재하지만, 그 비주얼이 허상에 불과하다는 뜻이기도 하다. 전생의 내가 가상현실의 기억으로만 존재하고 있었던 것처럼 현재의 나 역시 가상현실의 비주얼로 존재하고 있을 뿐이다. 단지 우리는 그 사실을 자각하지 못할 뿐이다. 내가 어린 시절에 본 만화영화 「백설 공주」 혹은 「겨울왕국」의 엘사 공주 역시 스크린의 가상현실로 보인 영상 판타지가 맞지만, 그것이 내 기억 속에 남아있는 한, 내가 살아온 과거의 기억과 함께 똑같은 가상현실로 존재한다.

어쩌면 나의 가상현실 속에는 내가 기억하지 못한 전생과 내가 기억하는 현실의 엘사 공주 영상이 추억의 한 페이지로 함께 저장되어 있을지도 모른다. 그것은 마치 우리가 다섯 살 이전의 기억이 없다고 해서 내가 그 시기에 살지 않았다고 말하는 이치와 같다. 그렇다. 기억이 없다고 해서 내가 살지 않았던 것은 아니다.

나는 전생의 아틀란티스 제국에서 살았다가 대륙이 멸망할 때 죽었으나, 훗날 페루에서 화우리라는 사람으로 환생한 사람이 전생의 기억을 쓴 글을 읽은 적이 있다. 그는 아틀란티스 제국의 아가샤 황제를 모시던 황궁의 대신이었다.

하지만 제국의 황궁에서 모반이 일어나 아가샤 황제가 실각하고, 화우리 본인을 포함한 20여 명의 황궁 고위 대신들은 체포되어 군중들 앞에서 비참하게 처형되었다. 오늘날의 역사에서 볼 수 있는 황제에 대한 모반과 처형이 오래전 애틀

랜타 대륙에서도 똑같이 발생했다.

그럼에도 화우리는 죽음 앞에서 두려워하지 않고 떳떳하고 용감했다. 그는 선하고 지혜로운 아가샤 황제의 신하로서 악의 세력들이 반드시 심판받고 멸망할 것이라는 믿음을 지니고 있었다. 특히 화우리는 아가샤 황제로부터 늘 진리를 배우고 터득하면서 「죽음은 갑옷을 바꾸어 입는 일처럼 삶의 사소한 변화에 불과하니 두려워하지 말라.」는 말을 믿고 그 뜻과 의지를 깨닫고 살았다. 그는 황제의 말을 굳게 믿었다.

화우리는 페루에서 환생한 후에
전생의 기억을 남긴 기록의 일부를 공개했다

"저는 배반자들에게 체포되어, 황제와 함께 처형된 후에 이집트에서 다시 환생했고, 그다음은 인도와 중국 등 여러 나라에서 전생의 삶을 거쳤습니다. 저는 다시 태어날 때마다 옷을 갈아입듯 몸을 쉽게 바꾸면서도 제 영혼은 늘 본래의 내 본질이 변하지 않은 나 자신이라는 것을 자각하고 살아왔습니다. 저는 환생할 때마다 새 몸과 새 이름을 받는 순간, 전생의 기억이 사라지는 대신 제 마음은 우주공간처럼 무한대로 점차 커지는 것을 느낄 수 있었습니다. 제가 전생을 볼 수 있게 된 것은 깊은 수행 끝에 깨달음을 얻은 후였기 때문에 그런 일들을 지켜볼 수 있었습니다.

따라서 거대한 대륙 아틀란티스 제국이 신의 진리를 증언한 아가샤 황제를 비롯한 많은 빛의 천사들을 무자비하게 처형했기 때문에 신의 노여움을 받아 대재앙으로 멸망했다는 것도 훗날 알게 되었습니다. 나는 페루에서 센체라 알 칸토라는 이름을 받고 태어나서 대궐의 요리사로 일했습니다. 그 당시 내가 모신 페루 왕은 자비로운 분이었고, 공주는 나자레로 미륵보살의 전생이셨습니다. 제가 이 기록을 남겨놓는 것은 훗날 누군가가 내가 쓴 글을 읽고 자기 삶과 인생에 큰 도움을 받기를 바라는 마음에서입니다."

이제 아틀란티스는 더 이상 전설이나 상상의 대륙이 아니다. 인류가 단지 모르고 있었을 뿐, 실제로 존재했던 지구 역사의 일부였다는 사실이 영적 지혜를 깨달은 사람들의 증언으로 확인되었다. 지구의 역사 46억 년 가운데 지금으로부터 4만 년 전에 호모 사피엔스라는 현재의 인류 조상이 등장한다. 그것도 1억 년 동안 빙하기가 끝나고 온난기가 시작되던 기원전 1만 년에 농사를 짓고 산 흔적이 탐사 결과 드러난 것이다.

우리는 지금 세월의 단위를 1천 년, 1만 년, 1억 년 식으로 계산하지만 1백 년도 살기 어려운 인간에게 그 시간 단위는 엄청난 세월이다. 게다가 지구의 역사 중에 지진과 화산폭발로 멸망한 곳은 아틀란티스 대륙뿐만 아니다.

구약성서 창세기에 등장하는 죄악의 도시 「소돔과 고모라」는 사해 지역 가까운 곳으로 신의 노여움을 받아 유황과 불로 멸망했고, 이탈리아의 남부 고대도시 폼베이 역시 베수비오의 화산폭발로 멸망했다는 사실을 우리는 역사 기록을 통해 잘 알고 있다. 일본 정부 지진조사위는 30년 이내에 도쿄에서 가까운 스가루만 바다 밑에서 규모 8.0 이상의 대지진이 일어나 도쿄가 스가루 바다 밑으로 휩쓸려 들어갈 것이라는 「도카이 대지진설」을 예측하고 있다. 그러나 도쿄대의 로버트 겔러 교수는 지진의 장소와 시기를 단정적으로 예측하기는 불가능하다고 주장한다.

지난번 쓰나미로 유명해진 동일본 대지진은 1천 년 만에 찾아온 대재앙 중의 하나였다. 인간의 수명을 1백 년으로 잡아도 인류가 5천만 번 살다 갈 만큼 긴 세월 만에 발생한 일이었다.

그동안에 지구에는 온갖 큰 재앙들이 수없이 일어났다. 그로 인해 지구는 수많은 지각변동과 대홍수와 화산폭발, 빙하기 등의 재해를 거치면서 인류가 거의 전멸되다시피 한 자연의 대재앙들을 수없이 거쳐 왔다.

그러나 인류는 끈질기게 살아남았고, 그동안 크고 작은 문명들은 여러 번 파멸되어 기록조차 사라졌다는 것을 우리는 잘 알고 있다. 인류는 기록이 역사가 되지만 화산폭발과 지진은 암벽의 층들이 세월의 역사와 흔적으로 증언해 주고 있다. 인류도 파멸된 문명의 역사를 기억할 수도 없지만 대자연 역시 역사를 기억하지 않고 기억할 필요도 없다.

2천 년 전 알렉산드리아 시대나 사라진 고대 중국에는 로봇 인간이 등장하는 기록들이 나온다. 잉카문명에도 컴퓨터라는 존재가 있었다는 기록이 남아있고, 고대 아랍에는 사막의 낙타 위에서 TV와 비슷한 영상 상자를 보는 그림도 나온다.

고대 이집트벽화나 사원에 그려진 우주 비행체들은 인류문명이 남긴 흔적으로 보인다

세계의 불가사의한 건축물로 손꼽히는 이집트의 피라미드는 기원전 2천 5백여 년 전에 이미 2.5톤의 거석을 230만여 개나 쌓아 올린 경이적인 과학 기술력을 보여주고 있다. 건축 전문가들은 그 돌을 쌓아 올릴 때 중력을 사용하지 않고는 불가능하다고 말한다. 현대문명은 중력을 이용할 수 있는 과학을 꿈의 목표로 여기고 있다.

그렇다면 우리는 수천, 수억 년 전의 어느 빙하기 전후의 한 시대를 살던 인류가 지구의 기후재난을 피해 우주선을 이용하여 다른 행성으로 이주했을지도 모른다는 가설을 상상해 보기도 한다. 지금도 정체불명의 비행접시(UFO)가 우주 항성의 어느 문명인들의 존재일 수도 있다는 것은 오래전부터 추측해 왔다.

인간의 모든 상상은 반드시 현실화된다. 상상력은 곧 인류

미래 문명의 예언이자 메시지이기 때문이다. 오늘날의 과학 문명은 우리가 처음이 아니라는 사실을 확인할 수 있다. 우리는 인류의 전 세대가 이룩했던 과학적 업적과 잠재력을 통해서 차츰차츰 재발견하고 현실화해 가고 있다는 사실을 안다. 인간 문명의 잠재력은 전 세대의 천재적인 영혼들이 속속 환생하고 있기 때문에 가능할 수도 있다.

현세대에 인간의 무한 잠재력은 이제 혁명적인 인체공학에도 큰 진전을 이루고 있다. 2014년 노벨 생리의학상 수상자 영국의 존 오키프와 모세르 부부 등 세 학자는 우리 뇌에 존재하는 「인체 GPS」 시스템을 발견해 냈다. 발명이 아니라 이미 존재하고 있었던 사실의 발견이라는 점이 중요하다.

인간의 윤회는 곧 유전자의 재탄생이며
그것이 문명과 기술의 윤회이기도 하다

의학자들은 뇌 해마 옆의 피질 세포가 특정 위치에서 전기신호를 통해 고도의 인지기능 메커니즘을 수행하고 있다는 사실을 밝혀낸 것이다. 그로 인해 인간은 뇌세포에 저장된 기억이나 계획, 혹은 미래의 꿈을 뇌의 움직임을 통해서 확인해 볼 수 있게 된 것이다.

특히 미래 의학은 뇌신경 손상과 관련된 알츠하이머나 신경퇴행성질환의 치료도 가능해질 수 있다. 뇌세포가 기억을 인식하는 에너지의 동작 신호를 찾아냈다는 것은 4차원의 세계가 3차원의 세계와의 접속 위치를 찾아냈다는 점에서 그간의 모든 발견과 발명보다 더 충격적인 사건이 될 수가 있다.

우리는 지금까지 불가사의한 4차원의 마법 세계나 유령의 존재를 한낱 비현실적인 문학적 공상으로만 여겼지만, 이제는 뇌세포를 통해서 마음의 흐름을 포착할 수 있게 되면 우리는 유령이나 혼령과의 소통도 가능해질 수 있다. 그것은 현실과 과학이 미래의 판타지라는 뜻이다.

인간은 평생 뇌세포 총용량의 10%도 못 쓰고, 나머지 90%는 무의식의 상념대에 남겨진다고 한다. 우리들의 흥미로운 전생 기억도 역시 90%의 잠재의식 단층 속에 USB처럼 분리 저장되어 불러오기가 안 되는 이치와 같다.

만일 전생의 기억을 의식계로 불러들일 수만 있다면 우리는 3차원의 세계와 4차원의 세계가 동시에 칡넝쿨처럼 얽히면서 큰 혼란에 빠질 수도 있다. 그래서 지금까지 전생 기록은 붓다나 옛 선인들, 혹은 높은 영적 단계에 오른 사람들만이 열람할 수 있도록 설정되었다는 말은 충분히 이해된다. 따라서 우리는 그저 사랑하는 사람을 전생에서 만난 인연이라고 애써 우겨보는 정도로만 전생을 만족하면 된다. 우리는 환생하는 순간, 전생의 기억이 말끔히 잠재의식에 들어가 마치 자물쇠에 채워진 것처럼 드러나지 않기 때문이다.

독일의 정신분석학자 프로이트가 쓴 「이드id」 이론을 보면 새로 태어난 아기의 뇌세포에서 전생의 기록이 얼마나 깨끗이 삭제되어 있는지 확인해 볼 수 있다.

아기의 뇌세포는 생물학적으로 갖추어야 할 기본적인 순수 본능만 남아 있다.

그 외의 기억들이며 지능과 관습은 무의식의 잠재의식 창고에 갇혀있다. 아기의 기억세포가 장착된 영혼의 방에는 단지 쾌락과 불쾌 기능만 존재한다. 아기는 불편하고 불쾌하면 야수처럼 울부짖고, 파괴행위를 자행하지만, 쾌락을 느끼면 방긋방긋 웃으며 온갖 여우짓을 다 한다.

아기의 인식 기능에는 시간과 공간의 개념이 삭제되어 있다는 뜻이다. 시인 장 콕토는 아이들의 「본능적 광기」를 악마로 표현한 것은 유명한 얘기다. 선악을 구별하고 사리를 분별할 수 있는 능력이 없는 아기의 영혼을 악마의 모습으로 본 것이다. 바로 그 영혼의 악마는 주로 어머니와 가족 등 외부와의 끝없는 교신을 통해서 점차 사회적 동물의 기능이 순치되면서 사람으로 살 수 있도록 적응해 간다. 그것이 나, 바로 인간이다. 여기서 사회적 동물은 순치된다는 뜻은 공동체 의식과 조화를 이루며 점차 사회생활에 적응력이 커진다는 뜻과 같다.

시인 장 콕토가 『무서운 아이들』이라는 소설을 통해서 아이들의 본능적 광기를 악마화했다면 예언자라는 시인 칼릴 지브란의 시에서 보여준 아이들에 대한 관점은 아주 다르다.

너희 어린이는 네 어린이가 아니다/ 저들은 스스로를 갈망하는 큰 생명의 딸이니라./ 비록 어린이는 너희를 통해 나왔으나/ 너희로부터 온 것이 아니니/ 너희와 함께 있으되 너희 것이 아니니라./ …중략… / 너희는 아이들에게 사랑은 줄 수 있고 육체의 거처는 줄 수 있지만/ 영혼의 거처는 주지 못하리/ 그들 영혼은 너희가 꿈 속에서조차 갈 수 없는/ 내일의 집에서 살고 있기에./

— 칼릴 지브란의 시 「예언자」 중에서

4

등신불을 찾아서

내가 독 속에 들어가 죽거든, 뚜껑을 닫고 3년 후에 열어라.
내 육신이 썩지 않고 그대로 있거든 몸에 금칠을 한 후,
등신불로 봉안하라.

수백 리 노란 밭길 물든 적막

내 삶의 각본은 이미 전생에서 짜였다는 말을 나는 J스님에게서 처음 들었다. 그 말은 내 귀에 공상만화보다 더 황당한 판타지로 들린 것이 사실이다. 그렇다 해도 오랜 침묵 수행으로 깨달음의 경지에 이르신 J스님의 말씀에 까막 바보인 내가 이의를 제기할 수는 없었다.

당시 J스님은 수십여 년의 침묵 수행 끝에 스스로 포교승을 자청하셨고, 그 후로는 바랑 하나 달랑 메고 해외로만 험한

세파를 구름처럼 떠다니며 불법을 전하던 시기였다.

내가 J스님을 만난 것은 바로 그 무렵이었다. 무슨 시절 인연이 그리 깊었는지, 나는 J스님이 주관하는 성지순례에 동참할 기회가 있었다. J스님의 중국 인후이성의 구화산 구도 여행에는 나 말고도 시인 K가 동행했다.

중국 동방항공으로 상해에 도착한 우리는 중국 국내선 항공편을 갈아타고, 긴 야간비행 끝에 허페이공항에 도착했다. 우리는 거기서부터 다시 버스를 타고 12시간이나 되는 여행 끝에 구화산에 도착했다.

안후이성의 3월은 산악지대여선지 기온이 쌀쌀했지만, 광활한 대지에는 노란 유채꽃들이 흐드러지게 피어있었다. 그저 흐드러지게 피어있다고 단순하게 표현하기에는 그 재배면적이 너무 광활하다. 유채꽃들이 그저 흐드러지게 핀 정도가 아니라, 버스 차창 밖에 샛노란 유채꽃들로 덮인 샛노란 광야의 지평선이 끝없이 펼쳐진 바다보다 더 바다같이 경악스러운 장관이 펼쳐져 있다.

우리를 태운 낡은 버스는 한 척의 돛단배처럼 아주 느릿느릿 유채꽃이 자욱한 산악지대로 기어오르다가 마침내 고장이 나서 덜컥 서버리고 말았다. 그 높은 고지대에서 낡은 버스가 서버리다니. 운전기사의 말로는 다음에 오는 버스가 이곳에 도착해야 수선할 수가 있으니, 지금부터는 손 놓고 기다리는 수밖에는 도리가 없다고 말했다. 처음에는 화사하고 신비한 채색의 판타지에 빠진 것처럼 이국적으로 보이던 유채꽃은 시간이 흐르면서 우리를 난삽하고 농밀한 피로감에 빠뜨렸다. 그때 시인 K가 즉흥으로 쓴 시 한 편을 써서 내게 보여주었다.

유채꽃 같은 슬픔/ 노오란 유채꽃 같은 절망/ 유채꽃 밭을 지나/ 유채꽃 등성이를 넘어/ 유채꽃 산맥을 넘어 간다/ 몇 백리 노란 밭길 물든/ 저 적막 끝에 문득 와 머무는 절벽 같은 독불

— 김종철의 시 「등신불 시편」 중에서

중국 구화산의 스왕봉은 해발 1천3백여 미터의 깎아지른 절벽이 하늘로 솟구쳐 있었고, 그 중턱에 바로 우리의 목적지 화성사가 있다. 화성사는 신라의 왕자 출신 김교각 스님이 24살 때 왕위 계승을 포기하고 찾아온 수행지다.

김교각 스님에게 구화산의 화성사는 어떤 곳이기에 왕위마저 헌신짝처럼 버리고, 신라의 주변에도 명산과 사찰이 많은데 하필이면 교통편도 없는 그 아득한 시절에 애완견 한 마리를 끌고 험악한 곳까지 찾아왔을까.

나와 시인 K도 그 의문점에서는 똑같았다. 우리가 무슨

업연이 깊었기에 J스님을 따라 이 먼 곳까지 따라왔는지 그 이유도 알 수 없었다. 당시 우리는 중국으로 가기 전에 화성사가 1천3백여 년 전에 김 교각 스님이 찾아온 절이라는 것도 몰랐다. 신라의 교각 스님은 화성사에서 75년간 입산 고행 수도 끝에 99세의 나이로 참선 중에 입적, 현존 최초의 등신불로 화성사 사찰에 봉안되었다. 화성사는 불자들에게 그처럼 유서 깊은 곳이다. 김 교각 스님은 입적하시면서 이런 유언을 남겼다.

「내가 독 속에 들어가 죽거든, 독 뚜껑을 닫고 3년 후에 열어라. 그때도 내 육신이 썩지 않고, 앉은 채 그대로 있거든 내 몸에 금칠을 한 후에 등신불로 봉안하라.」

아흔아홉 살에 자신의 죽음을 예언하고 독 안에 들어가 입적하시다

그렇게 입적하신 스님의 법력에 우리 일행은 입도 벌리지 못하고 쥐 죽은 듯 숙연해졌다. 그 후 김교각 스님의 제자들이 유언대로 3년 후에 독 뚜껑을 열어보니, 스님의 육신은 안색이 생전과 같고, 손이며 피부가 도라 솜같이 부드러웠으며 뼈마디에서는 금 자물쇠 흔들리는 소리가 났다. 이 사건은 1천3백여 년 전에 실제로 이곳 화성사에서 일어났던 기적 같은 사건이다.

김교각 지장보살은 그 후로 구화산 육신 보전에 안장된 채, 지금도 등신불로 봉안되어 있는 중이다. J스님은 아주 오래

전부터 구화산에 찾아와 김 지장보살 육신전 앞에서 예불을 올리고 싶은 간절한 꿈이 있었다. J스님은 그 간절한 소망을 이루려고 세계 지장불교 법사회 주임이신 석 스님의 구화산 구도여행에 동참하면서 나와 시인 K는 포교승이신 J스님의 말씀에 그저 얼떨결에 휩쓸려 도반이 되었지만 그런 일도 시절 인연이 만들어 준다.

"우리가 여기 올 수 있게 된 것은 교각 스님의 원력 덕분입니다. 원력이란 사람을 끌어들이는 힘입니다. 교각 스님의 원력이 우리들을 이곳까지 올 수 있도록 하신 것입니다."

대부분의 스님들이 그렇듯이 J스님 역시 과거와 행적은 전생처럼 불문에 부쳐져 알 도리가 없다. 스님들은 출가하는 순간 모든 과거가 전생이 되어버리기 때문이다. J스님 말로는 소년 시절에 절에서 주지스님을 딱 한 번 뵈었을 뿐인데, 주지스님의 법력이 워낙 커 불가로 무섭게 기울었다고 한다.

그래선지 J스님은 어려서부터 입산 출가는 전생에 이미 계획된 것이라고 단정을 지었다. J스님은 고교를 중퇴하고 부모의 강력한 반대에도 굽히지 않고, 스스로 입산 출가를 강행했다. 마침내 아들을 찾아 절에 온 부모님은 큰스님의 말씀을 듣고 설득이 되면서 눈물을 머금고 아들을 포기하고 불가에 귀의시키고 말았다. J스님은 그 후로 20여 년간의 수행을 통해 덕망을 키우고 법력을 쌓은 후에, 포교 승을 자청하고 큰스님의 곁을 떠났다.

그는 등에 바랑 하나 달랑 메고 바람처럼 해외로만 떠돌며 전도여행을 하던 중, 잠시 귀국한 바로 그 시기에 우리와 인연이 닿게 된 것이다. 깨끗한 잿빛 승복을 입은 그의 풍모는 인자하면서도 근엄한 분위기가 서려 있어서 함부로 범접하기 어려운 고결한 기상을 지니셨다.

우리는 이번 성지순례가 화성사에서 등신불을 이룬 김교각 스님의 참선 현장답사로만 알고 있었는데 우리와 함께 오신 지장불교 연구회의 도광스님이 뜻밖의 말을 일러주었다.

나를 다비하지 말고 3년 후에 항아리를 열어 부처님의 법력임을 알라

지금 화성사에는 얼마 전에 개옹한 화성사의 두 번째 자명스님의 옻칠한 등신불을 친견할 수 있을 것이라는 소식이었다. 우리는 J 스님이 이미 그 소식을 미리 알고 석 스님이 마련한 구화산 구도여행에 서둘러 나섰다는 것을 알게 되었다.

화성사에서 김교각 스님 이후로 두 번째 등신불이 되신 자명스님은 지난 1991년 93세의 나이로 입적하시면서 상좌승인 덕귀스님에게 1천2백 년 전, 김교각 지장보살과 똑같은 유언을 남기셨다고 한다.

자명스님은 자신의 등신불 화현을 스스로 예언했디. 그의 유언대로 3년 후에 항아리를 열어보니 옹기 속의 자명 스님은 김 지장보살처럼 좌선 자세로 등신불이 되어 있었다.

그 후, 자명 스님은 유언 보다 1년이 늦은 4년 2개월 만인 석탄일에 개옹되어 육신불로 확인되었다. 자명 스님의 등신불은 이마에 핏줄이며 턱 옆에 난 사마귀와 손톱, 발톱, 머리칼이 자란 모습 그대로 육신불이 되어 제자들 앞에 나타났다.

등신불은 부모에게 받은 몸 그대로
보살의 지위에 오르는 방식이다

등신불은 즉시불 또는 금강 불지신과 같은 뜻으로 쓰이는 말이지만 붓다의 법력이 아니면 이룰 수 없는 가피加被로 알려졌다. 가피란 부처가 중생에게 베풀어 준 힘이 발현된 것이라는 뜻이다. 세계적으로는 3대 등신불이 있다.

태국 몽골 사원의 등신불은 스님이 입적 시간을 미리 예언한 후에 의료진이 즉시 밀랍으로 처리해서 법당에 모셔두었다. 타이완의 자항사 등신불은 스님의 유언에 따라 5년 만에 관을 열고, 육신불이 된 스님의 몸에 금을 입혀서 등신불로 모셨다.

나머지 하나가 김 지장보살 등신불이다. 김 지장 등신불은 서기 794년에 스님이 스스로 항아리 안에 좌정하신 후에 입적하신 후, 유언에 따라 3년 만에 항아리를 개옹해서 등신불의 모습을 확인했다가, 다시 안장한 후에 1천1백28년 만인 지난

1925년에 항아리를 다시 열었다. 이미 예언대로 김 지장 등신불은 그 모습이 여전히 변하지 않은 것으로 확인되었다. 제자들은 항아리를 다시 닫아 묻고, 그 위에 큰 탑을 세웠다. 그 이후로 지금까지 가부좌를 틀고 앉아계신다.

우리를 태운 버스가 화성사 성지마을에 도착했을 때는 해가 뉘엿뉘엿 지고 있었다. 해발 7백여 미터 고지대에는 4백여 호쯤 되는 주민들이 살고 있었다. 버스는 뱀처럼 산허리를 휘감은 도로를 따라 천천히 내려갔다.

깊은 산세의 절경이 파노라마처럼 눈앞에 펼쳐진다. 치마처럼 주름 잡힌 계곡, 온갖 기괴한 모양의 암석과 장엄한 폭포며 자욱한 물안개, 그 사이로 능선을 타고 대나무 숲과 어울려 목련꽃들이 무리 지어 피어있었다. 우리는 화성사 마을로 들어가면서 점차 숙연해지면서 경건한 마음에 빠져들어 갔다.

마을은 암울한 잿빛 낡은 기와지붕과 허물어진 회색 담장, 앙상한 검은 소들이며 맨발의 아이들과 찌든 아낙네들의 검은 옷매무새, 양지바른 곳에 앉아 있는 남자들의 어두운 표정들, 그 모두가 구도자를 닮은 형상들을 하고 있다. 구화산의 아흔아홉 봉우리 중 가장 높은 시왕봉 정상은 여전히 안개구름 위에 우뚝 솟구쳐 있다. 산봉우리는 마치 하늘이 큰 갓을 둘러쓰고 앉아있는 거대한 형상이다. 우리 일행은 산속의 취룡호텔에 짐을 풀고 휴식도 없이 그날 밤, 김 지장보살의 등신불이 안치된 84개의 돌계단을 밟고 올라갔다. 구화산에는 돌계단이 8만여 개가 넘는다.

우리 일행이 육신 보전탑에 올라가 예불을 올리기 전에 육신탑에 관한 도광 스님의 사전 설명이 추가되었다. 육신 보전의 내부에는 7층 팔각 목탑이 있고, 보탑의 3층 밑바닥이 김 지장보살의 육신불을 모셔둔 곳이다. 우리 일행은 예불을 올리고 탑돌이를 하면서 지장경을 염송했다.

지옥이 비이지 않고서는 스스로 성불하지 않겠다

지장보살은 그런 말을 남겼다. 스스로 등신불이 되면서 성불할 수 없는 한을 육신의 화두로 남긴 셈이다. 세상 사람들이 모두 죄업이 풀려서 이 세상에 지옥 갈 사람이 한 명도 없을 때까지, 지옥이 텅텅 빌 때까지 기다리겠다는 것이다. 과연 그때가 언제 올 것인가.

지옥 갈 사람이 없어야만 김 지장보살도 성불하여 극락왕생을 하려면 옹기 속에서 천년 세월을 더 갇혀있어야 한다. 곧이어 우리는 자명 스님의 등신불을 볼 수 있었다. 검은 옻칠을 하고 앉아계신 자명 스님의 등신불은 겉모습만 보면 마치 박물관에 비치된 어느 예술가의 조각품 같은 느낌이 들었다. 영혼이 떠난 스님의 육신이 어떻게 등골을 그토록 뻣뻣하게 오랜 세월을 버텨낸 것인지 감탄스럽다. 눈앞의 현실에서는 자명 스님의 당연한 공덕처럼 비칠 뿐이다.

이미 입적하신 지 오랜 세월이 지난 그분의 영혼은 이미 환생하셨을 터인데, 그분이 전생에 머물던 육신이 이렇게 흐린 불빛 아래 앉아서 우리에게 불심을 전해주고 있다는 생각이 들자, 삶과 죽음의 오묘한 조화가 그저 놀랍고 두려울 뿐이다.

등신불 친견은 필설로 표현할 수가 없다. 자명 스님의 등신불을 내가 친견할 수 있었던 것은 내 생애에 다시 볼 수 없는 충격적인 경험이다. 그 경험조차도 나와 부처와의 특별한 인연과 가피에서 비롯된 것이긴 해도, 나는 그 친견의 감동과 충격을 다른 사람에게 설명할 수 없는 것이 안타까울 뿐이다. 어쩌면 그 일은 내가 풀어야 할 숙제이자 화두로 남을 것이다.

다음 날 구화산은 짙은 안개의 치마폭에 감싸였다. 나는 태어나서 지금까지 그런 짙은 안개를 본 적이 없었다. 모든 일정은 안개로 중단되었다. 내가 팔을 뻗으면 손끝에 안개의 솜털이 닿는 감촉이 느껴질 정도다. 내가 안개를 직접 만져 본 것은 처음이었다. 안개는 촘촘히 직조된 흰 비단처럼 손바닥으로 저으면 한쪽으로 휘적휘적 쏠리기도 했다. 호텔 창밖은 마치 연막탄을 피워놓은 듯 시야가 막혔다. 우리 일행은 마음의 문도 모두 빗장을 걸어버리고 각자의 방에서 깊은 침묵의 수행에 들어갔다. 우리가 할 일은 명상하다가 스스로 지쳐서 잠드는 일밖에 없었다. 해가 중천이 되어서야 마을 길을 막은 안개가 뚫렸다는 연락이 왔다. 하지만 막상 밖으로 나가보니 안개는 십여 미터쯤 앞을 분간할 수 있을 정도였다.

우리는 안개 속을 더듬이처럼 촉각을 헤집고 김 지장보살이 관음 죽을 먹으며 수행했다는 동애굴도 가보았고, 한 여인이 샘을 만들어 그곳에 옮겨주었다는 용녀천이며, 3백 미터에 이르는 칠포천 폭포와 2만 3천 개의 계단 위에 있는 천태정을 더듬더듬 기어서 강행군을 계속했다.

그저 다녀간 흔적이라도 마음속에 오래오래 남기고 싶은 열망 때문이었다. 구화산의 봉우리는 안개에 가려진 채, 좀처럼 실체를 드러내지 않았다. 우리가 그날 구화산에 와서 본 것은 안개와 등신불뿐이었다. 날이 어두워지고 또 하룻밤을 한 번 더 지새우면 우리는 구화산을 떠나야 한다.

하지만 구화산의 비경이 어찌 등신불보다 더할까. 그래도 안개는 여전히 우리의 시야를 묶어두었다. 나는 안개의 통로를 천천히 걸으며 내가 살아온 삶이 그처럼 안개 같은 막막한 세상이 아니었는지 성찰의 시간을 가졌다.

「마하바라반야바라밀다…」

안개의 몽롱한 기분에 취해선지 침대에 길게 누워 꼬박꼬박 졸고 있던 나에게 시인 K가 조금 전에 쓴 시 한 편을 내게 불쑥 내밀었다. 안개를 보면서 쓴 즉흥시였다.

안개 속에 갇혀 이틀을 보냈다./ 이곳 마을 사람들은 안개 속에서도/ 길을 잃지 않는다./ 보지 않고도 보는 것처럼/ 보아도 못 본 것처럼 / 산도 나무도 모두 오리무중 / 오늘 하루 나는 없다, 없다. 없다 / 생 등신불이 / 이렇게 쉽게 될 줄이야!

― 김종철의 시 「등신불 시편」 중에서

자신의 독 하나 깨지 못하는 등신

우리는 방구석에 갇힌 안타까운 마음을 벗어던지고 과감하게 안개를 뚫고 구화 거리로 나서보기로 작정했다. 스님의 구도 여행을 따라온 우리들이 안개에 갇혀 소중한 시간을 방구석에서 졸고만 있어서는 안 된다.

시인 K도 같은 생각이었다. J스님 몰래 숙소에서 빠져나온 우리는 안개를 헤치며 얼마쯤 겨우겨우 걷다가 「반점」이라는 간판이 붙은 집으로 무턱대고 들어섰다. 술집 안에는 다른 손님은 없고, 머리가 희고 야윈 노파가 놀라지도 않고 아주 무심한 표정으로 우리를 맞았다.

"허어…술 한 잔도 중국말이 통해야 얻어먹을 수 있나?"

우리가 진열장에 보이는 고량주를 가리키며 입 나팔 부는 시늉을 하면서 불평을 터뜨리자, 노파가 눈을 환하게 뜨며 다가왔다.

"당신들 조선족이오?"

노파의 입에서 뜻밖에도 북한식 우리 말 억양이 툭 튀어나온다. 우리는 눈을 휘둥그레 떴다. 반갑게 인사를 하고 말을 트다 보니, 노파는 연변 조선족 출신이었다.

할머니의 본래 고향은 함북 풍산이었는데 목수인 남편을 따라 절 짓는 곳만 중국 땅 이곳저곳을 떠돌며 살다가 구화산에 절 지으러 들어온 후로는 정착하게 되었다는 신세타령을 듣게 되었다.

"내래, 서른에 남편 죽고, 삼십 년을 더 살았으니 여기 구화산 귀신은 절반쯤 되지 안앗갓소? 이젠 죽는 날만 기다립니다."

노파는 문화혁명 시절에 구화산에 들어온 홍위병에 맞아 죽은 남편의 뼈를 산에 묻고, 그 애절한 마음에 차마 남편의 시신을 타향 땅에 남겨두고 혼자 발길을 돌리지 못한 채, 마을에 주저앉아서 구화산 귀신이 되기로 작정했다. 그녀는 죽은 남편의 혼백을 달래주고, 극락왕생을 빌며 삼십 년 불공을 드렸으니, 저승에서 남편이 편안히 살 자리를 마련해 두었을 거라고 했다.

"여긴 업연이 질겨서 제가 살아 나갈 도리가 없시오."

낭랑은 교각 스님을 환속시키지 못하고 마을 우물에 몸을 던졌다

우리는 노파로부터 명안천(明眼泉)에 얽힌 얘기를 전해 들었다. 김교각 스님도 구화산에 들어온 후로는 이 산속에 발목이 잡힌 채, 극락왕생을 못하고 등신불로 남아있지 않은가.

김교각 스님이 구화산에 들어와 수행하고 있을 때 신라의 왕족인 낭랑이라는 여인이 찾아와 교각 스님에게 제발 환속하여 신라의 대궐로 돌아가자고 애걸했지만, 교각 스님은 낭랑의 말을 단호하게 잘랐다.

그 후로 교각 스님의 어머니가 장님이 되어 아들을 찾아와 그 우물에 눈을 씻고 눈이 뜨게 되는 기적도 일어났다. 구화마을에는 지금도 신라 왕녀의 애절한 사랑을 기리는 낭랑탑(娘郞塔)이 슬픈 사랑과 죽음의 전설을 전해주고 있다.

겨울에 피는 흰 장미여/ 아직도 나를 기다리나/ 감춰진 마음 보고 싶어/ 햇살을 향해 피었는가/ 사랑의 말 내게 들려줘요/ 그리움이 나를 반기도록…

— 노래 가사 「겨울장미」 중에서

우리는 그날 밤 숙소로 돌아와 J스님으로부터 화엄경이며 반야심경의 심오한 경전의 놀라운 비경들을 전해 들었다. 나는 스님의 말씀들이 쏙쏙 귀에 들어왔다.

나는 내가 저 거대한 우주와 왜 한 몸을 이룬 존재인지 알 것 같았다

나와 우주가 한 몸이라니. 그렇다면 나는 얼마나 위대한 존재인가. 물론 경전의 뜻을 완벽하게 이해할 수 있었던 것은 아니었지만 작은 의문의 매듭 한 올이 풀어지면서 우리들은 스님의 말뜻을 전해 듣고 밤잠을 설쳤다.

그날 밤 우리가 화성사에서 J스님과 특별히 같은 방을 쓸 수 있게 된 것은 내 생애에 이미 설정된 운명이라는 생각이 문득 들었다. 뒤뜰 숲에서는 밤새 와와와 소릴 질러대는 바람이 지어내는 대숲의 파도 소리가 계속 들렸다. 안개가 철수한 한때 잠시 달빛이 창안으로 반짝 스며들었다 싶더니 한밤중에 다시 무서운 폭우가 좌악좌악 내리퍼부었다. 그 빗소리 속에서 나와 시인 K는 토끼처럼 귀를 쫑긋 세우고 스님의 말씀을 천둥과 벼락소리처럼 들으며 정신을 차릴 수 없었다. J스님이 우리에게 전해준 설법은 하룻밤에 진리의 만리장성을 쌓고도 남을 만큼 내 생애에서 잊을 수 없는 불멸의 성벽으로 머릿속에서 완벽하게 구축되는 것 같았다.

우리들은 훗날 내세에서 다시 만나야 할 인연들이라는 말을 들었다

분명 부처의 가피였다. 나는 그날 밤 J스님의 한마디 한마디가 그처럼 무서운 천둥소리가 되고, 경악스러운 벼락 소리로 마음을 온통 뒤집어 놓을 수 있다는 것을 처음 깨달았다.

그리고 스님의 이야기가 우리의 영혼을 손바닥 뒤집듯 엎치락뒤치락할 수 있는 놀라운 능력을 가졌다는 것도 알았다. 그날 밤 우리는 J스님으로부터 먼 훗날 저승에서 반드시 한 번은 다시 만나야 할 인연들이라는 말을 들었다.

그날 밤 우리는 이미 삶과 죽음의 경계선을 초월한 경지에서 반드시 지켜져야 할 것 같은 엄숙한 맹세를 무언중에 서로 했다는 것을 알았다.

"우리가 내세에서 다시 만난다는 그 말씀, 믿어도 될까요?"

나는 반신반의였지만, 시인 K는 스님의 그 말을 확신하는 듯했다. 우리는 스님에게서 들은 말을 하나하나 되새기면서 잠을 이루지 못했다. 그날 밤 J스님에게 들은 경전에 관한 설법들은 대부분 이 글을 쓰는데 큰 밑밥이 되었다는 사실을 밝혀둔다.

다음 날 우리는 출발을 서둘렀다. 여행 일정대로 우리는 쌍계사에 가서 대흥 화상의 금동 등신불을 친견할 수 있었다. 대흥 스님은 자명 스님의 오랜 도반이었지만 먼저 등신불이 되신 분이었다.

유리관 안에 안치된 채, 일반에게 공개된 쌍계사의 금동 등신불 옆에는 대흥 스님이 입적 때 좌정하던 큰 독 하나가 놓여 있었다. 그 독을 보면서 나는 잠시 경건하기보다는 웃음이 터져 나왔다.

이승에서 공덕이 큰 스님들이 자신의 묘지를 위해 커다란 독 하나씩을 곁에 챙겨서 계신 것을 상상하는 순간, 우리는 경망스럽게도 웃음이 터진 것이다. 그 순간, 시인 K가 슬그머니 다가와 내 소매를 잡아당겼다. 나는 그가 가리키는 곳에 슬며시 눈길을 주었다. 등신불 대흥 스님이 좌정하고 계시는 누런 가사

틈이 벙긋이 벌어져 있고, 그 사이로 사타구니의 아랫도리가 은근히 드러나 있었다.

우리는 소스라치게 놀라서 밖으로 뛰쳐나오며 표정 관리를 하느라 힘들었다. 등신불 관리 책임자들이 일부러 그런 옷을 입혀드린 것이 아니었을 텐데, 수많은 순례자들이 친견하는 등신불을 왜 사려 깊게 관리하지 못한 것인지 알 수 없었다. 순례를 마친 버스에서 잠시 조는 사이에 나는 대홍 화상을 만났다.

"네 이놈, 어딜 감히…"

나는 두 손을 모아 빌었다.

"스님, 죄송합니다. 저희가 철이 없어서 그걸 그냥 덮어두지 못하고, 그걸 그만… 저희 중생들이라는 게 늘 하는 일들이 잔망스럽지 않습니까? 제발 대자대비하신 등신불의 큰 아량으로 저희를 용서하시고 지옥 벌을 면케 해주시옵소서."

"네 놈의 도량이 얼마나 큰지 어디 한번 보자"

갑자기 대홍 화상의 큰 손 하나가 내 사타구니를 향해 불쑥 기어들어 왔다.

"아앗, 스님! 여기서 이러시면 안 됩니다."

화들짝 놀라 잠에서 깨보니 꿈이었다. 승객들 모두 잠들었지만, 오직 시인 K 혼자 허리를 곧추세우고 수첩에 무엇인가 열심히 쓰고 있었다. 그는 여행길의 버스 속에서 내내 시 집필에 매달리고 있었다. 대단한 집중력이었다. 이어 그는 다시 시 한 편을 썼다고 수첩을 불쑥 내밀었다. 등신불의 시였다.

사람은 죽어서 어디로 가나/ 죽은 그들 중에 /아무도 돌아와서 말해주지 않는다./ 자신의 독 하나 깨뜨리지 못하면서/ 성불을 바라보다 / 독이 되어버린 / 바보 등신 같은 놈!

— 김종철의 시 「등신불 시편」 중에서

  나는 시인 K가 내민 시를 단숨에 읽었다. 똑같은 시간에 우리는 동시에 등신불을 친견했지만, 나는 그저 어리둥절하기만 했는데 그는 머릿속에서 번갯불 6행의 시 구절을 놓치지 않고 잡아낸 것이다. 자신의 독 하나 깨뜨리지 못하면서 독이 되어버린 바보 등신 같은 놈이란 그의 시구절이 계속 잠자리처럼 내 머릿속에서 맴돌았다.
  내가 그에게 시를 더 추고 할 거냐고 물었더니 그는 잠시 고개를 갸웃거리더니, 거기에 덧붙일 말이 더 없을 것 같다고 말했고, 나 역시 그렇다고 고개를 끄덕였다. 그때 구화산 성지순례를 하면서 버스 속에서 쓴 그의 시들은 그 후에 단 한 글자도 덧붙이거나 빠지지 않고 그의 시선집에 고스란히 수록되었다.

나는 죽기 위해 태어난 것일까

 우리가 탄 버스는 양쯔강에서 바지선을 타기 위해 잠시 기다렸다. 양쯔강은 바다처럼 넓고 깊은 데다가 흙탕물로 뒤덮여서 강다운 분위기가 아니었다. 바지선 위에는 승객을 태운 버스며 각종 화물을 실은 트럭들로 가득 찼다.
 이렇게 잔뜩 실어도 바지선이 견딜 수 있을까 불안이 마음속에 밑밥처럼 깔리기도 했다. 하지만 그런 현실감보다 나는 아직도 꿈속에 서성이는 기분이 더 컸다. 나는 지금까지 살아온 내 삶의 역경들도 마치 양쯔강의 거센 물결처럼 광란의 세월이었다는 생각이 들었다.
 구화산 여행은 내게 예기치 못했던 등신불 친견이며, 깊고 우울한 안개의 감옥에 갇혀서 보낸 시간들, 스님에게서 들은 전생의 끈질긴 인연과 이승에서 내세로 이어지는 광폭의 우주며 죄의 카르마와 내세에 대한 두려움으로 마음이 산란해졌다.
 내가 구화산에서 보고 온 것들은 이미 오랜 과거가 모두 안개 속에 가려진 한 폭의 판타지가 되어버렸는데도 그 느낌은 여전히 안개의 미궁 속 같았다.
 우리는 불과 며칠 전만 해도 양쯔강을 건너게 되리라고는 예상치도 못했다. 우리가 지금까지 겪었던 일들 가운데 예측이 가능했던 일들이 얼마나 있었던가. 일주일은커녕 단지 몇 분앞의 세월도 짐작하지 못한 채, 안개 같은 삶의 강물에 떠밀려 살아 오지 않았던가.

정말 그런 모든 우연한 인연들도 내가 몰랐던 삶의 각본에 예비되어 있던 필연적인 사건들이었다. 나와 시인 K는 양쯔강을 건너면서 구화산에 머물렀던 일들이 마치 모두 꿈과 전생에서 겪었던 일들처럼 흐릿해지고 아득해지는 느낌이 들었다. 우리들 사이에는 양쯔강보다 더 깊은 침묵이 흘렀다.

"그래, 바로 그거야."

난데없는 말에 나는 문득 명상 속에서 다시 뛰쳐나왔다.

"또 뭔데?"

"삶의 가치는 죽음이 결정한다."

시인 K의 엉뚱한 말은 그의 끈질긴 화두 중의 하나였다. 그렇다. 나는 내 삶의 가치를 살아있을 때는 알 수 없다. 우리는 경전에서처럼 죄짓고 죽은 후, 영혼은 포승줄에 묶인 채, 수미산에 끌려가서 염라대왕으로부터 내가 지옥의 몇 층에 배당받느냐, 아니면 신곡에서처럼 죄의 재판관 미노스로부터 지옥의 몇 층 계곡으로 떨어진 것인지 명령을 받고 난 후에 삶의 가치가 정해질 것이다.

죄가 정해질 때까지는 서둘러 자신의 죄를 미리 정하지 말자. 이 세상은 원인이 결과를 만들어 내는 것 같지만, 이미 나온 결론을 통해 원인이 만들어지는 삶도 있다. 누가 가치 있는 삶을 살았는지 우리는 지금 판단할 수 있는 지혜도 능력도 없다. 나는 태어나서 살아온 것 같지만 사실은 죽기 위해 태어난 것일 수도 있다.

우리가 구화산을 떠나기 전날 밤에 J스님은 다음 달에 「회향제」를 갖는다는 말을 들었다. 회향(廻向)이란 자기가 닦은 일체의 공덕을 남에게 되돌려주어 중생의 극락왕생을 빈다는 뜻이다. 그 말을 듣고 나니, 남에게 공덕을 돌려주는 일이 잘 살기 위해서보다 잘 죽기 위한 준비가 아닌가 싶었다.

그날 시인 K가 내게 보여준 수첩에 쓴 시는 나에게는 삶의 자조적인 결론을 느끼게 해주었다.

우리는 잘 살기 위해서라기 보다
잘 죽기 위해 사는 것이 맞다

그는 그 시들이 낙서라고 말했지만, 나는 그가 구화산에서 쓴 시를 읽으면서 그가 어느덧 득도의 경지에 이른 듯싶었다.

등신같이, 바보 등신같이/ 죽어서 다시 일생을 사는 너 / 산 자에게만 보이는 너 / 보이지 않는 것을 보는 그 어리석음은 무엇으로 만나는가./ 깨우침도 없이 깨우치는 그 것/ 등신 지랄하는 그것!

— 김종철의 시 「등신불 시편」 중에서

나와 함께 구화산 여행을 한 도반 시인 K의 시는 그 당시 내게는 시가 아니라 득도한 스님의 법문 같았다. 시가 법문이라면 법문도 시가 될 수 있다. 그 시를 마지막으로 시인 K는 침묵 모드로 바뀌었다.

버스로 허페이시에 도착하고 중국 국내선 비행기를 타고 북경까지, 다시 북경에서 항공편으로 인천공항까지 그는 마치 명상 수행에 돌입한 수행승처럼 선잠에 빠져 있었다.

여행의 피로가 도착하기도 전에 파도처럼 밀어닥쳤다. 우리는 서로 말은 안 했어도 서로의 마음을 읽고 있었다. 공항에 도착해서 입국 수속을 밟을 때 시인 K는 다른 줄에 서서 출국수속을 밟고 있었고, 나는 J스님과 나란히 서 있었다. 스님이 내게 물었다.

"좋은 여행이 되셨소?"

나는 대답 대신 고개를 끄덕거렸다. J스님의 질문에 한 마디 단답형으로 말해줄 수가 없었다. 그 순간 스님이 내게 다시 물었다면 나는 시인 K가 써 준 시 한 구절을 들려줄 작정이었다.

"등신같이 죽어서 일생을 다시 사는 나"

하지만 스님이 묻지 않았기 때문에 내가 생각해 낸 시인 K의 법문은 생략되었다. 나는 저쪽 딴 줄에서 출국수속을 밟고 있는 시인 K를 향해 손을 흔들어 주었다. J스님은 그를 향해 허리를 굽히고 합장을 하며 내게 나직이 말했다.

"한 오백 년 후에 우린 선방에서 다시 만날 것이오."

나는 그 말에 깜짝 놀라서 어안이 벙벙했다. 며칠 후나 몇 달 후도 아니고, 스님이 해외로 떠나기 전도 아니라, 오백 년쯤 후에 선방에서 다시 만난다? 나에겐 뜬구름 잡는 말이었지만, 천 년이나 백 년도 잠시 후로 여기는 J스님에게는 그 말이 평범한 약속일지도 모른다.

J스님은 출국수속을 마친 후에 아무 말씀도 안 하시고 합장한 후에 내 눈에서 사라졌다. 나는 J스님에게 해외로는 언제 떠나느냐, 떠나기 전에 선방에서 한 번 더 만나자고 약속하고 싶었지만, 스님의 5백 년 후의 약속을 들은 후로는 할 말을 잃었다.

그 후로 나는 J스님을 만날 기회가 없었다. J스님께서는 귀국하자마자 회향제를 마치신 후에 곧바로 예정된 일정에 따라 바람처럼 떠나셨고, 나 역시 하루하루 세속적인 생활에 매몰된 채, 긴 세월 동안 J스님을 잊고 살았다. 그 후 구화산 여행을 한 후에 몇 년째가 되었는지도 잘 모르겠지만, 나는 뜻밖에도 J스님의 선종 소식을 듣고 가슴이 철렁 내려앉았다.

나는 그날 밤 구화산 화성사 별채에서 벽과 천장에서 어른대는 촛불 그림자를 두렵게 훔쳐보면서 시인 K와 함께 J스님의 설법에 귀를 기울이던 순간을 떠올렸다. 나는 지금도 그날 밤 저음 바리톤으로 들려주던 J스님의 전생과 윤회에 얽힌 놀라운 말씀들을 결코 잊을 수가 없다.

당시 구화산의 도반이었던 시인 K 역시 지금은 내 곁에 없다. 그도 내가 잠시 미국에 머물고 있던 사이에 속절없이 J스님을 뒤쫓듯 황망하게 세상을 하직하고 말았다. 하지만, 그가 내게 보내준 시집 『등신불 시편』에 수록된 시편들은 내 마음속에 커다란 법문이 되어 큰 그림자를 드리운 채 남아있다.

나는 지금 J스님과 시인 K와 동행했던 구화산 구도 여행의 여러 모습을 마치 한 편의 스크린에서 만난 전생의 한 장면처럼 기억하고 있을 뿐이다.

내가 구화산에 다녀와서 크게 잃은 것이 있다면 내 마음에 등신불처럼 남아 있는 J스님과 시인 K 두 도반이었고, 내가 크게 얻은 것이 있다면 지금도 내 가슴에 불멸의 불빛으로 남아 있는 등신불이다.

구화산 여행 이후부터 내가 간절히 원하지 않았음에도 불구하고 내 화두가 된 것은 바로 시인 K가 내게 한 편씩 쪽지로 써서 전해주었던 그의 대표작 중의 하나가 된 시들의 첫 독자였다는 것, 그 시들이 내게는 불멸의 메시지가 된 것, 그의 시 한 구절처럼 「보이지 않는 것을 보는 그 어리석음은 무엇으로 만나는가.」 바로 그것은 등신불이었다.

5

복희씨의 예언 한 마디

우리가 태생적인 재능을 인정하는 한 전생을 부인할 수 없다.
과학 역시 비과학적인 존재 없이는 충분히 과학적일 수가 없다.

돈벼락 맞을 팔자를 타고났구나

주역은 수천 년 전, 중국 고대의 진나라 황제 복희씨[伏羲氏]가 쓴 8괘부터 시작해서, 여러 세대를 거치면서 완성된 천지만물의 존재와 미래의 변화를 예측해 놓은 예언서다. 여기에 나오는 64괘는 국가와 개인의 흥망성쇠나 길흉화복이 이미 각본처럼 정해졌다는 운명론이 주축을 이루고 있다.

그게 정말이라면 우리는 주역을 통해 내 삶의 각본을 읽어본 후에, 팔자에 없는 욕심은 아예 부리지도 말고 지금 이대로 쥐 죽은 듯 살다 죽거나, 아니면 주역의 점괘에 대박의 운세가 보이거든 없는 용기라도 쥐어 짜내서 과감한 배팅과 모험을 해보는 것도 좋을지 모른다.

　스위스의 분석심리학자 칼 구스타프 융은 평생 심령과 과학의 사이를 오가면서 우리 내면에 잠재된 무의식의 본질을 가장 깊게 탐색한 학자로서 큰 학문적 발자취를 남긴 분이다. 그는 심령을 연구하는 과정에서 「완전히 허공에 떠 있는 느낌」으로 살아본 적도 있었고, 간혹 유령을 목격하거나, 신비체험 속에 빠져서 산 적도 있다고 말했다.

전생에서 갖고 있던 유전자의 본질은 현세에서도 천부적으로 드러난다

　그래선지 융은 제1차 세계대전이 발생하기 직전에 전쟁의 참상을 환상으로 본 적도 있다는 고백을 한 적도 있었다. 그는 심리적 유형론을 창안해서 인간 개인의 성격과 성향을 분석하고 체계적으로 분류해 놓았다. 성격유형검사(MBTI)가 인간의 외향과 내향, 감각과 직관, 사고와 판단의 선호도 경향을 4개의 영역에 따라 파악하여 그것을 바탕으로 개인의 미래와 전공과 직업 선택에 대한 정보도 제공해 준다.

　칼 융은 그처럼 눈에 보이지 않는 4차원 세계의 어리석음을 규명하기 위해 일생을 바친 학자였다. 그는 동양의 역술에 대해 다음과 같은 유명한 평가를 남기기도 했다.

「주역의 괘가 어쩌다 우연히 맞춘다는 말에 나는 동의하고 싶지 않다. 내 경험에 비추어 보면 동양주역의 적중률은 우연한 개연성을 훨씬 능가하는 확률이었다.

주역은 우연성이 아니라 놀라운 규칙성을 가졌다는 사실을 조금도 의심할 수가 없다

융의 그 말은 주역이 과학적 통계에 근거한 학문이라는 점을 인정한 것이다. 일본의 유전공학자 이마이즈미 하사오는 한때 「생명과학과 역술」이라는 책에서 인간의 유전자 구조는 역술 팔괘의 구조와 똑같다는 이론을 밝힌 적이 있었다. 그 말은 역술의 팔괘가 보여주는 미래 예측은 운명 예언이 잘 들어맞는다는 뜻이다.

유전자가 보여주는 성격적 특성은 똑같은 일에서도 사람마다 반응이 달라지기 때문이다. 예를 들어 아이들에게 청소를 시켜 보면, 어떤 아이는 더러운 곳을 섬세하고 치밀하게 닦아내는 데 몰두하지만 어떤 아이는 술렁술렁 후다닥 해치운다.

그 이유는 두 아이의 성격유형에 따라 유전자의 속성이 달리 드러나기 때문이다. 그 성격유형은 유전자 구조의 차이에서 나오는 것이지만, 바로 그 유전자의 차이 때문에 똑같은 환경과 조건에서도 엄청난 결과의 차이가 드러난다. 그것을 우리는 운명이라고 말한다.

그 운명을 역학에서는 팔자소관이라고 풀이한다. 역술은 어느 분야에서 재능을 갖고 태어난 사람이 재능이 없지만 노력으로 결과를 이루어 낸 사람과 겨루어서 결코 이길 수 없다는 확신을 갖게 한다.

우리가 태생적인 재능을 인정하는 한
전생을 부인할 수 없다

그 확신을 인정하지 못하면 불화를 면하기 어렵다. 이 세상에서는 우등과 열등이 빈부의 차이처럼 존재하는 것은 그 이유 때문이다. 언젠가 TV 케이 팝 신인가수 선발경연대회에서 십 대의 한국 여중생이 파워풀한 비욘세의 음역을 넘나드는 가창력을 발휘해서 관객들을 매료시킨 적이 있었다. 그날 심사위원이 한 말이 내 기억에 남아있다.

「저 학생의 나이에 타고나지 않고 노력만으로는 저렇게 노래를 잘 부를 수가 없습니다.」

그 어린 출연자는 전생에 갖고 있던 천부적인 재능을 다시 이 세상에 태어난 후에도 발휘하고 있다는 뜻이다. 과학 역시 비과학적인 존재 없이는 충분히 과학적일 수가 없다는 것을 인정할 수밖에 없다는 말에 우리는 동의해야 한다.

내 해석은 잘못되지 않았다. 가수 경연프로그램의 심사

위원이 전생에서 갖고 있던 가창력의 재능을 인정하지 않았다면 우리는 그녀에게 타고났다는 말을 할 수가 없다.

우리는 노력만으로 어느 분야에 천재성을 발휘할 수가 없기 때문이다. 우리가 흔히 말하는 천부적인 재능을 요즘은 DNA(생물의 세포 속에 있는 유전자 물질)를 가졌느냐 안 가졌느냐에 따라 구별할 만큼 세상이 변했다.

옛날에는 학교에서 우등생과 열등생을 한자리에 모아놓고 우등생에는 우월감을 심어준 대신 열등생에게는 절망감을 극복하도록 무모한 노력을 했다. 하지만 오늘날에는 「그래, 너 잘 났다.」를 서로가 인정한다. 우리는 이제 과학적 데이터를 통해 비과학적인 존재와 현상을 이해하려고 노력하고 있다.

과학이 발전할수록 우리는 비과학적인 세계의 경이로운 능력을 더 크게 깨닫게 되기 때문이다.

신을 과학적으로 부정하면 할수록
신의 존재가 더욱 확실해진다

인간도 다른 동물과 똑같이 세포를 갖고 태어나기 때문에 DNA는 분명 태생 이전에 소유한 것이지, 후천적으로 생성되는 것이 아니다. 이미 태초에 태어난 본질은 영원히 바뀌지 않는다. 그래서 천성이라는 말은 전생에서 갖고 있던 것들이라고 말할 수 있다. 특히 뛰어난 재능을 가진 사람이 그 분야의 재능이 스스로 좋아서 선택하고 그것을 즐기면서 거기에 피나는 노력까지 덧붙인다면 같은 분야의 어떤 경쟁자도 그를 따라잡을 수가 없다는 것을 우리는 인정한다.

다섯 살짜리의 천재 바둑 소년이 국수를 이겼다면 그것은 노력만으로는 불가능하다. 다섯 살의 모차르트는 노력만으로 궁정 작곡가 살리에리의 질투와 시기를 받을 수 없었을 것이다. 발명의 천재 에디슨은 천부적인 재능과 노력이 함께 이룬 성과였다. 세상에서 천재적 재능을 발휘한 사람들의 예를 들자면 한이 없다. 인간의 문화예술과 과학 문명은 천부적이고 독보적인 노력으로 인류를 향상시킨 선두 주자들이다.

나는 지금도 복희씨의 주역 얘기를 통해 타고난 팔자가 어떤가를 강조해서 말하고 있다. 여기서 팔자란 말은 복희씨가 인간의 운세를 통계학적으로 치밀하고 규칙적으로 짜놓은 주역이라는 예언서를 말한다.

사람들은 대체로 자기가 타고난 팔자가 무엇인지 잘 모른다. 혹시 안다고 해도 스스로는 팔자를 고칠 수가 없다.

혹자는 팔자를 노력과 의지로 바꿀 수 있다고 말하지만, 노력과 의지로 바꿀 수 있는 팔자가 따로 있고, 바꿀 수 없는 팔자 역시 타고 난다. 지금은 좀 꼬질꼬질하게 살아도 앞으로 노력하거나 혹은 숨은 행운이 나타나 번개처럼 팔자도 바뀔 것이라고 여길 수도 있다.

사람 팔자는 새옹지마처럼 뒤집히는 묘미가 있어서 인생은 살맛이 난다고 말하는 사람도 있다. 누구는 부모 잘 만나서 팔자가 쫙 폈다고 말하고, 누구는 남편 잘 만나서, 또 누구는 아내를 잘 만나서, 혹은 친구를 잘 만나거나 때를 잘 만나거나, 조상님 덕분에 팔자를 고쳤다는 사람들도 많다.

팔자는 누구나 두드리면 행운을 안겨주는 동화 속의 요술 방망이가 아니다

갑자기 행운이라는 놈이 머리를 디밀고 들어와서 못 된 팔자를 쓱싹 고칠 수도 있다면 주역의 팔자는 아무 소용도 없어진다. 팔자가 좋다는 것은 그렇게 좋은 팔자를 타고났다는 뜻이다. 그런데 놀라운 일은 사람들이 누구나 똑같은 팔자를 타고난 사람이 단 한 사람도 없다는 점이다.

세계 인구 81억 가운데 똑같은 홍채나 지문을 가진 사람이 단 한 명도 없다는 것을 보아도 우리 인간은 어느 누구와도 똑같은 팔자를 복사판처럼 태어난 것이 아니라는 것을 알 수 있다. 팔자 역시 독자적인 개성을 지녔다. 그 점에서 우리 각자는 세상에서 유일무이한 단 한 명의 본질을 가진 위대한 인간 존재이다.

내 생각은 대부분 상상과 허구다

사람은 태어난 해와 계절이 다르고 태어난 날짜도 시간도 모두 다르다. 누구는 범띠고, 누구는 용띠인데, 누구는 양띠고 누구는 쥐띠나 돼지띠다. 사람들은 성격도 취미도 버릇도 재능도 모두 다르다. 서로 다른 것을 따지기 시작하면 같은 것보다 다른 것이 훨씬 더 많다.

주역에서 사람을 십이지간 동물에 비유한 것은 사람도 동물들처럼 서로 다르기 때문이다. 주역이 아니더라도 우리는 서로 다른 운명의 그림자를 갖고 태어났다는 사실을 깨닫고 그것을 인정하고 살아야 할 책임과 의무가 있다.

주역은 각자 타고난 대로 순리에 따라 살면 행복해질 수 있다고 말한다. 예를 들어 「뱁새가 황새 따라가다 가랑이 찢어진다.」 그 속담은 뱁새의 욕심이 빚어내는 비극을 풍자한 말로 경고의 뜻도 있다. 뱁새가 행복해지려면 황새를 안 따라가면 된다. 물론 누에는 뽕잎만 먹고, 송충이는 솔잎만 먹으면 된다.

뱁새가 황새를 따라 하지 않으면
불행을 피할 수 있다

욕심을 내어 그 순리를 벗어나 욕망을 꿈꾸는 순간 불행해지기 시작한다. 타고난 능력을 욕심 때문에 자연의 순리를 거스르는 순간, 불행을 자초하게 된다.

중국의 옛 요나라 황제는 수십 년간, 나라를 다스리다가 이제는 자신도 황제의 자리를 그만두고 평범하게 살고 싶었다. 황제는 대신 중에서 지혜롭고 대쪽 같은 허유에게 황제의 자리를 물려줄 생각이었다. 허유는 사양하면서 말한다.

「뱁새의 집은 큰 숲속에 있으나 거처는 나뭇가지 하나면 족하고, 물개는 저 많은 강물 중에서 배 하나만 가득 채우면 끝나는 법인데 제 한 몸을 위해 어찌 천하가 필요하겠습니까.」

이렇게 권력을 애써 포기하고 거절하려는 자를 보면서 권력의 썩은 동아줄에 매달려 사는 사람들을 떠올린다. 요나라 황제와 허유야말로 진정한 큰 인물이 누구며, 대인배가 누군가를 잘 보여준다. 허유가 뱁새를 통해 자신의 몫을 나뭇가지에 비유한 것은 오늘날에도 행복의 절대 기준이 아닌가 싶다.

인간의 모든 불행은 미국 극작가 「테네시 윌리엄스」의 고전극에 나오는 여주인공 블랑쉬처럼 묘지로 가는 「욕망이라는 이름의 전차」에 올라타면서 시작된다.

그 전차의 종착역이 「파멸」이라는 것을 깨닫는 순간, 현명한 사람들은 전차에서 빨리 내릴 수 있는 용기가 필요하다는 것을 안다. 욕망을 갖는 용기보다 포기하는 쪽이 더 어렵지만 더 가치가 있다.

인간에게 욕망은 삶에 의지와 용기를 주지만 그것을 극복하지 못하면 폭탄이 된다는 것을 잊어서는 안 된다. 욕망은 욕심을 갖는 자의 폭탄일 뿐이다.

 아침에 신문을 펼치면 어김없이 「오늘의 운세」란에 저절로 눈이 간다. 복희씨가 나에게 오늘은 어떤 운세를 안겨줄지가 궁금해진다. 「오늘은 남쪽에서 귀인이 기다린다.」 귀인을 만나러 남쪽으로 가면 로또 당첨 번호라도 귀띔 해준다는 것인가. 아니면 글에 나오는 남쪽 귀인은 행운이 아니라 시련을 통해서 참회를 깨우쳐 주는 귀인인지도 알 수 없다. 그 귀인이 어쩌면 평생의 팔자를 단숨에 바꿔줄 로또 당첨 번호를 일러줄지도 모른다. 그런 횡재는 우리 인생을 한 방에 끝낼 수가 있다고 여긴다. 사람들은 모두가 그 한 방을 강력하게 원한다. 권투도 연속 펀치를 세 번 날린 선수가 파이널 한 방이 없어서 역전패를 당하는 경우도 있다.

 야구도 9회 말 만루에 회심의 홈런 한 방은 역전승인데 바로 그 한 방이 쉽게 오는 행운이 아니다. 부동산 투기도 증권도 모두 한 방을 노린다. 작가에게는 베스트셀러가 한 방, 금융사기나 금고 털이도 밀수도 도박도 모두 노리는 것이 한 방이다. 그러나 우리는 삶을 한 방에 끝내기 위해서 이 세상에 태어난 것이 아니다. 신은 우리가 인생을 한 방에 끝나도록 놔두지 않는다. 그런데 놀랍게도 한 방을 노리는 사람들일수록 한 방에 몰락한다는 것을 안다. 남들에게는 잘 굴러드는 흥부의 박 씨는 왜 유독 나한테는 인색한 것일까.

그런 생각이 드는 순간 왜 행운의 여신이 내 손을 들어주지 않는지 이유부터 따져보면 답이 나온다. 나는 그런 행운의 박씨를 받을 만한 가치가 있는가를 먼저 따져봐야 한다. 흥부는 행운의 박씨를 우연히 받은 것이 아니다. 이 세상의 모든 축복과 저주는 놀랍게도 인과응보의 공식에 너무나 잘 맞춰져 있다.

봄날에 느티나무 잎이 새로 돋는 축복은 지난해 가을에 새잎을 위해 그 자리를 양보한 잎의 희생에 대한 보답이다. 공짜는 아무나 가질 수 있는 전매 특권이 아니다. 오늘도 나는 그런 저런 상상의 구름을 뭉게뭉게 피워본다. 나는 어려서부터 만화와 영화와 소설을 너무 좋아한 탓에 지금도 몽상가적 기질에서 벗어나지 못하고 있다.

우리들 인간의 삶 자체가 한 편의 거대한 몽상 드라마다

그래서 나는 지금까지 뻥이 잘 먹히는 소설을 쓰고 살았는지 모르지만, 나는 지금까지 현실, 논리, 질서, 이성 따위의 냉정하고 산술적인 계산에는 늘 2퍼센트가 부족했다.

그것들은 내 귀에는 귀머거리처럼 아예 들리지도 않는다. 그 대신 괴담이나 농담이나 혹은 엉뚱한 말이나 판타지나 뜬구름 잡는 말들에는 귀가 쫑긋해진다.

그동안 문학 평론가들이 내가 쓴 소설을 두고 「판타지와 탐미적 몽상 소설」이라고 평가한 것을 봐도 내가 이 험난한 세상에서 얼마나 비현실적인 것들에 집착하고 살았는지 알 수 있다. 나는 몽상과 판타지 덕분에 잃은 것도 많지만 그래도 나는 몽상과 판타지를 포기하지 못하는 것은 내 유전자 탓으로 돌릴 수밖에 없다.

인간의 생각 가운데 4분의 3은
상상과 허구에 불과하다

 프랑스학자 시몬 베이유의 말이다. 상상과 허구는 좋게 말해서 창의적인 힘을 실어준다. 하지만 실은 허황한 개털 같은 꿈에 불과하다. 시몬 베이유의 말대로라면 우리들은 하루 중, 삶에 필요한 실질적인 생각의 대부분을 지우기로 클릭해서 휴지통으로 처넣어야 할 개꿈들뿐이라는 것을 인정할 수밖에 없다. 세상에서 쓸모 있는 것과 허황한지를 구별할 수 있는 지혜도 참 어렵다.

 대충 번개가 번쩍 칠 때, 날벼락에 맞을 확률은 1년에 35만 분지 1이라는 통계가 있다. 그 통계가 어떻게 산출되었는지는 모르지만, 통계는 그리 중요하지 않다. 로또에 당첨될 확률은 벼락 맞을 확률보다 두 배나 어렵다는 통계도 있다. 그런데도 여전히 로또는 엄청나게 잘 팔리고 있다. 평생 벼락 한 번

맞을 확률도 없는 사람들이 돈벼락을 맞아보겠다고 꾸준히 로또를 사는 것은 바로 인간이 욕망이라는 이름의 전차에서 결코 내릴 수가 없기 때문이다.

그러나 로또가 뭔지도 모르던 사람이 재미로 한 장 샀더니 덜컥 당첨된 그 사람의 로또 당첨 확률은 백 프로란 말인가? 참으로 놀라운 확률이 아닌가. 그보다 더 놀라운 확률이 있다. 앞으로 언젠가는 내가 반드시 죽는다는 확률보다 더 높은 확률은 없다. 증권도 확실한 확률이 딱 하나밖에 없다. 증권은 반드시 오르락내리락한다는 점이다. 그런 확률보다 높은 확률이 어디 있겠는가.

아무튼 사람들이 로또를 열심히 사는 이유는 당첨된 행운의 주인공이 바로 나일지도 모른다는 황홀한 착각에 빠지기 때문이다. 돈벼락도 행운이 되는지는 잘 모르지만 길을 걷다가 날벼락을 맞을 확률도 사람들의 관심 대상이다.

사람들은 날벼락을 재수 없게도 내가 맞을지도 모른다는 불길한 예감에 사로잡혀 살고 있다. 내가 복희씨에게 듣고 싶은 말은 바로 그 점이다.

나는 살아가면서 왜 욕망이라는 이름의 전차를 타야만 하는가. 비록 욕망의 본능을 끊고 침묵 수행에 들어간 수행자조차도 사실상 해탈이라는 거대한 욕망을 꿈꾸고 있지 않은가.

점괘의 마술적 상상력

 심리학자들은 대체로 사람들이 정작 해야 할 걱정은 안 하고, 안 해도 될 걱정을 사서 하는 경향이 많다고 말한다. 우리가 상상하는 걱정의 90퍼센트는 실제로 일어나지 않기 때문이다. 그 이론이 학문 용어로 「평균율의 법칙」이라고 한다.
 그렇다면 우리들은 아무리 현실적이고 실용적인 사람이더라도 하루 중에 대부분의 시간을 쓸데없고 황당한 불안에 사로잡혀 산다. 영국인 E.로이드는 닥치지도 않은 재난에 지레 겁부터 먹는 인간의 심리적 약점에 착안해서 보험이라는 절묘한 상품을 고안해 냈다.
 로이드 보험회사가 문을 연 것은 1871년이다. 비행기는 그로부터 8년 후에 라이트형제가 겨우 동력 글라이드를 처음 선보였고, 승용차는 더 늦은 13년 후에 독일의 칼 벤츠가 만들었다. 그러니까 승용차도 비행기도 없던 시대에 대부분 선박이 주요 이동 수단이었던 그 시절에 해상보험이라는 상품이 탄생했다는 뜻이고, 그럼에도 불구하고 당시 로이드의 보험상품은 세기적인 대박을 터뜨리게 된다. 비록 그 시절에는 비록 금융상품이긴 해도 에디슨이 전기를 발명하고, 스티븐슨이 증기기관차를 만들고, 한참 후에 스티브 잡스가 스마트 폰을 만든 것처럼 큰 발상이었다. 우리나라 옛 설화에 나오는 봉이 김선달은 대동강 물을 물통 장사에게 5천 냥을 받고 소유권을 넘긴 것으로 기록되어 있다. 요즘 세상에서 보면 그는 희대의 사기꾼이었지만 현대로 치면 마케팅의 귀재였다.

봉이 김선달이 성공할 수 있었던 것은 배짱도 한몫했지만, 대동강 물을 산 바보가 더 큰 몫을 해준 셈이다.

미국에서는 달과 화성의 토지문서를 팔아 백억 대의 이득을 챙긴 귀신같은 마케팅의 대가도 있었지만, 영국의 로이드 씨는 사람들에게 벼락의 심리적 불안감을 이용해서 떼돈을 벌었으니 누가 더 뛰어난 장사꾼인가.

세상의 바보들은
늘 영악한 사람들의 낚싯밥이 되어 왔다

창사 1백53 주년을 훌쩍 넘긴 영국의 로이드 보험회사는 오늘날까지도 승승장구하고 있다. 그 로이드씨 덕분에 우리 시청자들은 지금도 TV 광고에서 수많은 암보험 광고를 귀가 질리게 듣고 있다.

어떤 보험회사는 보험상품을 소개하면서 좋은 보험을 알고도 안 들 수가 있겠느냐고 바람 잡는 광고 멘트를 날리고 있다.

하지만 인간의 심리상태가 바뀌지 않는 한, 우리는 금쪽같은 돈을 보험회사에 계속 갖다 바쳐야 한다. 아무리 확률이 낮고, 안 해도 될 걱정을 안 하고 싶어도 세상 일은 내일도 장담을 못 하는 처지에 내가 벼락을 맞을지도 모른다는 걱정이 앞서는데 어쩌겠는가.

복희씨의 역학에는 나쁜 운세가 나오긴 해도 돈벼락을 맞아 죽을 것이라는 예언은 없다. 그 말이 나오면 어떤 사람은 나도 그 돈벼락 좀 맞고 죽어도 좋으니 제발 로또에 당첨이라도 되었으면 좋겠다고 말한다.

요즘 세상에서는 보험금을 노린 신종 범죄가 기승을 부리지만 보험통장 하나쯤 갖고 있지 않은 사람이 없다.

보험회사가 부도가 나서 망했다는 말은 들어본 적이 없고, 세상이 험악할수록 보험회사에는 뭉칫돈이 더 쌓이는데 어쩌겠는가. 게다가 내가 길을 가다가 대낮에 날벼락을 맞을지도 모른다는 심리적 예감도 바뀌지 않고 있다.

내 선배 중에는 그런 고약한 타성을 까부수겠다고 40년째 자동차보험을 들지 않고, 무사고 운전으로 잘 버텨내고 있지만 그 선배처럼 강심장이 아닌 나는 40년째 무사고인데도 보험회사에 돈을 꼬박꼬박 바치고 있다.

참으로 억울하지만 나는 아주 오래전부터 로이드 씨의 봉이었다. 사고 한 번 크게 쳐서 보험 덕분에 안도의 한숨을 크게 내리 쉰 사람은 제외겠지만. 다시 복희씨 얘기다.

나는 어려서부터 어머니가 자축인묘진사오미…하시면서 손가락 열두 마디를 꼽아서 운세를 짚어내는 사주가 신기하고 재미있었다. 사주는 가끔 귀신 족집게처럼 잘 맞아서 우리 가족들이 모두 거품을 물고 뒤집힌 적이 한두 번이 아니다.

우리 어머니는 사주에 관심을 가진 나를 나무라면서도 어쩌다 내 꾀에 넘어가 조금씩 일러주시곤 하셨다.

그 덕에 나는 당사주의 기본 틀을 익혔다. 외할머니한테 배운 어머니의 주역은 내가 3대째 전수를 받은 셈이다. 그쯤 되면 나는 우리 집의 인간문화재로 지정받아야겠지만, 해몽에서 창의력을 발휘하지 않으면 고객을 감격하게 할 수 없다.

나는 훗날 점집을 차릴 작정도 아니었는데, 내가 당사주에 집착했던 것은 점괘의 마술적 상상력이 주는 매력 때문이었다. 보이지 않는 것을 보는 지혜를 어리석음으로 여기지 않았던 탓이 컸다. 사람의 운명은 시계의 태엽처럼 은밀히 감추어져 있고, 시곗바늘은 태엽이 풀릴 때까지 단 1초도 멈추지 않는다. 바로 보이지 않는 것을 보는 호기심과 상상력이 무척 컸던 탓이었다.

나는 어린 시절에도 성당에 다니는 친구들로부터 이 세상 천지를 만든 창조주의 거대한 동화 같은 얘기를 처음 듣고, 너무 놀라서 몸살을 했던 적이 있었다. 이 세상이 그런 식으로 창조되었다니.

그래, 그렇지. 이 세상이 저절로 뚝딱 생겨났을 리가 없어. 신은 땅과 하늘을 열고, 사람도 동물도 만들어 냈을 것이다.

우주는 지금도 팽창을 계속하는 중이다. 지구에서 관찰된 히드라 은하단은 지구에서 수억 광년 떨어진 상황에서 초당 6만km의 속도로 지구에서 멀어지면서 지금은 지구로부터 무려 수십억 광년이나 거리가 멀어졌다. 그것을 통해 우주의 팽창이 계속되고 있다는 것이 확인되었다. 우주 얘기를 알면 알수록 신비와 경이로움 이외에는 달리 표현할 말이 없다. 인간은 바로 그 대우주 속에 존재하는 생명체다.

현재의 우주는 2백억 년 전에 빅뱅으로 단지 3분 만에 초고속으로 창조되었다

가톨릭 성서 속의 천지창조는 하느님이 하늘과 땅을 만들고, 빛과 궁창을 만들고, 뭍과 바다를 만들고, 땅 위에 푸른 싹을 돋게 하고, 궁창을 비추는 빛 물체를 통해 별들을 만들었다. 성서 속의 하느님은 기본적인 천지창조를 하는 데 단 나흘이 걸렸다. 우주과학자들이 과학적으로 계산한 이유가 따로 있겠지만 한 마디로 우주 창조는 참으로 짧은 시간에 뚝딱 해치웠다는 느낌이 든다.

내가 성당 교리 반에서 수녀님에게서 들은 창조의 동화는 구약성서에도 나오는 창세기의 대하드라마였다. 이 세상에서 나만 몰랐던 그처럼 놀랍고 무섭고 위대한 비밀의 동화를 이미 어른들이 알고 있었다는 사실도 놀라웠다. 그때 중학생 교리 반의 세실리아 수녀님은 중 1짜리인 내 손을 잡아 마법의 성안으로 끌어들였다. 내가 조물주와 피조물의 차이를 분별할 수 있게 되기까지는 긴 세월이 지난 후였지만, 먼저 창조의 상상력에 깊이 빠져서 살았다.

사람들은 인간의 의지가 운명을 극복한다고 말하지만, 운명의 극복이라는 말은 단순히 삶의 외형적 변화를 의미할 뿐, 우리가 삶과 죽음이 가져오는 운명의 사이클을 극복한다는 뜻과는 거리가 멀다. 피조물인 인간이 삶과 죽음을 내 마음대로 할 수 없는 한, 우리는 운명을 극복했다고 말할 수 없다.

우리는 부모와의 인연을 통해서 많은 유전자를 물려받았다

그뿐만 아니다. 우리는 몸도 마음도 체질도 성격도 지능도 물려받고 태어났다. 당연히 건강도 수명까지도 물려받았다. 물론 재물도 자신의 꿈과 의지도 성공의 높이와 깊이도 얼마씩 계량해서 조금씩 갖고 세상에 태어났을 것이다. 물론 그중에는 조상님의 공덕이 커서 엄청나게 물려받은 특혜도 없는 것은 아니다. 그 모든 것들이 이 지상에 살면서 즐기도록 챙겨 받은 삶의 도구들이다. 우리가 한계 능력의 최대치와 최소치가 다른 것은 그 때문이다.

나비도 내 꿈을 꿀 수 있을까

얼마 전에 나는 영국의 제임스 로건 교수가 발표한 학설을 읽고 마음이 크게 설렌 적이 있었다. 「모기에 잘 물리는 유전자 기질을 가진 사람이 따로 있다.」는 학설이 나온 것이다.

나는 너무 오랫동안 모기의 천적이었지만 이젠 모기에 잘 물리는 것은 내 탓이 아니라 유전자 탓이라고 둘러댈 수 있게 되어 다행이다. 그 말은 조물주가 사람을 만들 때 모기가 좋아하는 유전자를 따로 만들었다는 뜻이다.

혹시 그런 유전자를 가진 사람들은 모기의 밥이 되어도 할 말이 없다는 뜻이 아니기를 바란다.

모기는 내 피를 빨기 때문에 나에게 모기는 드라큘라 같은 존재가 아닐 수 없다. 나는 잠들 무렵 내 귀에 윙윙거리는 모기의 날갯짓이 들리면 불을 환하게 켜두고 모기향을 풍기거나 파리채로 놈들을 때려잡을 때까지는 잠을 들지 못한다.

그와 반대로 어떤 사람은 모기에게 물리지 않고, 물리더라도 유난을 떨지 않는 유전자를 가졌다. 그처럼 유전자는 섬세하고 치밀하게 우리 속에 개입되어 있다.

가수는 음감을 잘 타고나야 하고, 골퍼는 퍼팅감각을 뛰어나야 하듯이 예술가들도 천부적인 창의력과 상상력은 유전자를 갖고 태어나기 때문에 해당 분야에서 뛰어난 실력을 발휘할 수 있다. 따라서 타고난 천재가 노력을 더하면 적수가 없다는 뜻이 된다. 세상의 어느 분야도 천부적인 재능이 요구되지 않는 분야가 없다. 세상의 모든 특정 분야는 타고난 천재들끼리 경쟁을 벌이는 그들만의 리그가 따로 있을 뿐, 평범한 사람들은 그들이 펼치는 놀라운 경쟁의 관객이 될 수밖에 없다.

예전에는 부모가 돈이나 뒷배경이 있으면 실력도 없고, 노력을 안 해도 남들 앞에서 행세할 수가 있었고, 좀 으스댈 수 있던 시절이 있었다.

재능이 없으면 살기 힘든 세상이 되어간다
이미 이 세상은 타고난 천재들의 무대다

영국의 베스트셀러 판타지 동화 작가 조앤 K.롤링의 소설 <해리포터 시리즈>에는 마술 재능이 한 개도 없는 사람들을 <머글>이라고 경시해서 부르는 대목이 나온다. 하지만 세상에는 마술가 보다 머글이 더 많다.

이제 우리는 누가 저들 뛰어난 재능의 칼날을 휘두르는 자들만큼 뼈를 깎는 각고의 노력을 안 해서 무엇인가를 못 이룬 줄 아느냐고 불평할 수도 없는 세상이 되었다. 머글로 태어난 내가 어찌 세상의 마술가들을 상대로 힘과 재능을 겨룰 수가 있으며 그들과 경쟁해서 이길 수가 있겠는가. 하지만 늘보원숭이의 나무 타는 재주나, 칼새의 비상 솜씨를 보면서 손뼉을 치는 사람은 의외로 없다는 것을 알 수 있다. 그들이 천부적으로 타고난 재주를 향해 손뼉을 칠 이유가 없다. 타고난 재능은 박수받을 일이 아니다.

우리가 헬렌 켈러를 사랑하고 존경하는 것은 그녀가 맹인으로 살아갈 수 있는 태생적인 재능이 전혀 없었음에도 노력과 의지로 불멸의 인간상을 창조해 냈기 때문이다. 하지만 머글이거나 마술가거나 목숨은 한낱 초개같아서 끝내는 모두 죽음을 끝으로 인생을 마치게 된다.

너희 잘난 마술사들이여
네 마술로 안 죽는 방법을 보여줘 봐

그래 너희들 잘난 마술사들아, 네 마술로 평생 죽지 않고 살 수가 있는지 어디 한번 보여줘 봐. 우리 삶의 초장과 막장이 탄생과 죽음이라는 큰 틀로 짜인 이상, 인간은 큰 틀의 각본 속에 존재하는 각자 운명의 주인공들일 뿐이다.

영화는 대본이라는 큰 틀의 그림이 먼저 나와야 콘티를 짠다. 콘티는 스토리보드에 필요한 디테일과 화면구성을 요구하는 작업 과정이다. 우리 각자의 인생도 탄생과 죽음이라는 큰 틀의 드라마 대본이 나온 후에는 작은 운세들이 정해진 수순과 과정을 거쳐서 삶이 죽음의 방향을 향해 한 치의 오차도 없이 진행되고 있다.

우리들의 삶도 일단 큰 줄거리를 살펴보자. 삶의 굵직한 매듭들, 탄생·취업·결혼·출산·팔순 혹은 구순·입관. 거기에 다른 우연은 한 치도 끼어들 틈이 없다.

까막까치는 알에서 나고, 물고기는 물거품에서 자라며, 나나니벌은 뽕나무벌레에서 알을 낳아서 그 유충을 먹고 자란다. 그 각본은 존재가 태어나기 전에 조물주가 그들 뇌 속에 박은 칩 안에 앱으로 심어놓아서 바꿀 수 없다.

우리는 삶을 바꿀 권리도 없고 방법도 모르고 바꿀 의지도 없다

이 세상의 모든 생명은 생태적인 본능에 따라 삶과 죽음이 무더기로 계속 교체되고 있을 뿐이다. 거기에 인간의 의지가 개입할 여지가 없다.

우리는 장자의 말대로 「내가 나비 꿈을 꾸고 있는 것인지, 혹시 나비가 나를 꿈꾸고 있는지」 모를 뿐이다. 우리는 그저 말없이 현실과 환상이 적멸의 반복과정을 거치고 있을 뿐이다. 그 운명의 시곗바늘은 신의 계시로 그 운행의 법칙이 자동으로 맞추어졌다. 그 어떤 힘도 신의 의지를 바꾸지 못한다.

그것만이 이 세상을 살고 있는 우리들의 불변의 진리다. 오늘도 우리를 먹이고, 입히고 햇살 속에서 꽃향기를 맡게 해주시는 하느님. 내가 곁에 있어도 그리움의 향기가 피어오르는 사람을 만날 수 있게 허락해 주시고, 또한 그들과 결별의 슬픔을 통해서 그가 나에게 지상의 천국 같은 전생의 인연이었다는 것을 깨우칠 수 있도록 허락한 사랑만으로도 우리는 감사해야 한다.

우리가 지금 건강하게 숨 쉬고 있다는 것이 얼마나 감사한 일인지 안다면 우리는 신에게 다른 어떤 희망 사항 한 개도 더 요구할 수가 없다. 우주에는 빅뱅이 존재하고, 다른 소우주가 수십억 개 더 발견되고 그 별에서는 인간과 똑같이 문명을 이루는 외계의 인간이 살고 있다고 한들, 그것이 내게 무슨 의미가 있는지 나는 아직도 모른다.

내가 깊은 산에 숨어 핀 고깔제비꽃을 발견하고 「아니! 네가 여기 숨어 있었어!」 하고 놀라는 기쁨이 남아있는 한, 그보다 더 소중한 천국이 또 어디 있는지 아직 나는 모른다.

이제 우리는 복희씨가 매일 일러주는 한낱 삶의 거품에 불과한 희로애락에 혹 될 것도 없고, 집착할 이유도 없다.

나의 삶이란 신이 내게 준 영성과 DNA를 통해서 한 편의 인생 스토리가 한 권의 책으로 입력되어 있다.

그것이 내 전생의 삶이다. 그 책은 메모리 칩에 저장되어 언제 출력될지 모른다.

우리 몸에 있는 세포의 핵 속에는 30억 개가 넘는 유전자가 있다. 유전자란 생명의 설계도를 이루는 조직들이다. 그 30억 개의 유전자는 1천 페이지짜리 책 1천 권에 해당하는 거대한 분량이다. 우리 세포 하나의 무게는 대략 2천 억분의 1그램이고, 폭은 50만분의 1밀리미터에 불과하지만 그처럼 극미한 세포의 핵 공간 속에 30억 개의 정보가 꽉 들어 차 있다.

　사람의 세포는 갓 태어난 아기가 대략 3조 개, 60킬로그램의 몸무게를 가진 성인을 기준으로 유전자는 60조 개니까, 유전자 정보는 1천8백조 개나 된다. 그처럼 몸 자체만으로도 어마어마하고 정교한 유전자의 집합체를 장착한 인간을 설계하고 창조하고 그 뇌 속에 삶의 프로그램을 입력한 조물주는 도대체 누구란 말인가. 우리의 두뇌로는 감히 상상이 불가능한 위력적인 존재를 우리가 어떻게 그리워할 수 있겠는가.

6

미래의 신인류가 등장하고 있다

공학과 나노기술 문명은 신이 만든 인간의 뇌를
슈퍼컴에 업로드해서 초능력 미래인을 만들고 있다.

아함경이 들려주는 무서운 우주

우리 집 뒷산에는 느티나무 군락지가 있다. 내가 시도 때도 없이 찾아가는 천국의 그늘이 바로 그곳이다. 느티나무는 그 자태와 품격이 사뭇 당당하고 늠름해서 많은 사람의 사랑을 받는다. 수명도 길어서 양평의 용문사에는 무려 1천1백 년이나 된 최고령의 천연 보호수도 있다.

나무의 수명을 굳이 따지자면 옛 중국의 어느 참죽나무는 8천 년이나 봄을 맞았다는 기록도 남아있다. 그 참죽나무가 무슨 이유로 그리 오래 살았는지는 참죽나무에게도 물어볼 수 없으니 알 도리가 없다. 사람이든 나무든 삶은 짧아도 허망하지만 길어도 무상하기는 마찬가지다.

겨울에 느티나무를 보면 마치 수도원의 신부나 사찰의 스님처럼 겨울 수행을 꿋꿋이 견디는 모습이 안타깝고 안쓰러워 보인다. 그래도 그 기상은 자랑스럽다.

겨울에 앙상한 나뭇가지는 봄이 되면 새잎이 나와서 채색이 짙어지면서 나무다운 기품을 갖춘다. 나는 나뭇잎을 보면 기원전 붓다가 제자들에게 설법하던 장면이 떠올린다.

붓다는 제자들에게 인간이 세상에 존재하는 이치를 어려운 한자로 풀어준 것이 아니라, BC 2세기의 인도 중부에서 쓰던 팔리어로 알기 쉽게 설명해 주고 있다. 당시 붓다의 설법을 들은 제자들은 인도의 바라문 학자들, 정부의 고위층 등 귀족들이 아니라, 서민 빈민층들이 대부분이었다.

그 점에서는 예수의 제자들이 대부분 어부와 농부 등 서민층이었던 것과 같다. 붓다가 서민 제자들에게 삶의 이치를 설법했다면 얼마나 쉬운 말로 알기 쉽게 얘기했을 것인지 짐작이 간다. 붓다는 나뭇잎 하나를 따서 제자들에게 흔들어 보이며 말했다.

「이 잎은 가지가 있었기에 싹을 틔웠지요. 가지가 없었다면 잎은 붙어있을 곳이 없었겠지요. 가지는 줄기에 붙어있습니다. 줄기는 뿌리에서 뻗었고, 뿌리는 흙 속에 묻힌 씨앗이 있었기에 싹을 틀 수 있었지요. 흙 속에는 물과 온도와 자양분이 있어서 싹이 그 영양분을 먹고, 해와 바람과 비를 맞고 자랍니다. 보십시오. 잎은 우주의 해와 바람과 물이 있기에 자랍니다. 저 혼자 자란 것이 아니라 햇빛과 물과 땅과의 깊은 인연을 통해 태어났습니다. 그 땅은 지구이고, 지구는 우주에 둥둥 떠 있는 별 중의 하나입니다. 그렇기에 잎은 우주와도 깊은 인연을 맺고 있습니다. 사람은 어떻습니까? 나는 곧 우주입니다. 우주가 없으면 나도 없고, 우주를 알아보는 내가 없으면 누가 우주가 있는 줄이나 알겠습니까. 나는 우주를 품고 있다는 사실을 깨닫고 있는 위대한 영혼입니다.」

내가 없으면 우주가 없고
우주가 없으면 나도 없다

이 세상에 그 어떤 것도 저 혼자 스스로 존재하는 것은 없다는 뜻이다. 세상의 모든 존재는 본래 저 혼자 스스로 태어난 것은 없다. 모든 존재는 어떤 조건이나 환경이나 인연에 의해서 끝없이 생성되거나 변하거나 소멸하고 있다.

저것의 죽음은 곧 이것의 죽음 때문이며, 빛이 있기에 어둠이 있다는 것을 깨닫게 되고, 어둠이 있기에 빛이 있다는 것을 깨닫게 되는 이치와 같다. 그렇다. 하나의 잎은 우주와 깊은 인연을 맺고 있다. 모든 하나는 다수의 포함이며, 다수는 하나를 포함하고 있다. 곧 우주가 있으므로 내가 있고, 나는 우주를 인식하고 있다. 나는 J스님을 통해서 우주가 나와 한 몸을 이루고 있고 진리가 영혼의 본질이라는 것을 깨달았다.

그 말은 먼저 붓다가 말한 「모든 존재는 저 홀로 있지 못함」의 원칙에서 존재한다. 원자물리학에서는 물질의 기본 단위는 원자다. 이 원자는 전자와 핵(nucleus)으로 구성된다. 원자도 홀로 존재하지 못한다. 원자에는 쿼크(quack)라는 미립자가 존재한다. 쿼크는 다른 입자들과 달리 서로 다른 성질을 갖고 있다. 쿼크 역시 저 홀로 존재하지 않고 있다.

만물의 최소 단위는 물질이 아니라
빛의 에너지 파동이다

불교에서 만물의 근원이 없음과 비어있음으로 여기는 것은 그 때문이다. 따라서 우리 인간들 역시 빛의 파장에 불과한 서로의 허상을 보다가 에너지 파동이 끝나면 지상에서 자동 점멸이다. 적멸로 돌아간다.

우주에는 대략 1천억 개의 은하계가 존재하는 것으로 추정한다. 불교 경전에는 10만 억년의 세상이 지나야 극락세계에 도착한다고 씌어있다. 다른 은하계들도 대략 10의 22제곱이나 되는 별들이 우주에 존재한다고 말한다. 지구는 그 모든 별들 중의 하나이며, 인간은 지구별에 살고 있는 유일한 영혼의 존재도 아니다. 늦가을이 되면 느티나무 잎새들은 단 한 개도 예외 없이 지상과 작별하고, 아름답던 느티나무는 끝내 앙상한 가지로 혼자 남는다.

그처럼 자연의 법칙은 엄격하고 단호하다. 자연은 사람도 수명이 끝나면 단 한 사람도 세월과 역사의 증언자로도 남겨 두지 않는다. 특히 죽음은 사람의 나이, 성별, 인품, 계급, 건강조차도 좁쌀만큼의 차별도 두지 않는다.

부자도 거지도 나폴레옹도, 에디슨도, 세종대왕도, 피카소도, 스티브 잡스도, 그 어떤 성자나 위인도 때가 되면 예외 없이 저승으로 불러들인다.

그렇게 되다 보니 사람들에게는 화려하기만 했던 지구라는 이름을 가진 전생의 무대는 한낱 안개나 이슬이나 지난밤의 꿈과 환영에 불과하다. 지금 살아서 숨 쉬고 있는 우리들 역시 그들과 무엇이 다른가. 현재의 인류 종족인 호모사피엔스가 지구상에 살기 시작한 지도 이미 2백만 년이라는 엄청난 세월이 흘렀다. 그동안에도 인류는 헤아릴 수도 없이 많은 생명이 지구에서 살았을 것이고, 또 죽어갔을 것이다.

붓다가 왜 「그저 모를 뿐」이라고 한 말은 새삼스러운 의문이 아니다. 우리는 그것을 운명의 법칙으로 여기면 된다.

티끌 한 톨 속에 우주가 들어 있다

 지구가 우주에 태어난 지, 46억 년이 지났지만 잠시 쉴 만도 한데 단 1초의 공전과 자전도 멈추지 않는다. 사람이 숨을 멈추는 순간 죽음인 것처럼 우주의 궤도 회전 역시 잠시만 멈추어도 그것은 죽음이다. 지구의 역사가 그토록 오랜 세월이 되었다니 놀랍다. 아주 먼 훗날 이 글을 읽는 사람이 있다고 가정하면 인류의 100세 단명을 언급한 사실에 매우 놀랄 것이다.
 "아니! 그렇게 잠깐 살았어? 내 나이 8백 살인데 우리가 너무 오래 사는 거 아닌가?"
 그토록 긴 세월이라는 것도 인간이 만든 캘린더의 계산상 수치일 뿐, 우주와 대자연에는 시간이라는 자체가 존재하지 않으니 놀랄 것도 없다. 소나무의 나이테가 시계를 보고 자라는 것도 아니고, 봄 개구리가 땅속에서 달력을 보고 대지로 뛰쳐나오는 것도 아닌데 무슨 말로 시간을 말할 것인가.
 아침 한나절만 사는 버섯은 밤이 무엇인지 영원히 모를 것이고, 여름 매미 역시 겨울의 혹독한 추위를 알지 못하며, 하루살이는 내일이 있다는 것을 영원히 모른다. 혹시 안다고 해도 내일까지 살아볼 방법이 없으니 차라리 내일은 없다고 여기는 것이 마음 편할지도 모른다. 하루살이에게 일생은 단 하루라고 하지만 인간의 입장에서는 짧은 생애일 뿐, 하루살이에게는 긴 생애가 될 수도 있다. 모든 생명의 법칙을 인간의 기준으로 볼 수가 없다.

이 세상에서 살아있는 생명체들은 태어나서 숨을 쉬는 순간부터 죽음의 묘지를 향해 끊임없이 달리고 있는 존재들이다. 우리들은 살기 위해 숨을 쉬지만 따져보면 숨 쉬는 만큼씩 죽어가고 있는 셈이니 모든 생명의 존재는 죽기 위해서 태어났다고 말할 수도 있다.

이 세상에서 죽음처럼 확실한 위기로 다가오고 있는 시간은 존재하지 않는다. 실존주의 작가 카뮈는 「죽음이 수학적인 정확성을 갖고 다가오고 있다」고 말했지만, 그렇게 죽음은 인간 모두에게 안겨진 숙명적인 세상과의 결별을 뜻한다.

대자연처럼 예외가 없는 죽음의 법칙을
진리의 본질이라고 말할 수 있다

적어도 이 세상에 살고 있는 81억여 명의 인류가 「나는 반드시 죽는다.」는 사실을 모두 인정하고 있는 만장일치의 절대 법칙만이 진리가 될 수 있다. 인간은 죽은 후에 저승에 간다고 하지만, 인류가 태어난 이래 헤아릴 수 없이 많은 사람들이 죽었지만, 그들 중 어느 한 명도 저승에 다녀와서 『저승견문록』을 써낸 사람은 아무도 없었다. 혹시 사후세계를 다녀왔다고 해도 누가 그 사람의 말을 믿어줄 것인가.

그래서 인간은 느티나무 잎들의 가을 여행과 봄의 귀환도 부처의 말처럼 「그저 모를 뿐」이다. 우주 공상과학 영화 『인터스텔라』는 우주의 물리학적 시간의 법칙이 항성과 지구 간에 시간차를 만들고, 우주선을 타고 그 항성에 갔다가 구사일생으로 귀환한 젊은 우주인 아버지는 항성 간의 시간차로 인해 지구에서 노파가 된 딸과 이별하는 대목이 나온다.

늙은 딸은 젊은 아빠에게 「난 아빠가 반드시 돌아올 것이라고 믿었다.」는 말을 남기고 죽는다. 그래서 나는 그 딸이 아버지가 반드시 지구로 귀환할 것이라는 마음은 어디서 나온 확신이었는지를 생각해 본 적이 있다.

비록 그녀는 죽어서 아버지를 만나지 못했더라도 아버지가 지구로 귀환할 것이라는 그녀의 믿음은 죽음을 초월하는 확신이다. 느티나무 잎이 자연의 법칙대로 그 자리에서 끝없는 삶과 죽음의 윤회를 반복하고, 우리도 저 잎새들처럼 지구에서 겨울 침묵 속에 들어간 후, 두뇌 속에 차고 넘친 데이터들을 비우고, 다시 충전하고, 낡은 세포와 뼈도 갈아 끼운다.

그런 다음 어느 따뜻한 봄날, 햇살에 물이 차오르면 눈을 비비고 깨어나는 느티나무 잎처럼 우리들도 지구에 갓 도착한 아기들이 이 지구를 마치 새로 찾은 항성인 듯 여기고, 또 다른 한 평생을 반복해서 다시 살아가고 있지 않는가.

그것이 잠 못 드는 밤의 허망한 꿈이거나 판타지라고 해도 우리는 믿을 수밖에 없다. 신라의 고승 의상대사의 법성게 중에는 일미진중함시방(一微塵中含十方)이라는 대목이 나온다. 티끌 한 톨도 우주의 모습을 머금고 있다는 뜻이다.

천체 과학자들은 우리 인간 역시 작은 먼지로 구성된 생명체이며 인간은 그것을 별의 먼지라고 부른다. 지구상에 존재하는 모든 것들은 우주에서 만들어진 것이고, 지구에서 만들어진 것은 단 하나도 없다고 말한다.

지구의 태생이 우주에서 비롯되었다면
인간의 생명 역시 우주의 것이다

산소와 수소와 탄소로 이루어진 거대한 별들은 핵융합의 반응에 의해 초신성(初新星)의 폭발로 탄생한다. 그 별들은 글자 그대로 먼지에서 탄생 된 것들이다. 우리 몸의 머리카락 한 올, 피 한 방울도 유전자 감식을 해보면 그것들이 어디서 유래된 것인지 알 수 있다.

그 DNA의 보관함에는 예를 들면 갑돌이 유전자라는 타이틀이 붙는다. 그 말은 그 머리칼 한 올이 곧 갑돌이라는 뜻이다. 그처럼 공중에 떠도는 티끌 한 톨도 우주 밖에서 온 존재가 아니라 대우주를 창조한 조물주의 품속에 포함되어 있다는 뜻이다. 그 한 톨의 먼지가 대우주의 품속에 존재하는 것이 아니라면 다른 어디 소속의 먼지라고 아무도 말할 수 없다.

본래 흙에서 태어난 사람은 죽은 후에 흙으로 돌아가지만, 영혼은 몸에서 분리되어 원위치(생명의 본질)로 회귀한다. 가톨릭 교리도 사람이 죽은 후에 그 영혼은 천국과 연옥과 지옥으로 나뉘어 가는 것으로 되어 있다.

그것은 가톨릭의 내세관이지만. 불교 경전 역시 우리가 죽은 후에 영혼은 지은 죄의 형량에 따라 극락과 지옥으로 이동하는 것으로 되어 있다. 특히 인도의 윤회사상은 우파니샤드 문헌에서 체계화되면서 사람은 죽어서 달세계에 가는 것으로 되어 있다. 죽어서 달에 간 사람들의 영혼은 달에 얼마간 머물러 있다가 세상에서 못 푼 업보를 풀기 위해 비가 되어 지상으로 다시 내려온다. 이렇게 지상으로 돌아온 존재의 개체는 음식물로 섭취되어 정자로 변해서 자궁을 통해 태내로 들어가 신체를 갖추고 환생한다. 이것이 우파니샤드가 말하는 윤회의 굴레이다.

**우리도 태어나고, 죽는 일이 반복되고 있다
그 이유는 못다 푼 업보를 풀기 위해서다**

따라서 우리가 못다 푼 업보가 하나도 없을 때는 붓다처럼 윤회에서 제외되어 자유를 누리는 경지에 이른다. 그러므로 우리는 윤회라는 이름의 고통에서 벗어나야 할 숙명적인 과제를 안고 사는 셈이 된다. 인도의 철학과 종교는 이 윤회의 고통에서 벗어나는 해탈(解脫: 쇠살을 푼다)이 삶의 궁극적인

목표가 되고 있다.

그로 인해 해탈의 경지에 이르는 길을 찾는 것이 수행을 시작한 싯다르타(붓다)의 최우선 숙제였다. 그럼, 우리가 살고 있는 지구별의 현실을 살펴보자. 과학자들은 아폴로 11호가 달에서 가져온 암석을 연구한 결과 달이 46억 9천만 년 전에 생성되었다는 것을 밝혀냈다. 지구 역시 달과 태양계의 다른 별들과 비슷한 시기에 생성되었다.

지구 역시 생물체처럼
온난기와 빙하기로 윤회를 거듭한다

그 기나긴 세월 동안 지구에는 온난기와 빙하기가 여러 차례 반복 재생 되어왔다. 빙하기가 되었다가 온난기가 되면 지구에는 생명체들이 살아났다가 다시 빙하기가 되어 길게는 3억 년에서 짧게는 1억 년까지 지구 전체를 결빙 상태로 덮는다.

모든 생물체는 멸종되고 지구는 살아있는 생물체라고는 볼 수 없는 참혹한 지옥의 땅으로 바뀐다. 그 이후에는 빙하기가 끝나면 얼어붙었던 생명체들이 녹으면서 지구에 생명체들이 번식한다.

지구의 마지막 빙하기는 지금으로부터 대략 1만여 년 전에 끝난 것으로 학자들은 보고 있다. 그 이후로는 온난기가 지금까지 계속되는 중이지만, 미 국방성의 전문가들이 작성한 빙상

핵 데이터에 의하면 2004년부터 다시 시작된 지구 온난화에 의한 기후변화로 2010년부터 평균기온이 상승하면서 남반구의 온도가 급격하게 뛰어올라, 전 세계에 지진 발생과 가뭄 등 지구의 큰 재해가 예측되고 있다.

우리들은 그런 복잡하고 어려운 얘기는 내가 관여할 일이 아니라고 생각하지만, 그것이 전 인류의 미래이다. 여기서 주목할 점은 지금 우리가 사는 이 지구는 인류가 행복을 누리며 살 수 있는 보금자리가 아니라는 점이다.

46억 년간의 지구의 생태 변화의 기록을 보면 수백만 년 동안의 빙하기와 간빙기(따뜻한 기간)가 지구상에서 수없이 반복 교체 되어왔다. 빙하기가 닥치면 인류도 다른 생물들과 똑같은 멸망의 운명에 처할 것으로 예상된다.

그게 아니라면 창조주의 사랑으로 지혜를 듬뿍 받은 인류는 빙하기가 닥치기 전에 우주선을 만들어 다른 별로 이주했을 가능성도 상상하지 않을 수가 없다. 그것을 헛된 상상이라고 하기엔 인류의 미래에는 답이 없다.

인류는 초원의 유목민들처럼 우주라는 공간에서 이 별에서 저 별로 항성 사이를 방황하면서 살고 있다가 지금 우리가 살고 있는 지구를 발견하고 정착해서 삶을 유지하고 있는지도 모른다. 우리는 그런 상상력을, 영화를 통해서 보지 않아도 이미 인류는 지구별의 위기 상황이 감지된 지 오래되었다.

현대과학 문명의 목표는 이미 <인터스텔라>라는 영화적 상상을 본능적으로 느낀 지 오래되었다. 구석기시대 후기인 약 4만 년 전의 간빙기간에 지구에 살던 인류도 어쩌면 빙하기가 닥치기 전에 은하계에 존재하는 상상의 혹성 이니스프리 별에 정착해서 살고 있는지도 모른다.

천체 과학자들은 지구의 빙하기가 아직 완전히 종료된 것이 아니라, 현재는 「간빙기」를 통과하는 중이며 후빙기는 최소한 5만 년까지 지속될 것으로 예측한다.

그러니까 인류는 지구별에 다시 빙하기가 오기 전까지는 대략 5만 년의 세월 동안에는 지구에서 살 수 있다는 얘기가 된다. 5만 년이라니! 헤아리기도 끔찍한 세월이긴 하다.

천체 과학자들은 태양계의 남은 수명은 50억 년쯤 될 것이라고 말한다. 50억 년 후에는 태양의 열기가 사라지고, 태양계 자체가 빛과 열이 없는 암흑세계가 된다는 뜻이다.

하지만 우주에는 지구와 화성이 있는 태양계만 있는 것이 아니다. 인류는 태양계가 소멸하기 전에 은하수의 다른 태양계로 이주하게 될 것이다.

불과 1백 년도 못 사는 수명을 가진 허망한 인간 존재가 천년도 아닌 5만 년까지 지구에서 버틸 수 있다는데, 지금 우리에게는 해당 사항이 아니라고 해서 천만다행이라고 여겨서는 안 된다. 왜냐하면 우리는 이 지구에서 태어나서 죽었다가 다시 환생해서 살다가 또 죽었다가 다시 태어나는 긴 윤회의 삶을 살다 보면 그날이 코앞에 금세 닥친다.

  인간에게 윤회가 있는 한, 전생이든 후생이든 우리에게 지금은 영원히 존재한다. 그래서 인류는 5만 년이 다 되어 빙하기가 시작된 어느 날의 오늘을 대비해야 한다고 말하는 것이다.

1억 년의 빙하기가 다가오고 있다

 천체 과학자들은 광학렌즈나 우주선들이 찍어 보낸 영상을 통해서 지구처럼 생명체들이 살 수 있는 조건을 갖춘 별들을 우주에서 찾아내기 시작했다. 최근 미국 나사(NASA)에서 찾아낸 은하계의 케플러가 그 별이다. 그뿐만 아니다. 2009년에 나사가 발사한 케플러 망원경은 지구에서 1천4백 광년 떨어진 다른 태양계의 백조자리에서도 케플러 452b라는 또 다른 항성을 발견했다.

 그렇다면 여기서 지구의 온난기가 끝나는 5만 년 후의 인간 문명을 미리 상상해 보자. 오늘날 인류문명의 발전 속도를 보면 그때쯤에는 인류에게 케플러로 가는 우주선이 운행되면서 휴가철에는 케플러 항성의 어느 바닷가 언덕에 돗자리를 깔고 누워있을지도 모를 일이다. 그런 고도의 문명과 함께 지금은 초보 개발단계에 불과한 무인기 드론의 놀라운 위력을 보면서 수백 년 후에 인류는 마치 UFO처럼 자가용 우주 돛단배를 타고 항성을 오갈 날이 올 수도 있다.

 인류의 지혜는 지구에서만 살기에는 너무 크고 넓은 무한대의 공간을 품에 안고 있다. 인간의 두뇌는 상상력만큼의 넓은 우주에서 살아야 한다.

 물론 앞으로 수백 년 이내에 인류는 항성에서 도시를 건설해서 사람들에게 집과 토지를 분양하게 될지도 모른다. 그래서 지구별에 빙하기가 시작되기 전에 인류는 지구를 버리고 떠날 것이며, 은하수의 재난 피해지역인 어느 혹성에서 생물들이 전멸하는 참혹한 지구 빙하기의 뉴스를 들을지도 모른다.

우주선은 상상력의 속도만큼 더 빨라질 것이며, 상상하는 만큼의 천국이 존재할 수도 있다

「와아! 저기 봐! 두바이 부르즈 할리파 빌딩 162층이 얼음탑으로 바뀌었네. 저기, 우리가 칵테일을 마시던 맨해튼 타임스퀘어의 스카이 룸 라운지 창이 얼음 동굴처럼 보이잖아.」

우리는 그날 현장 중계로 보면서 지구의 육지는 모두 빙하 속에 파묻혀 있고, 고층빌딩들만 삐죽삐죽 얼음탑이 된 대도시의 모습들이 영화에서 보듯이 처연하게 나타날 것이다. 아아! 저 빙하기가 1천 년이 계속될 것인지, 아니면 1억 년 이상이 될 것인지는 우리는 잘 모른다.

하지만 먼 항성에서 지구별에서의 온갖 옛 추억을 회상하는 인류의 모습들이 눈에 선하게 상상될 뿐이다. 문득 1백15년 전에 살았던 독일 철학자 프리드리히 니체가 한 말이 떠오른다. 니체가 인간의 존재를 개미에 비유하면서 동화적 상상을 언급한 글을 쓴 적이 있었다.

「인간이 지구에 빌붙어 살게 된 것이지, 신이 인간을 위해 지구를 만든 것은 아니다. 만일 개미가 숲이 자기를 위해 만들어졌다고 말한다면 얼마나 건방지고 가소로운 말인가.」

니체는 우리 인간의 영혼은 육체(물질)와 생멸을 함께 하는 존재에 불과하다는 뜻을 강조하기 위해서 그렇게 말했는지 모르지만, 그가 죽은 지 25년 후인 1925년에 물리학자들은 세상의 모든 물질은 실제로 존재하는 것이 아니라 에너지의 빛과 파장일 뿐이라는 사실을 밝혀냈다.

이 세상은 모두 빛의 에너지 파동만 존재할 뿐, 아무것도 없이 텅 비어있다. 바로 반야심경의 첫 구절에 나오는 색즉시공(色卽是空)이다. 형체를 갖춘 모든 사물은 공허(空虛)하다. 물리학자들의 말처럼 세상의 모든 물질은 비어있는 상태이며 단지 세상에는 빛과 에너지의 파동으로 우리 눈에 물질이 실재하는 것처럼 보일 뿐 존재하는 것은 무엇인가. 그것은 바로 세상의 공허한 빛과 에너지의 파장을 물끄러미 지켜보고 있는 나라는 존재, 바로 나 혼자만이 실재하고 있을 뿐이다.

나 자신 이외의 모든 것은 한낱 꿈에 지나지 않는다. 우리는 그 꿈을 언제 깰 수 있을 것인가. 우리는 죽음과 함께 세상의 환영(幻影)이 끝난다.

어느 누구도 감히 신의 인간 창조 과정을 말할 자격도, 능력도, 그럴 권리나 책임도 없는 상황에서 그런 말을 할 수 있는 자격과 능력을 갖춘 존재는 오직 우주와 인간을 창조한 조물주

밖에 없다. 니체의 무신론도 신의 존재를 증명하지 못하는 과학조차도 제외된 경계 밖의 세상이 있다.

이 세상은 그처럼 다양한 빛깔의 형체들이 서로 다른 꽃처럼 존재하고 있다. 성서에는 「하느님이 나와 비슷한 모습으로 사람을 만들기로 마음먹었다」는 신의 인간 창조의 의지가 강력하다. 여기서 가장 중요한 대목은 신이 인간을 자신과 닮은 형상과 영성으로 만들었다는 점이다.

신이 위대한 것은 인간을
신의 영성으로 창조한 것이다

불교의 공허 세계, 무의 세계관과는 전혀 다른 현실적이고 역동적인 모습이다. 신은 자신이 창조한 개미가 살 수 있도록 숲을 만들어준 것이 맞다. 니체가 무시했을 뿐이다. 개미는 그 사실을 잘 알고 있을 것이다. 신의 사랑을 받고 이 세상에 태어난 개미가 숲이 자기를 위해 만들어졌다고 믿는 것은 당연하다. 우리도 개미처럼 그렇게 믿고 있다.

니체는 지구의 파괴와 인류의 몰락을 의식적으로 결부시켜 보는 무신론적인 이론을 개미를 통해 대변했다. 그는 지구가 멸망하는 순간 인간은 우주에서 영원히 사라진다고 믿었다. 불교의 적멸이 그 말이다.

「우주에는 인류의 종말을 애통해하거나 기억해 줄 존재가 누가 있을까. 만일 지구가 몰락하는 순간, 인간의 마지막 장례식을 치러 줄 신이 있어야 한다고 생각한다면 인간은 아직도 거만한지도 모른다. 그렇다면 인류는 가장 먼저 전 세계 신들의 몰락부터 준비해야 할 것이다. 천문학자들은 이미 인류의 무덤으로 바뀐 우주의 불빛을 예감하고 있을지도 모른다.」

지금부터 1백15년 전에 살았던 니체의 시대에는 TV도 없었고, IT 문명도 없었다. 특히 아폴로 우주선이 달에 착륙했다는 미래를 상상할 수도 없었고, 미국의 우주선 바이킹호가 1975년에 화성 표면에 착륙해서 4천5백여 장의 사진을 찍어 보낸 사실도 니체는 몰랐다.

나 역시 1백 년 후의 문명을 감히 상상할 수도 없고, 상상해서도 안 된다. 그래서 나는 니체에게 다시 말하고 싶다. 신의 모습과 영성을 닮고 태어난 인간은 삶과 죽음의 사이클을 계속 반복하면서 우주 속에 영원히 살아남을 것이라고.

내 절친 인간형 로봇 휴머노이드

애니나 카툰에서 우주는 이미 별들의 식민지 전쟁과 패권 다툼이 치열하게 전개되고 있다. 지구와 외계인과의 전쟁에는 상상을 초월하는 인간 로봇군단과 최첨단 레이저무기들이 등장하고, 만화와 영화는 이미 고도의 사이버 문명화된 세상이 이미 와 있다. 인류학자들이 왜 「인간의 상상력이 곧 인간 미래의 표적」이라고 말하는지 알 수 있을 것 같다.

이제 곧 AI는 뇌세포 데이터를 판독하고, 인식과 기억을 저장한 데이터베이스가 나온다

우리가 과거에 만화로만 보던 대부분의 상상이 지금도 계속 실현되고 있고, 우리가 지금 상상하는 것들은 머지않아 현실에서 이루어지는 상황에 이르렀다. 달 위의 극궤도를 돌면서 탐사 임무를 수행하다가 달의 남극지역에서 충돌 후에 실종된 나사의 탐사선 루나 프로스펙터는 공상영화에 나오던 얘기가 아니라 이미 팩트가 된 것은 놀라운 일이다. 머잖아 달에 묻힌 최초의 인간이 된 유진 슈메이커 박사의 미완의 꿈이 실현될 날이 곧 닥치게 될 것이다.

지금은 IT 공학이 인류문명의 혁명적 전환점을 주도하고 있다. 유대계 미국의 미래학자 레이 커즈와일(2024년 현재

76세)인 그의 예언에 의하면 현존 인류는 앞으로 20년 후인 2045년쯤이면 첨단 나노기술과 유전자 공학의 획기적인 발전으로 인간의 심장, 신장, 간 등의 주요 장기들을 나노 로봇들이 치료에 나서는 것은 물론, 양자 컴퓨터가 인간의 뇌를 완전히 판독하게 되면 뇌는 물론 각종 신체의 장기들을 업로드하는 것은 물론 대체 장기로 갈아 끼우게 될 것이고, 인간의 수명도 획기적으로 연장될 것이라고 예고했다. 그로 인해 사이버 인공지능의 IQ는 현 인류보다 10억 배로 높아져서 지구상의 인류는 사람이 아니라 괴물들이 활개 치는 무서운 카툰의 무대로 바뀔지도 모른다.

특히 인공 태양이 1억 도의 초고온이 달성되어 핵융합이 상용화되면 인류의 삶이 어떻게 달라질 것인지 상상이 불가능해진다. 사이버네틱스(Cybernetics)는 이미 수천 년 전, 과학의 한 부분으로 기원전 동양에서는 괴술이라는 분야로 존재하고 있었다. 그 당시에 이미 고대 중국에서는 「황후가 로봇에게 너무 현혹되어 황제가 파괴를 명령했다」는 기록이 전해졌다.

알렉산드리아 시대의 과학자들은 2천 년 전에 이미 갖가지 자동기계를 1백여 개나 만들었고 그중 하나가 로봇 인간이었다. 철학자 플라톤은 「로봇이 너무 빨리 뛰기 때문에 제지하는 기술이 필요하다.」고 쓴 글도 옛 문서에 전해지고 있다. 또한 잉카문명에도 컴퓨터의 존재를 알리는 기록들이 광범위

하게 남아있다.

리믹강 계곡에 있는 델파이의 아폴로 사원 신탁에는 사람이 묻는 말에 대답하는 조각상이 있었다는 기록도 나온다. 조각상은 오늘날의 로봇이나 컴퓨터의 기능을 가진 문명의 흔적으로 보인다. 그런 기록들을 보면 인류의 문명은 창조되어 가고 있는 것이 아니라 재발견되고 재개발되고 있다는 가설이 맞는지도 모른다. 그보다 더 중요한 가설은 인간이 신이 만든 완벽한 컴퓨터라는 발상이 사실일지도 모른다. 기계공학적인 입장에서 인간은 신이 만든 로봇이고, 스마트 폰의 뇌가 유심인 것처럼 인간 로봇의 유심은 뇌라고 말할 수 있는 단계까지 발상의 전환이 이루어졌다.

인간은 신이 만든
가장 완벽한 컴퓨터라는 말이 사실일까

오래전 일이지만 오스트레일리아에서는 천부적으로 계산능력이 뛰어난 인도 처녀 데비 양과 컴퓨터와 계산 경쟁을 시킨 결과, 데비 양의 우수성을 증명한 적이 있었다.

하지만 그 사건은 컴퓨터가 인간의 계산능력을 넘어설 수 없다는 것을 증명해 보인 마지막 실험이 되었다. 이제 인간의 계산능력으로는 문명을 이끌어 갈 수가 없다. 앞으로 컴퓨터가 뇌세포 데이터를 완벽하게 판독하게 되면 로봇으로 만들어진 사이버 인간의 출현은 시간문제가 될 것이다. 인간은 끝내 로봇을 당해낼 수가 없게 된다. 그런 상상은 오늘날의 눈부신 과학문명의 발전 과정을 보면 상상이 가능해진다. IT와 나노 기술 문명은 유기물인 인체에 비 유기물을 결합한 사이보그 인공지능 로봇공학을 통해 신의 창조(인간) 권력에 간섭하기 시작할 것이다. 미래학자 이안 피어슨은 2050년에는 인간의 뇌가 슈퍼 컴퓨터에 의해 업그레이드 당하는 시대가 올 것이라는 예언도 나왔다.

미래학자 이안 피어슨은 머잖아 인간의 뇌가 슈퍼컴퓨터에 의해 업로딩할 것이라고 예언했다

로봇공학이 인간의 지능을 능가하는 시대가 와서 인간이 로봇의 노예로 전락한다는 뜻이다. 지능로봇과 인간의 심리 전쟁을 다룬 영화 <엑스 마키나>는 가상현실이지만 미래의 인간 현실이 될 수도 있을 것이다. 영화 <엑스 마키나>에서는 과학자가 자기가 만든 지능로봇이 실제로 사랑의 감성을 느끼는지 확인하는 실험을 하지만, 지능 로봇은 이미 그 사실을 인지하고 사랑의 감성을 못 느끼는 것처럼 위장하고 있다가 끝내 과학자를 죽이고 탈출하는 과정을 그렸다.

인간의 상상력을 과학적으로 실현하는 것이 인간 미래의 목표라면 인간의 두뇌를 능가하는 지능로봇은 인간의 통제력과 제어의 벽을 뛰어넘어 학습과 경험을 통해 인간과 대치하는 상상이 현실이 될 수도 있다. 사이버 인간의 출현보다 더 무섭고 위험한 상황은 유전자 조작을 통해서 탄생하는 사이버공학 인간의 출현이 아닌가 싶다.

<문명의 충돌>을 쓴 새뮤얼 헌팅턴 하버드대 교수와 그의 제자로 <역사의 종말>을 쓴 일본의 후쿠야마 교수가 예언한 것처럼 어느 특정 국가가 유전자 조작으로 천재들을 양산해 낼 경우, 모든 나라가 경쟁적으로 유전자 인간 복제의 경쟁에 나서게 될 것이다. 그때 지구에는 인간의 개념이 바뀌는 「사이보그」의 역사가 시작될 것이라고 경고했다.

사이버 인간이란 지금의 인간과는 전혀 개념이 다르다. 어쩌면 심장과 폐와 간, 혹은 팔과 다리 등이 비 유기질인 인공부품과 결합되어 수명이 무한대로 늘어나고, 뇌는 업그레이드 된 초능력을 지닌 인간군이 나타날 수도 있다.

흔히 그리스의 신화에서 보는 인간의 몸통과 말의 네 발과 독수리의 날개를 가진 신화에 출현하는 반 인류와 반 야수적인 존재가 되거나 혹은 유전자 복제를 통해 나타나는 괴물 인간의 등장 가능성도 점차 회의적인 시각으로 커질 수도 있다. 고대 문학에 등장하는 모든 신화의 주인공들은 유전자 복제로 탄생하게 될 괴물의 예시라는 가설도 있다.

그쯤 되면 국가나 인종 간의 경계는 무너지고 순수 인간은 사이버 인간을 만들어 복제 인간들과 전쟁을 벌여야 할 지도 모른다. 인간이 과학 문명에 목덜미와 발목이 잡히는 상황이 온다는 뜻이다. 앞으로 신이 인간에게 준 자유의지가 신의 능력에 도전하려는 아담과 하와의 사과에서 탐욕이 비롯되었던 것처럼 인간이 신성과 동등해지려는 욕망을 버리지 못하고 문명의 바벨탑을 계속 쌓아 올린다면 신은 인간의 교만과 탐욕을 방관하지 않고 제2의 바벨탑을 통해 인간의 본능적인 자유의지를 좌절시킬지도 모른다.

핵 문명으로의 진화가 인류의 축복이 되지 못하고 전쟁 무기로 저주를 받게 되면서 인류에게 큰 재앙이 되어 인간은 스스로 자멸의 길을 터벅터벅 걸어가고 있지나 않은지. 이제 인간은 신이 이 땅에 인류를 창조한 진정한 뜻이 무엇인지 진정으로 다시 깨달아야 할 때가 되었다. 문명의 진화가 약이 될 것인지 독이 될 것인지는 오직 인간의 지혜와 도덕성에 달려있고, 그 선택이 인류의 운명이 될 것이다.

7

개미의 제국

개미는 공룡시대 이전부터 45억 년 이상
지구의 지하 생태계를 지배해온 최강자로 군림하고 있다.

사람과 개미는 어떻게 다른가

 어느 날 아침, 나는 손등 위로 기어가는 먼지의 감촉을 느꼈다. 먼지가 기어가다니. 먼지가 어떻게 움직인단 말인가. 나는 무심히 손등을 쳤다. 그러자 손등에서 죽은 먼지의 잔해가 흔적처럼 남았다. 나는 그것이 먼지가 아니라 개미라는 것을 알았다.
 내 시력으로는 그것은 한낱 먼지의 잔해였을 뿐이다. 개미는 나로 인해 순식간에 목숨을 잃는 비극적인 운명을 맞게 된 것이다. 그것은 내 의도가 아니다. 모든 생물은 몸에 와 닿는 이물질에 대한 충동적인 방어본능을 가졌다. 개미는 방어 자세 한번 취해 보지도 못하고 죽었지만 나는 늦게나마 깊은 사죄와 함께 애도의 마음을 전하고 싶다.

나는 본의 아니게도 백주의 대낮에 개미를 압살한 테러리스트가 되었다. 더구나 개미를 죽이고도 양심의 가책조차 느끼지 않았다. 나는 지금 개미를 의인화시켜 스스로 테러리스트가 되었다. 개미가 실제로 인간의 지능과 영혼을 가졌다면 당연한 논리긴 하다.

누구나 개미나 모기 바퀴벌레를 때려잡는 것은 당연하고 정당하다고 느낀다. 아니다. 아무 느낌도 없다. 슈퍼에 가면 개미취도 있고 모기 파리를 박멸하는 강력한 살충제들이 즐비해 있다. 개미는 제 주제도 모르고 사람의 손등 위에도 기어오르고 코끼리 등짝에도 기어오른다.

파리는 온갖 잡균과 바이러스를 옮기고 모기는 드라큘라처럼 피를 빤다. 저들은 아무리 때려잡아도 인간의 주위에서 알짱거리며 산다. 내가 다큐멘터리 필름 〈개미의 세계〉를 볼 때까지 나는 개미가 나의 흉악범이자 적이었다.

개미는 우리에게 그냥 개미로 불리는 것이 아니라 개미 새끼라는 경멸을 받는다. 쥐새끼나 개새끼처럼 개미 뒤에도 새끼라는 악명이 꼬리처럼 따라붙는다. 우리는 적대감을 가진 인간에게조차 욕설을 퍼부을 때도 아무개 새끼라고 한다. 새끼는 내가 싫어하는 대상을 멸시하기 위한 접미사가 되었다.

내 눈에 한낱 먼지에 불과했던 개미가 그처럼 정교한 얼개의 구조와 완벽한 생존의 조건을 갖춘 창조의 신비한 생명체라는 것을 깨닫는 순간, 나의 충격은 너무 컸다. 개미 말고도 지구에는 수많은 동물이 산다.

개미는 모든 곤충을 다 합쳐도
7백여 만 배에 이르는 거대한 집단이다

유엔 환경보전 감시센터가 밝혀낸 지구상의 동물 계보를 살펴보면 박테리아나 미생물을 제외하고도 동물들은 고래와 호랑이를 포함해서 그 종류가 8백70여 만 종에 이른다. 미확인 생물의 종류까지 합치면 거의 1억에 가까운 종류의 동물들이 인류와 함께 공존하고 있다. 하지만 개미는 좀 다른 종족이다.

개미는 생존 역사만 따져봐도 인류와 비교도 안 될 정도로 길다. 개미는 이미 공룡시대 이전부터 수많은 빙하기를 거치면서 지구에서 살아남은 끈질긴 생명력으로 버티고 있다. 그 개체 수만 해도 헤아릴 수도 없이 많다.

그 분포를 보면 남극을 제외하고는 거의 모든 대륙에서 퍼져 살고 있다. 한 마디로 개미는 지구의 지하 생태계를 지배하고 있는 지구의 최강자로 군림하고 있다는 뜻이다.

우리가 흔히 쓰는 말 중에 누군가가 없다는 뜻으로 「개미새끼

한 마리도 보이지 않는다.」라는 말을 하는 이유는 개미의 개체 수가 압도적으로 많기 때문에 아무리 없어도 개미 한 마리는 살아있어야 한다는 뜻도 된다.

개미는 생존 역사와 개체 수로만 봐도 지구를 사실상 지배하고 있다

바다 생물을 제외한 지상의 동물 개체 수로는 닭이 3백50억여 마리로 인류의 개체수를 훨씬 앞지르고 있다. 세계의 인구 시계는 2024년 현재 81억 1883만 6천여 명을 가리키고 있지만 개체 수만으로도 따지면 지구는 사실상 개미가 지배하고 있고, 그 다음이 곤충들이다.

그것을 보면서 문득 인류를 개미떼로 비유해서 말했던 철학자 프리드리히 니체의 말이 떠오른다.

「숲은 개미를 위해 존재한다고 해도 건방진 말이 아니다.」

개미는 그들 스스로가 숲이며 농지와 바위는 물론 세상의 온갖 것들은 개미를 위해 존재한다고 말하면 코웃음을 치며 건방이 하늘을 찌르고 있다고 말하는 것처럼 인간 역시 지구는 인류를 위해 존재하고 있다는 말은 가소로운 말이 된다.

사실 프랑스 작가 베르베르가 쓴 <개미>라는 소설이 아니었더라면 개미 한 마리 죽인 죄책감으로 내 글의 수사학적 문장이 이렇게 길어지지는 않았을 것이다. 나는 아침에 내 손에서 죽은 한 마리 개미의 영혼을 위로하기 위해 이 글을 쓰고 있다. 물론 조선시대 사도세자의 어머니였던 혜경궁 홍씨가 어느 날 바느질하다가 부러진 바늘을 잃은 슬픔을 애도하는 『조침문弔針文』을 쓴 것과는 또 다른 얘기다.

나는 지금 내 팔을 탐사하러 올라온 무모한 개미 모험가를 애도하기 위해 이 글을 쓴다. 이 세상은 현미경으로만 관찰할 수 있는 아주 작고 미세한 세상이 거대하게 존재하고 있지만 광학렌즈를 장착한 허블망원경으로만 보이는 무변광대의 우주도 함께 존재하고 있다.

인간은 가슴에 우주보다 더 큰
영혼의 공간을 구축해 놓았다

우주는 우리 밖에 있는 것이 아니라 우리 영혼이 광대한 우주를 품고 있다. 무엇이 작다는 것과 크다는 것은 어느 잣대로 기준을 정하느냐에 따라 다르지만, 코끼리를 기준으로 잡으면 그 잣대로는 개미는 작아야 한다. 개미의 잣대로 재면 코끼리는 상상할 수 없을 만큼 큰 동물이다. 아주 큰 동물과 아주 작은 개미를 예로 들면 재미있는 판타지들이 끝없이 등장한다. 벼랑 끝에 선 코끼리가 개미에게 「무서워 밀지 마」라고 한다거나, 개미가 사랑하는 코끼리의 귀에 들어가서 「당신의 아이를 낳고 싶어요」라고 고백한다는 말은 대칭 개념이 만들어 낸 풍자 개그다. 우주가 큰 세상인지 눈에 보이지도 않은 마이크로 세상이 더 큰지는 우리가 판단할 몫이 아니다.

사건은 한 마리의 개미가 내 손에 속절없이 죽었다는 점이다. 그 개미는 자신이 얼마나 큰 존재로부터 기습 테러를 당했는지 모를 수도 있고, 혹시 알고 있을 수도 있다.

나와 개미는 피조물이라는 점에서 타고난 운명을 거역할 수 없다

인간의 지식을 능가하는 개미가 나의 존재를 알았다고 해도 개미는 나를 저항할 수 있는 능력이 없다는 것을 알고 있었을 것이고, 내 공격을 피할 능력이 자기에게는 없었다는 것도 알았을 것이다. 어쩌면 개미도 자신의 운명이 그처럼 허망하고 속절없다는 것을 깨달았을지도 모른다. 그 점에서는 나도 개미와 다를 것이 없다. 나와 개미는 어쨌든 피조물이라는 점에서 똑같다.

모든 존재는 불가항력적인 힘에 저항할 수 없는 운명을 체념하고 산다. 우리가 거대한 화산폭발이나 쓰나미에 속수무책인 것을 보면 잘 알 수 있는 일이다.

나는 내가 사는 것이 아니듯이, 개미 역시 개미가 사는 것이 아니다. 모든 존재는 세상에 목숨을 허락한 주인어른의 리모트 컨트롤에 의해 삶과 죽음이 결정된다. 나는 개미가 영혼을 가진 존재인지 아닌지조차도 알 길이 없다. 개미와 나는 한 공간에서 살고 있지만 경계가 확실한 다른 세상의 존재다.

나와 개미는 비록 외형적인 삶의 조건과 환경이 다르다고 해도 똑같은 운명이 있다. 먼저 나와 개미는 지구에서 동시대에 살고 있는 생명이라는 점이 같다.

특히 인간이 왜 사는지 왜 죽어야 하는지 고대 인류의 원시 시대부터 지금까지 모르는 것처럼 어쩌면 개미의 지능으로도 삶과 죽음의 이치를 모르는 점에서는 다를 바가 없을 것이다. 물론 그것도 내 판단기준이긴 하지만 만일 그 개미에게도 이 세상을 인식할 수 있는 지능적인 감각기능을 갖추고 있다면 나를 참으로 원망했을지도 모른다.

내가 개미의 인지능력을 과소평가하고 있는지 모르지만, 그 점에서는 사람도 마찬가지다. 천체 망원경에 나타난 우주의 크기는 인간의 두뇌로는 감히 헤아릴 길이 없다.

물론 그 우주를 창조한 신의 존재도 사실상 모른다. 내가 안다고 하는 것들은 자기도 모르는 것을 안다고 하는 사람들로부터 들어서 이치에 맞다고 생각할 뿐이다. 그렇다고 사람도 이해할 수 없는 이 존재와 우주를 개미가 이해하고 있다고 믿고 싶지는 않다. 개미는 나의 경계 밖 존재이기 때문이다. 개미가 내 앞에서 그처럼 무기력한 존재인 것처럼 인간 역시 우주와 자연과 생명의 신비 앞에서는 개미보다 더 낫다고 말할 수가 조금도 없다. 인간이 아무리 달과 혹성에 우주선을 띄우고, 세계 문화유산을 가진 문명인이라고 입에 거품을 품고 개미나 새들에게 말해도 경계 밖의 존재들은 피식 웃으며, 그래서 그렇게 잘나서 어쩌겠다고.

개미는 그따위 지식과 문명은
거저 줘도 쓰레기통에 처박을 거다

우린 이 지구를 45억 년 동안 지켜온 터줏대감이야. 고작 몇만 년도 안 산 존재들이 감히 우리에게 허접스러운 것들을 보여주고 으스대다니. 우리에게는 이웃끼리 소통할 수 있는 언어가 있고, 글이 있다고 자랑할 처지도 못 된다.

최근 독일 뷔르츠부르크대학의 에릭 프랭크 교수 연구팀은 미국 플로리다에서 왕개미들이 다리를 다친 동료들 상처의 감염 여부를 진단해서 체내의 분비 항생물질로 치료하거나, 선택적으로 절단 수술을 시행하는 현장을 카메라로 포착하는데 성공한 것으로 알려졌다. 이어 프랭크 연구팀은 다친 개미들의 치료 효과를 테스트한 결과, 치료받은 개미들의 생존율이 아주 높았다.

프랭크 박사는 "개미가 상처를 진단하고 감염 여부를 확인하고, 적절한 방법으로 치료하는 지능은 인간의 의료 행위와 맞먹는 수준의 의학 기술에 해당된다." 고 말했다. 이 같은 개미들의 지능 행위는 동물들 가운데 최초의 발견이자, 유일한 사례가 아닌가 싶다.

개미에게도 글과 언어가 있을 수가 있고, 그런 식의 소통이 그들에게는 필요 없기 때문이다. 개미들은 어쩌면 텔레파시로 모든 소통이 가능할 수도 있다. 스마트 폰이니 와이파이니 하는 것들을 써야 겨우 소통할 수 있는 미개인들의 짓거리라니. 우리는 사실 개미보다 더 뛰어난 지하 동굴을 건설할 수 있는 지혜와 문명을 가졌다고 자랑할 수 있는 처지가 못 된다.

인간은 개미의 지하 세계처럼 훌륭한 동굴을 건설할 능력이 없다. 우리는 개미보다 더 좋은 전쟁 무기를 가졌다고 자랑할 수도 없다. 개미는 지구에 퍼져 살고 있는 개체들을 모두 파괴할 수 있는 핵무기를 보유하지 않고도 잘살고 있다. 개미는 핵무기로도 인류처럼 삶의 터전을 완벽하게 파괴할 수가 없다. 개미는 지구 자체가 폭발하지 않는 한, 멸종되지 않는다.

**내 손에 죽은 개미의 동료가 겪은 슬픔도
운명론적인 관점에서 나와 다르지 않다**

어느 누구도 개미의 개체를 지구상에서 완벽하게 전멸시킬 수가 없다. 개미는 인류처럼 죽어도 죽어도 꾸역꾸역 환생해서 다시 태어난다. 개미들이 다시 태어나는 것처럼 인간도

다시 태어난다.

 하지만 내 손에 죽은 개미의 존재론적인 의문은 나에게도 공식처럼 똑같이 적용된다. 사람도 언제 죽을지 모른다는 점에서 개미와 무엇이 다른가. 어제 나와 함께 개미의 오솔길을 개척하러 나갔던 도반 개미가 어느 날 갑자기 눈에 보이지 않는다. 사고사를 당한 것이다.

 나 역시 엊그제 만났던 내 친구가 교통사고로 갑자기 세상을 떠난 슬픔을 겪은 적이 있었다. 삶에서 인간이 개미보다 더 나은 것이 무엇인가. 우리는 지금도 지구의 곳곳에서 재난의 현장을 목격하면서 살고 있다. 지구 역시 살아서 움직이는 생물이다. 지구의 지각 내부에는 엄청난 용암들이 들끓고 있다. 동아시아의 대표적인 지진피해만 해도 모두 환태평양 지진과 화산대인 불의 고리들로 이루어져 있다.

 얼마 전 지진으로 네팔의 오랜 세계 문화유적들은 물론 한 도시가 무너지고 파괴되는 무기력한 인간의 비극적인 현실을 눈물로 지켜보았다. 붓다의 말처럼 「태어난 것은 반드시 죽는 생자필멸(生者必滅)이고, 이 세상은 내 뜻대로 살 수 없는 제행무상(諸行無常)」의 운명이라는 사실을 새삼 깨닫지 않을 수 없다.

내가 왜 죽어야 하지

 인도의 수도승이나 구루 중에는 앉은 자리에서 일어날 때마다 애꿎은 벌레들이 살상당하지 않게 하려고 천으로 주위를 꼭 털어낸 다음 앉거나 일어선다. 벌레에 대한 인간적인 연민의 감정을 보여주는 애틋한 대목이다. 나는 개미를 죽일 수 있는 권리를 갖고 태어나지 않았다. 개미도 그렇게 죽어야 할 이유도 없고, 그렇게 죽어야 할 운명을 타고난 것도 아니다.

지금도 세상은 전쟁과 테러와 폭력으로 사람들이 개미들처럼 죽어가고 있다

 우리는 인간의 인간에 대한 폭력 사태와 미국의 무차별 총기 난사 사건이며 IS의 무차별한 테러 공격, 유럽대륙으로 피신하기 위해 죽음의 항로를 선택하는 시리아 난민들, 그런 가운데 「아일린」이라는 아이의 주검이 파도에 밀려 바닷가에 도달해서 엎드려 있는 모습을 통해서 인류는 그 아이를 자기 아기로 연상하면서 눈물을 적셨다. 인간은 그런 집단적인 비극을 눈 뜨고 보면서도 절망감을 느낄뿐 이다.

 인간 역시 어느 민족이거나 그렇게 죽어야 할 이유가 없고, 그렇게 죽어야 할 운명을 타고난 것이 아니다. 개미들의 전쟁도 예외가 아니다. 개미들도 다른 개미들과 일단 전면전을 붙으면 그들은 최후의 한 마리까지 적을 물어서 허리를 끊어버리는 본능적인 잔혹성을 발휘한다.

개미들의 보호본능과 적개심에 찬 분노는 죽음을 뛰어넘고 있다. 개미에게는 죽음도 사람들처럼 일상의 관습이다. 그 전쟁터에서 죽은 개미들의 시체들은 검은깨를 뿌려놓은 듯 까맣게 들판에 덮인 참담한 모습을 나는 여러 번 본 적이 있다.

이 세상의 어떤 힘도 약자를 억압하고 강탈하기 위한 권리로 주어진 것이 아니다

노을이 진 황량한 들에서 승자도 패자도 없고, 죽은 개미들을 위해서 아무도 장송곡을 불러주지 않는다. 그것을 보면 악도 선처럼 섭리로 느껴진다.

다른 나라를 식민지화시켜 강압적으로 복종케 하고, 문화재와 재물을 탈취하는 강대국들의 힘은 남의 보물들을 빼앗기 위해 가진 힘이 아니었다. 나 역시 개미를 죽일 수도 있고, 살릴 수도 있는 힘이 있다. 나는 그저 개미 앞에 있는 것 자체만으로도 개미의 위협적인 존재가 된다.

개미를 죽일 것인가, 살릴 것인가. 그것은 오직 내 악의와 선의의 의지에 달려있을 뿐이다. 나는 개미에게 대단히 위력적인 존재지만 개미는 내 힘과 능력을 전혀 모르고 있다. 나는 그들의 두려움의 대상에도 끼어있지 않다.

개미들은 마치 내게 목숨을 준 신의 힘과 능력이 얼마나 무섭고 놀라운지 내가 모르는 것처럼 인간의 폭력을 알 수가 없다. 그 이치를 알면서 내가 악의 손이 될 수 없다. 내게 목숨을 준 신이 내 목숨을 앗아가려고 할 때 「아니! 왜 그러십니까? 이러시면 안 됩니다.」하고 나는 감히 이의를 제기할 수 없다.

내가 태어나기 전에 인간 선언을 할 불가피한 이유가 있었을까

신에게는 내가 죽어서는 안 될 이유가 없는 것처럼 내가 반드시 살아야 할 이유도 없다. 그것은 애초에 내가 태어나기 전에도 살아야 할 이유가 없었다는 것을 알면 이해가 된다.

나는 태어날 때 수억 마리의 정자들 가운데 가장 강하고 빠른 놈이었다. 나는 그로 인해 수십억 마리들과의 경쟁자들을 물리치고 엄마의 자궁벽에 가장 먼저 도착해서 인간 선언을 할 수 있었다. 정자의 세상에서는 빠른 놈만 살아남는다. 그때 나는 무엇을 위해서 그 많은 경쟁자를 물리치고 승리의 월계관을 쓰게 된 것일까.

나는 지금 정자 시절의 기억조차 없어서 어떤 확신을 하고 말할 수는 없지만, 지금 생각해 봐도 내가 이 세상에 태어날 이유가 없었던 무개념의 존재였다. 혹시 내가 그때 승부욕이 있었는지, 있었다면 그 이유가 무엇인지 의식이 있었는지,

기억이 없거나 아니면 세상에 태어나고 싶다는 본능적인 의욕이 있었는지도 의문이다. 혹시 집착이나 의욕도 본능인지도 모르겠다.

단지 나는 가장 빠르고 강한 정자였다는 것을 태어난 후에 알았다. 그렇다고 그게 그리 자랑스럽고 명예로운 승리의 월계관인지는 인정하고 싶지는 않다. 이미 인간은 정자 시절부터 힘과 스피드의 우승자였기에 삶의 선물을 우승 트로피처럼 받았던 것은 사실이다.

그러니 너는 세상에 나가서도 그렇게 살아야 할 것처럼, 만일 그때 나는 사랑하는 사람을 만나기 위해 반드시 세상에 나가야 한다는 목표 하나만 있었더라도 태어나야 할 떳떳한 이유로 충분했을지도 모른다. 인간이 되어 살다 보면 그때는 몰랐지만 지금 깨닫게 된 것들이 많아졌을 뿐이다. 곧이어 나와 죽음의 경쟁을 벌였던 나머지 수억 마리의 정자들은 사흘이 되자 모두 죽었다는 말을 들었다. 내가 죽은 정자와 인터뷰를 가정해 보면 그들은 내게 뭐라고 답변했을 것인가. 답이 금세 나온다. 2등으로 내 꽁무니에서 우승을 놓친 정자가 말할 것이다.

"나는 어지러운 이 나라를 바로잡기 위해 태어나면 훌륭한 지도자가 되려고 했는데 안타깝게도 간발의 차로 세상에 나갈 기회를 놓친 것이 천추의 한이다."

3등으로 낙오한 정자의 말은 다르다.

"나는 태어나서 떵떵거리며 살고 싶었는데 분통이 터집니다."

4등을 한 정자의 말은 조금 다를지도 모른다.

"나는 태어나서 죽을 때까지 사람들 사는 모습을 조용히 지켜보면서 숨죽이고 살다가 이 세상에 오지도 않은 것처럼, 사람들이 내가 살아있는지 죽어있는지 그 존재조차 모르도록 살다가 때가 되면 다음 세상으로 슬쩍 떠나버리겠습니다. 그 덕분에 예수님과 부처님이 하신 말처럼 죄에서 풀리고, 전생의 업보도 자비로 모두 다 풀렸고 다시 지은 죄도 없는데, 세상에 나가서 뭘 좀 해보겠다고 깝죽대면서 또 죄를 지어 손을 더럽힐 필요가 뭐가 있겠습니다. 어차피 빈손으로 나갔다가 빈손으로 돌아올 건데 내세에서는 나비나 새가 되어 날아다니며 세상 구경이나 할까, 좀 더 푹 쉬었다가 다음 기회를 기다려 볼까?" 그런 생각을 했을지도 모른다.

발 빠른 정자들에 밀려서 뒷짐 지고 물러난 제4의 정자가 내세에 갈 곳은 사람들이 모두 행복하다고 여기는 나라에 가서 불행한 사람들의 마음을 위로하는 선교 스님이 되어 세상을 떠도는 것이 천국이 아닌가 싶기도 하다.

하긴 그렇게 말해도 사람이 된 후에도 끓어오르는 욕망을 못 이겨 다시 죄를 지을지도 모를 일이다. 인간은 태어난 후에야 살아야 할 권리와 의무를 갖게 되었지만, 삶의 권리는 신의 선택을 받은 은총으로 충분했기에 소중한 선물이 되었다고 말할 것이다.

그래서 우리는 이 세상에서 왜 살다가 허무하게 죽어야 하는지 그 이유를 잘 모른다. 우리는 이 세상에 살 수 있는 시간이 지극히 제한되어 있다는 사실을 알고 모두 한탄만 한다. 우리는 세월이 풀에 젖은 이슬이 마르듯이 빨리 지났다고 아쉬워할 뿐이다. 인생은 일장춘몽처럼 덧없다고 허망해하기도 할 것이다.

「신이시여! 제가 왜 지금 죽어야 하죠?」

우리는 신 앞에서 그런 말을 할 수가 없다. 그런 자격도 없고, 권리도 없다. 태어나는 순간 죽어서는 안 될 권리까지 인정받지 못했기 때문이다. 마치 군대에서 상사가 무릎을 꿇으라면 꿇어야 하고, 밤송이로 까라면 까야 하듯이 우린 신이 준 운명에 굴종해야 한다.

우리는 살면서 피할 수 없는 죄를 지어야 하는 비극적 운명을 갖고 태어났다

그렇다. 굴종이다. 하지만 그것이 살아나는 방법이다. 마침내 우리는 태어난 죄와 살아서 지은 죄까지 몽땅 끌어안고 신의 심판을 받아야 한다. 『단테의 신곡』을 보면 우리는 죽음의 몸을 끌고 지옥문 입구에서 현명한 재판관 미노스의 판정을 받도록 설정되어 있다. 누구든 그 코스를 피할 수 없다.

하지만 나와의 경쟁에서 낙오된 많은 정자들이 그토록

원하던 세상이었으니 나는 불평 없이 잘 살아서 저들 낙오한 정자들이 부러워하는 삶을 살아야 한다. 만일 그 정자들이 우리들의 삶을 보고, 실망해서 그날 우승하지 않기를 정말 잘했다는 생각이 들게 해서는 안 된다. 내가 지금 나와 경쟁에서 낙오된 정자들의 안부를 걱정하고 있어야 하다니. 인생은 정말 살아볼 가치가 있다는 것을 깨닫지도 못한 채, 지옥문 앞의 미노스 심판관 앞에 끌려가는 영혼들이 많다.

나는 어린 시절에 마당에 넓은 경계선을 그어놓고, 가위바위보를 해서 이긴 편이 한 뼘씩 자기 땅을 차지하는 땅뺏기 놀이를 즐겼다. 요즘 애들은 토이 몰에서 티타늄 드레곤이나 헬로 카봇 혹은 레고를 갖고 놀지만, 나의 어린 시절에 땅뺏기와 굴렁쇠와 제기차기 같은 놀이 밖에 없었다.

땅뺏기 놀이에서 아이들은 더 많은 땅을 차지하려고 기를 쓰고 땀을 뻘뻘 흘리며 가위바위보에 이겨서 상대보다 더 한 뼘의 땅이라도 차지하려고 그렇게 땅 뺏기에 열을 올리다가 엄마가 「애들아! 어서 와 저녁 먹어라!」하고 외치면 아이들은 언제 그랬냐는 듯 모든 것들을 깡그리 내팽개치고 석양 놀을 등지고 부리나케 밥상 앞으로 달려가곤 했다.

아이들은 조금 전 죽기 살기로 악을 써가며 땅뺏기에서 차지한 땅들을 이미 기억 속에서 까맣게 지워지고 만다. 그게 언제 내 땅이었나. 내 땅이었다면 거기에 옥수수라도 심을 수 있단 말인가. 땅뺏기 놀이에서 내가 딴 땅은 본래 내 것이 아니었던 것처럼. 그래서 그런 땅은 거저 줘도 안 가질 것처럼 여긴다 해도 땅뺏기 놀이를 할 때는 살기가 등등하다.

그렇게 내가 땀 흘려 번 돈도, 투기로 번 돈도, 로또로 번 돈도, 혹은 내가 빌려주고 못 받은 돈들도, 카지노에서 잃은 돈들도, 내가 고아원에 기증한 기부금도, 장학금으로 준 돈들도 본래 내 것이 아니었다는 것을 깨닫는다.

내 목숨도 본래 내 것이 아니었는데
맨손으로 태어난 나에게 내 것이 어디 있는가

내가 번 돈도 지구 안에서 지금도 돌고 있고, 내가 사기당한 돈도 지구 안에서 빙빙 돌며 낭비되고 있거나 보람 있게 쓰이고 있다. 이 세상에서는 내가 아침에 턴 이불 먼지도 어디선가 둥둥 떠다니고 있지만 지구의 대기권 밖 우주로는 단 한 톨의 먼지도 벗어나서 날아간 적이 없다.

찻잔 속의 태풍이라는 말은 말 그대로 태풍이 밖으로 흘러 넘치지 않고 찻잔 안에서만 출렁거린다는 뜻이다. 사람들은 눈에 안 보이면 모두 사라진 줄로 알지만, 이 세상의 모든 것들은 먼지 한 톨조차도 모두 대기권 안에 고스란히 남아있다. 그래서 나온 말이 질량불변의 법칙이다.

지구상의 모든 존재는 지구 안에서 줄지도 넘치지도 않는다.

우리 목숨도 지구에서 태어났다가 죽은 후에 다시 화성이나 토성에서도 태어나지 않는다. 지구에서만 맴돈다.

  내 전생은 수성이나 목성이나 먼 은하수의 어느 별이 아니다. 심지어 우리의 영혼조차도 지구 안에 머물러서 떠나지 않는다. 그것은 마치 물이 남극이나 북극으로 흘러 빙하로 남아 있다가 어느 날 수증기로 하늘에 올라가 구름으로 머물러 있다가 다시 우리 집 지붕 위로 부슬부슬 내린다는 뜻과 같은 이치다.

나는 신의 손등 위에 기어오르고 있는 한 마리의 개미이자 눈물에 불과하다

  더구나 나는 신이 세상을 창조할 때 모래 한 톨도 보탠 적도 없다. 그래서 나는 어느 날 내 생애의 마지막 날이 되는 그날에 그분이 내 이름을 부르면 어린 시절에 땅 뺏기를 하다가 손을 털털 털고 엄마에게 달려갔던 것처럼 우리들은 억수같이 벌었던 그 많은 돈도 버리고 내가 그처럼 아끼던 악기도 그림도 스포츠카도 버리고, 훌훌 버리고 떠나야 한다. 우리가 죽을 때 가지고 가는 것은 한 톨의 먼지도 없고, 지구상에 내 것이라고는 아무것도 없다는 것을 깨닫고 살아야 한다.

누가 코끼리를 만져보았는가

 불교에는 한순간에 깨달음이 얻는 「돈오頓悟」가 있고, 한 단계씩 천천히 깨달음이 깊어지는 「점오漸悟」가 있다. 득도가 순식간에 오거나 아주 천천히 오거나 시간 차만 다를 뿐, 깨달음을 얻는 것은 돈오나 점오나 같다. 득도의 경지를 이해하기 위해서 중생들은 스스로 득도할 수밖에 딴 도리가 없다. 득도는 말로 설명해서 이해되는 것이 아니기 때문이다.

득도는 쉽게 깨우치는 것이 아니고
절에서 가르쳐 주는 것도 아니다

 물론 스님처럼 입산 수행한다고 해서 누구나 깨우치는 것도 아니고, 절에서 득도를 가르쳐 주는 것이 아니다. 우리는 죽으나 사나 저 스스로 득도해야만 깨달음이 무엇인지 알 수 있다. 그것은 마치 코끼리가 개미에게 자기 모습을 말로 설명해도 모르는 이치와 같다.

 물론 코끼리 역시 개미의 설명을 들어도 개미를 이해할 수 없다. 코끼리는 개미가 되어 보고, 개미는 코끼리가 되어 봐야 개미를 안다. 그처럼 우리는 깨우쳐야만 붓다의 경지를 알 수 있다. 혹시 갖은 노력 끝에 스스로 깨달음을 얻었더라도 깨달음이 무엇인지 다른 사람에게 전해줄 수도 없다. 말로는 전할 수 없기 때문이다. 그래서 고타마 싯다르타도 처음 깨달음을 얻었을 때, 득도의 놀라움을 다른 사람들에게 전해줄 수가 없어서 큰 고민과 갈등에 빠졌다. 불교에는 해탈의 경지를 묻는 우화적인 질문들이 수없이 나온다.

코끼리의 비유는 깨달음의 어리석음을
비유를 통해서 잘 이해시켜 주고 있다

 코끼리를 어둠 속에서 더듬어 본 사람들은 각자가 만져본 대로 코끼리를 묘사한다. 코끼리의 귀를 만진 사람은 코끼리가 「앞뒤로 펄럭이는 큰 부채 같다」고 말한다. 다리를 만져본 사람은 「사원의 큰 기둥 같다.」고 말하고, 굽은 등을 만져본 사람은 코끼리가 「커다란 왕의 가죽 의자.」라고 말한다.

 코끼리의 뿔을 더듬어 본 사람은 「상아로 만든 둥근 칼」이라고 주장한다. 모두 자신이 직접 만져보고 확인했기 때문에 그들은 자기 말이 옳다고 우길 수밖에 없다. 사람들은 자신의 경험을 기본적인 지식으로 여긴다.

 그들이 상대방의 말을 공격하는 것은 당연하다. 코끼리의 귀를 만져본 사람은 다리를 만져 본 사람이 아무리 기둥 같다고 해도 그 말을 믿을 수가 없지 않겠는가. 너무나 당연한 이치다. 다리를 만져본 사람은 코끼리가 사원의 기둥이고, 굽은 등은 왕의 가죽 의자이며 뿔은 둥근 칼인데 어쩌겠는가. 그것은 서로가 목숨을 걸어도 양보할 수 없는 진리로 여기고 우길 수밖에 없다. 그 순간 어둠 속에 횃불을 확 밝히는 순간 모두 눈이 휘둥그레질 수밖에 없다. 그들은 코끼리의 몸 전체를 보고 난 후에야 자기가 확신한 코끼리는 몸의 일정한 한 부위였다는 것을 깨닫게 된다.

그들은 자신의 주장은 옳았으나, 자신의 주장을 철회할 수밖에 없다. 또한 횃불을 밝히지 않고, 어둠 속에서 코끼리를 골고루 다 만져본 후에야 코끼리의 모습을 비로소 깨닫게 되는 것을 「점오」라고 말한다. 누구든 모두 보거나 모두 만져보지 않고 한 부분만 보고 옳다고 주장하는 것은 큰 잘못을 저지르는 일이다.

불교는 조계종, 태고종, 천태종. 등으로 갈라지면서 세계적으로 1백여 개의 종파로 갈라섰고, 그리스도교 역시 가톨릭과 개신교로 나뉜 후에 개신교는 다시 세계적으로 수백 개의 교단으로 갈라섰다. 이슬람교 역시 마호메트 이후에 후계자들이 시아파와 수니파로 파벌이 나뉘고, 민족 간의 분열로 갈라서서 싸운다. 많은 종파들은 자기 교리가 정통이라고 우기고 다른 종파를 그르다고 강력하게 비난한다.

그 이유는 코끼리의 비유를 통해서 사람들이 진리의 한 자락만 붙들고 자기 것이 옳다고 집착하는 아집을 역설적으로 풍자한 말이다. 코끼리의 비유는 종교뿐만 아니라 이 세상에서 수많은 편견과 오해에 사로잡힌 사람들에 대한 경종이다.

그리스도 교회는 성서에만 매달려 있고, 불교는 경전에, 이슬람교는 코란에, 힌두교는 브하가바드 기따에, 유대교는 토라에 매달려 산다. 하지만 코끼리가 하나인 것처럼 모든 종교의 진리는 결국 하나로 귀결된다.

종교의 모든 종파는 지금도 여전히 자기 성전에만 깃발을 꽂고 매달려 산다

중국 당나라 때의 선승인 임제 혜조 선사는 무애의 경지에 이르기 위해서는 끊고, 털고, 씻고, 지우려고 해도 그림자처럼 따라붙는 질긴 속연과 단절하고, 「부처를 만나면 부처를 죽이고, 조사를 만나면 조사를 죽여라.」는 유명한 말을 남겼다.

부처님의 경전에만 우상처럼 매달리지 말고, 부처님을 버리고 부처를 초월하는 의지를 가져야 한다는 뜻이다. 우리는 모두 자신의 성전에만 매달려 있다. 그러나 아집을 버리고 그 어느 것도 집착하지 않아야 참 진리를 터득할 수 있다는 뜻이 거기에 있다. 그 마음에는 성서도 경전도 코란도 토라도 모두 하나로 조화되고 모두 하나가 된다. 모든 신앙은 진리의 정상을 향해 오르지만, 등산길은 여러 갈래로 각자가 들어선 코스로 오르다 보면 끝내는 모두 정상에서 만난다.

일찍이 숭산 대선사는 만교귀일(萬敎歸一)의 사상을 폈다.

모든 종교는 하나로 돌아간다는 뜻이다. 사과는 한국에서는 「사과」로 불리고 일본에서는 「링고」 미국에서는 「애플」 스페인에서는 「만사나」라 부르지만 맛은 하나다. 진리 역시 불교식 해석과 그리스도적 해석과 이슬람식 해석이 다르지만, 맛은 하나다. 모든 진리는 하나로 통하는 만교귀일의 사상이다.

우리가 하나뿐인 진리를 터득하면
세상의 모든 성전이 하나로 가득 찬다

우리가 늘 바라보는 밤하늘의 별들은 어떤가. 천문학자들이 말하는 하늘에는 태양계나 은하계, 혹은 우주의 빅뱅이 존재하지만, 어느 특정한 위치에서 천지를 창조한 신의 존재가 거기 따로 있는 것이 아니다. 신은 다시 우리 마음속의 영혼으로 존재하는 우주로 불리기도 한다. 이 세상천지를 그처럼 미세하고 치밀하게 만든 창조주가 그저 인간의 상상과 관념만으로 막연히 존재하는 것은 분명 아니다. 누구든 보이지 않는 것을 보는 어리석음을 피하지 않으면 진리를 깨달을 수 없다. 진리는 아주 구체적이고 감각적이며 치밀하고 대담하고 강한 존재의 이치가 분명하다.

경전에는 「우주즉아」라는 말이 있다. 나는 곧 우주라는 말이다. 우리가 사는 우주의 공간개념은 확실하고, 그 우주는 우리가 그 우주를 우주로 인식하는 존재가 있어야 존재도 가능해진다는 뜻으로 한 말이다.

그래서 나는 우주를 존재케 하는 위대한 존재이다. 그것은 마치 아무리 사랑이 위대하다고 해도 누군가 내게 사랑이 무엇인지 확인시켜 주는 대상이 있어야만 나는 사랑을 확인할 수 있는 이치와 똑같다. 나는 사랑을 사랑하는 사람이 되어야 한다.

우주를 깨닫고 인식해 주는 자아 존재가 없다면
우주는 존재하지 않는다

경전에는 우주를 수미산으로 비유한다. 수미산의 주위로는 네 방향에 생명체가 사는 세상이 있다. 그중에서 남쪽의 염주부라는 곳이 바로 인간 세상이다. 그리고 수미산 지하에는 지옥이 있다. 중생들이 죽은 후에 죄의 값을 치르는 곳이다.

수미산의 중턱부터는 우리가 말하는 소위 하늘이라는 공간이 시작된다. 그곳을 소천(小千)이라고 부른다. 우리 지구가 속한 태양계가 바로 소천이다. 소천이 대략 1천억 개쯤 모여야 중천(中千)이 되고, 지구가 속한 태양계 같은 우주공간을 1천억 개쯤 모아놓은 울타리 공간이 있다. 그곳을 우리는 은하계라고 부른다. 또 그런 은하계가 1천억 개쯤 모아놓을 울타리의 공간을 대천(大千)이라 부른다. 이 대천을 「삼천대천세계」라고 부른다. 대우주라는 뜻이다. 경전에는 대우주보다 더 큰 우주공간이 존재한다. 그곳을 마하(摩訶)라 부른다. 마하는 한 마디로 크기를 측정할 수 없는 엄청난 공간이다.

마하는 「아주 아주 대단히 크다」라는 뜻이지만 제한을 두지 않고 아주 크고 많다는 계량의 의미로 쓰인다. 갠지스강의 한문 표기는 항하사(恒河沙)다. 항하사는 총길이 6천여km가 되는 갠지스강의 모래만큼 많다는 비유로 표현되기도 한다.

미 공군 최신예 스텔스전투기의 최고 속도는 마하(Mach) 0.95다. 오스트리아의 과학자 에른스트 마하(Ernst Mach)가 초음속 연구에서 도입한 개념으로 미사일이나 비행기 등 고속 비행체가 기류 속에서 음속을 기준으로 물체의 속도를 결정하는 값이 바로 마하에서 비롯되었고, 그 마하의 뜻은 경전의 헤아릴 수 없이 크다는 뜻에서 나왔다.

전투기의 속력인 마하 0.5는 음속의 절반에 해당하는 속력이다. 마하는 초음속 이상의 속력 기준이다. 경전에서 나오는 세월의 개념 중에는 1겁(劫)이라는 말이 있다. 그 크기는 둘레와 사방이 40리인 큰 바위를 1백 년에 한 번씩 엷은 옷깃으로 스쳐서 그 바위가 닳고 닳아서 모두 먼지가 되는 세월을 말한다. 그 세월의 단위가 1겁이다. 1백 년도 못사는 인간의 수명으로 보면 얼마나 긴 세월인지 상상이 안 된다. 1겁은 갠지스강의 모래들이 모두 닳아서 먼지가 되는 시간 단위로 쓰이기도 한다. 인간의 두뇌로는 계산할 수 없는 세월이다. 그래서 마하 보살이란 마음이 대우주만큼 헤아릴 수 없이 넓은 보살이라는 뜻이다.

마음의 의지가 뜻을 이룬다

독서 삼매경이라는 말이 있다. 책에 집중하거나 생각을 골똘히 하면 옆에서 벼락이 쳐도 귀에서 들리지 않는다. 삼매경에 빠진다는 말은 어떤 대상이 나와 별개로 떨어져 있지 않고, 하나가 되었다는 뜻이다. 이성이 이미 기능을 상실해서 마비되었기 때문이다.

중국의 도학자 장자의 글에 나오는 장주(莊周)는 꿈에 자기가 나비가 되어 훨훨 날아다니는 것을 깨닫고 너무 기뻐서 자기가 장주라는 사실을 까맣게 잊고 나비라고 여긴다.

잠시 후 꿈에서 깨어난 그는 꿈에서 자기가 나비가 된 것인지, 나비가 꿈에 내가 된 것인지, 혼란에 빠진다. 꿈의 경계선이 사라지면 누구나 나비가 될 수 있고, 나비도 사람이 되는 무아의 경지에서는 내가 존재할 수가 없다.

내가 글을 쓸 때는 펜과 하나가 되고, 한 송이 아름다운 꽃을 바라볼 때는 내가 꽃이 되는 경지가 무아지경이다. 내가 누구를 지극히 사랑하게 되면 나도 그 사람이 되어 그가 나인지 내가 그인지 모르는 무아의 경지에 빠질 수 있다.

나 자신이 객관적으로 보이지도 않고, 나를 느끼지도 못하는 선경의 경지에 이르면 수행자들은 미혹에 빠지기 때문에 선인들은 바로 그 선경의 경지조차 경계하라고 경고하고 있다.

미혹은 이성적 판단을 잃기 때문에 중용이 사라진다.

「한 송이 매화가 피어나니 천하가 봄이로구나.」

이 말은 중국의 조주선사가 깨달음의 경지를 가장 잘 표현한 말로 알려져 있다. 한 송이 매화가 핀 것을 보면 천하에 봄이 왔다는 것을 안다. 봄이 왔다는 것을 확인하기 위해 세상의 모든 매화가 다 피었는지 확인해 볼 필요가 없다.

만일 누가 매화의 아름다움에 매혹되어 스스로 매화가 되어 버리면 그 사람은 그 매화와 함께 자기 존재의 근원까지 도달할 수 있다고 조수 선사는 말한다. 세상의 이치는 놀라우리만치 치밀하고 조직적인 존재의 체계를 갖추고 있다.

매화는 우리가 시각적으로 볼 수 있고 만질 수 있는 3차원의 얼개인 물질과 우리에게 아름다움을 자극하는 빛깔과 형태, 그리고 향기라는 4차원의 감성과 하나로 녹아들어 있다. 매화꽃을 이루고 있는 물질과 우리가 가진 감성 사이에는 경계가 없는 조화를 이루고 있다.

그것은 단지 에너지의 결합으로만 존재하는 신비로움이다. 우리는 매화 하나의 신성한 본질 속에서 나 자신과 우주와 존재를 발견할 수 있다. 우리가 한 송이의 매화를 피운다면 모든 매화의 아름다운 빛깔과 향기를 피우는 것이지만, 매화 한 송이를 꺾는다면 세상의 모든 매화를 꺾는 셈이 된다.

우리가 매화 한 송이를 통해서 얻는 선 체험은 가톨릭의 신앙 체험과 일치를 이루는 대목이기도 하다. 어떤 사람이 온 마음을 다해 매화를 사랑하면, 그 행위로 인해서 그 사람은 동시에 전 세계의 모든 매화를 사랑할 수 있게 된다.

그와 똑같이 우리가 누군가 한 사람을 지극히 사랑해 본 사람은 그 체험 하나만으로도 세상의 모든 사람을 다시 사랑할 수가 있게 된다. 온 마음을 다해 한 사람을 사랑해 본 사람은 세상 만물이 하느님 안에서 하나라는 것을 깨우칠 수 있고, 그로 인해 신성을 지닌 예수 그리스도가 십자가 처형을 당함으로써 온 세상 사람을 죄에서 구원하고 부활의 신비도 함께 이룰 수 있다. 일본 가톨릭 사제 가도와키 가키치 신부는 불교의 참선 체험을 통해 선과 성서가 일치하는 부분을 깨달았다.

불교의 죄가 따로 있고, 가톨릭의 죄가 따로 있는 것이 아니다. 가톨릭의 김수환 추기경은 가톨릭 사제와 불교 스님, 가톨릭 수녀와 불교 비구승과의 세미나 및 공동 수련회를 함께 연 적이 있었다. 가톨릭대학 학생회에서는 사찰 수련회에 대거 참석하기도 했고, 김수환은 추기경 시절에 법당에 가서 강론했고, 법정스님은 명동성당에서 설법도 한 적이 있다. 가톨릭과 불교와의 영적 교류가 긴밀하게 이루어지는 가운데 재미있는 일화가 있다.

어느 날 미국 가톨릭 신부가 일본의 야마다 무몬 스님을 만났다. 미국 신부는 스님에게 선종의 깨달음을 얻으면 어떤 심경이 되느냐고 묻자, 이렇게 말했다.

「입선의 경지를 말로 설명할 수 있고, 귀로 들어서 알 수 있는 것이라면 스님들이 왜 좌선하면서 그처럼 오랫동안 깊은 시련과 고통을 겪겠습니까. 내 대답보다 신부님에게 먼저 묻겠습니다. 예수께서는 아이의 마음이 되어야 천국에 들어갈 수 있다고 말씀하셨는데 아이의 마음은 어떤 마음이라고 생각하십니까?"

붓다의 선과 하느님의 선은 다르지 않다
선에 집중하면 모두 보인다

그러자 미국 신부는 고개를 갸웃거리면서 대답했다.

「아이의 마음은 무(無:없음)가 아닐까요?」

무몬 스님은 미국 신부가 선종에서 가르치는 말과 똑같은 말을 하는 것을 알고, 내심 놀라면서 고개를 끄덕거렸다.

「아이의 마음이 없음이라는 것을 알면 선의 깨달음을 얻을 수 있습니다.」

미국 신부는 그 말을 듣고 무릎을 치면서 기뻐했다. 그러나 무몬 스님은 미국 신부가 아이의 마음이 없다는 것을 머리로만 알고 대답한다는 것을 알고 있었다.

「신부님, 그 이치는 아랫배로 깨달아야 합니다.」

미국 신부는 무몬 스님의 말뜻을 알고 있다. 아랫배는 단전

호흡을 통한 선 수련을 통해서 깨닫고 실천해야 한다는 뜻이다. 단전호흡은 배꼽 밑으로 3~5센티의 부위에 들숨의 에너지를 집중하는 호흡법이다. 아기는 들숨 날숨이 단전의 중심축에서 이루어진다.

들숨으로 아랫배가 찰 때, 몸의 완전체가 된다
뇌는 영혼의 중심이고 육체의 중심은 단전이다

 그 단전이 나이가 들면서 호흡이 얕아지면 들숨의 에너지는 중심축인 단전에 이르지 못하고, 가슴으로 숨이 차올라 강한 에너지를 받지 못해서 완전체의 몸을 유지하지 못하고 건강이 취약해진다. 그래서 단전 수련은 본래의 아기 호흡법으로 되돌리는 수련이다. 아기 때는 눈 역시 초점이 고정되어 있지 않다. 아기는 어디든지 볼 수 있고, 시선은 먼 곳까지 이른다.

 아기의 눈이 천진난만하고 순수한 것은 보이는 것만 보지 않고, 보이지 않는 곳도 볼 수 있는 「흐르는 시선」을 갖고 있기 때문이다.

 어른들은 자신의 관심과 이익이 있는 곳만 보려는 습관으로 점차 길들여 진다. 어른들의 눈은 이미 초점에 인식된 색깔과 형태가 관습화된 모습의 세상을 보려고 하므로 사물의 본래 빛깔과 형태를 보지 못한다.

 그런 편견으로는 선의 경지에 이르기 어렵다. 우리가 아이의 눈이 되고, 아이의 마음이 되어야만 천국에 들어갈 수 있다는 말은 그 때문이다. 유명한 고승 반규 선사는 거울을 인간의 마음과 비유하면서 이렇게 말했다.

「거울은 무엇을 비추려고 노력하지 않는데도 앞에 있는 것들이 저절로 비칩니다. 또 거울에 비치기를 원하지 않으면 내가 거울 앞에 있는 것을 치우면 간단합니다. 우리 마음도 그와 같습니다. 내가 무엇을 보거나 듣고 싶은 의지가 있으면 듣고 볼 수가 있습니다. 우리 마음에 볼 의지나, 들을 의지가 없으면 볼 수도 들을 수도 없습니다. 내 의지로 마음이 보고 들어야만 이루어집니다. 그것이 불심입니다.」

사람의 마음은 거울과 같다. 거울 앞에 더러운 것이 있으면 더럽게 비친다. 더러운 것을 치우면 더러운 것이 사라진다. 거울이 더러운 것을 비추고 있다고 해서 거울이 더러운 것이 아니라는 뜻이다. 우리 마음도 사물을 왜곡하지 않고, 사실대로 보면 마음에는 어떤 흔적도 남지 않는다. 나쁘고 어리석은 생각이 들어오면 끝없이 치워야 깨끗해진다. 내 마음을 깨끗하게 할 것인가, 더럽게 할 것인가는 내 뜻과 의지에 달렸다.

절대순환의 법칙

붓다는 해탈의 경지에 이르러 신이 창조한 인간의 영혼은
본질이 소멸하지 않고 윤회를 계속한다는 것을 밝혀냈다.

신이시여! 이 강물을 거슬러 오르게 하소서

붓다의 고향은 고대 인도의 카필라 왕국이었다. 『대당서역기』를 쓴 당나라의 현장 스님이 기원전 7세기에 찾아간 카필라성은 황폐해져 성곽의 흔적조차 찾을 수 없었다는 기록이 나온다. 고대 카필라성이 발굴되어 옛 성터의 유적지가 발견된 것은 1898년이었으니까 117년 전의 일이다.

고대 인도의 카필라 왕국에 고타마 싯다르타 왕자가 태어난 해가 기원전 624년 음력 4월 초파일이니까 지금으로부터

(2024년 현재) 2천6백48년 전의 까마득한 시절의 얘기다.

부처의 고향 카필라성은 2천5백여 년 동안
존재조차 잊힌 황무지 속에 묻혀있었다

그 당시 히말라야에 살던 위대한 선인 아시타는 카필라성에서 태어난 한 아기가 백여 가지 광채를 지녔다는 것을 영적인 눈으로 알아보고, 즉시 카필라 왕궁으로 가서 국왕 슈도다나에게 태어난 아기에 대해 전한다.

「폐하, 지난 40 겁의 세월 동안 이처럼 훌륭한 보살이 태어난 적이 없었습니다. 앞으로 40 겁 동안에도 이런 보살은 태어나지 못할 것입니다. 제가 너무 늙어서 여래가 되실 붓다의 설법을 듣지 못하고 죽는 것이 안타까울 따름입니다.」

선인 아시타의 예언을 들은 슈도다나 왕은 매우 놀란다. 불교에서 말하는 시간 단위인 겁(怯)은 수학적으로 6천여 킬로미터나 되는 갠지스강변의 모래알을 두 번 곱한 수의 모래알들이 모조리 닳아서 티끌로 사라질 때까지의 긴 세월이다. 그렇다면 지구의 역사가 46억 년이고, 지구에서 발견된 가장 오랜 미생물과 시조새 화석들이 30억 년 전의 것으로 밝혀지고 있는 것을 보면, 지구의 역사는 아직 1겁도 채 안 된 세월이라는 뜻이다.

지금도 갠지스강의 모래는 억수로 많다. 그처럼 놀라운 보살로 예언을 받고 태어난 카필라국의 왕자 고타마 싯다르타는 출가 이전의 왕자 시절에 어떻게 살았는지는 문헌 기록에서는 찾아볼 수 없지만, 붓다가 훗날 세자 시절을 회상하며 제자들에게 들려준 기록은 지금까지도 전해지고 있다.

「나는 어려서 부왕의 극진한 사랑을 받으며 호화롭게 살았다. 캇시산 고급 명주가 아니면 옷을 안 입었고, 내 머리 위로는 늘 하녀들이 받쳐준 흰 우산이 추위와 더위를 가려주었다. 부왕께서 나를 위해 지어준 겨울 궁전, 여름 궁전, 장마 궁전 등 세 개나 되는 전용 궁전에서 춤과 노래에 묻혀서 살았다.」

그런 왕자가 스물아홉 살에 왕권승계를 과감히 내던지고, 아름답고 총명한 태자비 야소다라와 사랑하는 아들 라풀라를 남겨두고 대궐을 떠나서 고난의 수행 길에 들어서는 놀라운 사태가 생긴다. 고타마 싯다르타는 아시타 선인이 예언했던 것처럼 자기 운명의 발걸음을 떼기 시작한 것이다.

그의 득도 과정은 죽음의 고행으로 이어진다. 고타마는 자신에게는 잔인하리만큼 혹독했다. 싯다르타의 수행 방식은 가부좌를 튼 채 정신력을 집중하는 요가 수행 방식이다. 마음의 집중은 호흡을 제압하고, 몸 안에 열기가 가득 차면 겨드랑에서 땀이 흐르고 이마에서는 빗방울 같은 땀이 뚝뚝 떨어진다. 숨을 멈추면 귀에서 윙윙 소리가 난다. 열기가 머리로 뻗치면 불길에 휩싸이는 느낌이다. 그의 몰골은 살과 뼈만 남아서 바람이 불면 날아갈 지경이다.

옷은 헤어져서 알몸이다. 고타마의 식사는 채소와 풀잎과 뿌리와 열매가 전부다. 처음에는 하루 한 끼였다가 이틀에 한 끼로 줄였고, 다시 사흘에 한 끼, 이레에 한 끼로 줄더니 보름에 한 끼로 줄었다.

야채 식사도 중단하고 일주일째, 물과 돌소금으로만 견딘다. 그쯤 되면 눈앞이 어두워지고 헛것들로 어른거린다. 고타마가 원하던 참선의 경지는 점차 더 멀어진다. 식욕 본능은 생존본능처럼 무서운 법이다.

고타마는 급기야 영양실조에 걸린다. 몸은 야위어 뼈가 마른 나무처럼 앙상하게 드러나고, 눈빛은 괭이처럼 반짝인다. 고타마의 명상 고행은 추위도 더위도 아랑곳없다. 때로는 폭풍우가 몰아쳐도 자세가 흐트러지지 않는다. 그 정도는 이미 인내의 한계를 넘어선 것이다. 숨만 꼴깍하면 끝날 지경이 된다. 온갖 날짐승과 벌레들이 뼈만 남은 살갗에 붙어서 무섭게 피를 빤다. 그는 감각이 없는 썩은 나무토막이 된다.

고타마 님, 우리가 굶어 죽은 후에 득도한다면 무슨 소용이 있겠습니까?

그것은 싯다르타가 출가 이후 거의 6년에 걸친 육체적 고행을 자청한 일로 비롯되었다. 이젠 귀에서 쩌렁쩌렁한 소음이 들리고 의식이 점차 몽롱해지기 시작한다. 그 순간 고타마는 죽음의 징후를 느낀다. 바로 그때 흐릿한 의식의 동굴에서 적막을 가르며 귀에 익은 음성이 쩌렁쩌렁 울린다. 고타마를 따라 수행에 가담한 사촌동생 마하나마(摩訶男)의 큰 목청이다.

"고타마 님, 우리가 굶어 죽은 후에 득도한다면 무슨 소용이 있겠습니까?"

그 말에 고타마는 소스라치게 놀란다.

「마하나마야, 지금 나도 너와 똑같은 생각을 하고 있었다. 나 역시 숨넘어가기 직전이다. 네 말대로 굶어 죽은 후에는 득도는 없다. 득도는 살아서 해야 하지 않겠느냐. 아무리 생각해도 이건 뭔가 잘못되었다. 나도 살아서 깨우치려고 고행하는데, 이대로 죽으려면 지금까지 한 고행이 말짱 헛수고가 되지 않겠느냐. 네 말이 맞다. 마하나마야, 우리가 육체를 갖고 태어난 이유와 목적이 분명히 있을 터인데… 이건 아니라는 생각이 드는구나.」

고타마는 그간 부왕 슈도다나왕이 하인 찬다카를 통해 옷과 식량과 약들을 보냈지만 모두 거절하고 돌려보냈다. 의식주에 마음을 빼앗기지 않으려고 자신에게 엄격한 가학의 채찍질을 내린 것이다. 그 혹독한 고행 끝에 6년의 세월이 지난 지금도 역시 깨달음을 얻지 못한 채, 굶어 죽을 위기가 온 것이다. 고타마의 한숨은 더 깊어졌지만 음식을 먹겠다는 결단도 쉽게 내리지 못하고 있다.

마침내 고타마는 고요한 네란자라의 강가로 발걸음을 내딛기 시작한다. 물이라도 한 모금 마실 생각이다. 발걸음을 몇 발짝 떼어낸 그는 그대로 몸을 지탱하지 못하고 고꾸라진 채, 모래 펄 위에 나뒹굴고 만다. 새들이 숲에서 와르르 날아간 바로 그때 어디선가 여자의 노랫소리가 귀에 들려오기 시작한다.

가야금 줄을 너무 조이니 줄이 끊어지네/가야금 줄이 느슨하니 소리가 안 나네/ 가야금 줄은 알맞게 조여야 소리가 좋지/ 가야금 가락에 장단 맞춰 춤을 추세

어딘가 아침 안개 속에서 들리는 여자의 노래가 고타마의 마음을 크게 흔들기 시작한다. 「그래, 가야금 줄은 알맞게 조여야 소리가 좋아」 수행 역시 극단의 고통으로는 안 된다. 너무 잘 먹어서 살이 피둥피둥 쪄서도 안 되고 너무 잘 쉬어도 안 된다. 고타마는 소녀의 노래 가사를 되새긴다.

출가 이후로 헤매기만 했던 불멸의 답변을 마침내 소녀의 노래로 깨닫게 된다

그 노래는 카필라성의 궁녀들이 자주 부르던 평범한 대중 노래였지만 그때는 그 노래를 들을 귀가 없었다. 노래를 부른 소녀는 열일곱 살쯤 되어 보인다. 옷은 남루했지만, 눈은

기품이 넘쳤다. 고타마는 소녀를 향해 고개를 끄덕이며 고맙다는 표정을 짓는다. 이윽고 소녀가 부끄러운 듯 우유 통을 들고 바짝 다가온다.

「방금 짠 우유예요. 마시겠어요?」

소녀는 지체 없이 고타마의 물통에 우유를 부어준다.

「고맙다.」

고타마는 소녀가 건네준 우유를 받아 마신다. 단식고행 중인 수행자가 소젖을 벌컥벌컥 들이마시다니. 그 행위는 누가 봐도 파계가 아닌가. 고타마는 이제 그런 계율에는 전혀 개의치 않기로 했다. 고타마가 마신 우유는 마른 가지처럼 갈증으로 삐쭉 마른 그의 몸 구석구석에 스며들기 시작한다. 그날 고타마가 열일곱 살의 소녀 수자타(Sujata)가 준 우유죽이 얼마나 맛있었는지 경전 기록은 그 상황을 이렇게 전하고 있다.

「우유죽은 굶어 죽기 직전의 내 기운을 되돌려놓았다.」

곧이어 소녀 수자타가 넙죽 엎드린다.

「고타마 왕자님의 몸에서 브라흐만의 광채가 났습니다.」

브라흐만(Brahman)은 인도의 힌두 경전에 나오는 창조의 신이다. 수자타의 어머니는 신성한 바니아 나무에 제사를 지내려고 신의 계시에 따라 정성껏 음식을 준비해 두었다.

먼저 1백 마리의 소젖으로 50마리의 소를 먹이고, 또 50마리의 소젖으로 25마리에게 먹이고, 25마리에서 짠 소젖을

8마리에게 먹이고, 8마리에서 짠 소젖을 솥에 넣어 쌀과 함께 죽을 끓인 다음, 수자타의 어머니는 우유죽을 금 그릇에 담아 명주로 싸서 주면서 말했다.

「나는 어젯밤에 계시를 받았다. 수자타야! 숲에서 아침햇살에 금빛이 번쩍거리는 수행자를 만나거든 이 우유죽을 드려라.」

마침내 수자타는 네란자라 강가에서 어머니의 계시를 수행한 것이다.

「거룩한 분이시여! 이제 우유죽을 드셨으니 큰 뜻을 이루시옵소서.」

수자타가 고타마 싯다르타에게 우유를 공양한 것은 위대한 깨달음의 예고편이다. 고타마는 우유를 마신 후, 네란자라 강물에 들어가 몸을 닦고 우유 그릇을 강물 위에 띄우며 말한다.

「내가 앞으로도 이 우유를 마시고 깨달음을 얻게 된다면 지금 이 그릇이 강물을 거슬러 올라가게 하소서.」

고타마가 그릇을 강물 위에 올려놓자 「그릇은 강을 거슬러 올라갔다」라고 경전은 전하고 있다. 이처럼 붓다가 소녀 수자타를 만나 우유죽을 마신 곳은 지금의 인도 바하르주 보디가야이다. 필자가 찾아간 그곳은 가뭄으로 물이 말라서 신발을 신은 채, 물 두덩을 건너뛰면서 걸어갈 수 있었다. 깡마른 물소 두어 마리가 이방인인 나를 돌아보며 울었지만 갈증이 심해선지 소 우는 소리는 들을 수도 없었다. 고타마가 소녀의 우유를 받아마시던 그 자리에는 소녀 수자타를 기리는 「수자타의 절」이 세워져 있었다. 그로 인해 그를 따르던 사촌동생 마하나마와 크샤트리아의 다섯 무사들은 우유죽을 마시고 수행을 포기했다는 이유로 고타마의 곁을 떠났지만, 고타마는 그 후부터 결코 단식하지 않았다.

다시 보리수 그늘 아래서 고타마 싯다르타의 참선 수행은 계속된다. 지금도 모든 수행자가 참선을 시작할 때, 자기 자신을 바르게 깨닫는 자세부터 시작한다. 그래야만 바른길로 목적지까지 도달할 수 있다. 나 자신을 바르게 하기 위해서는 마음의 죄부터 깨끗이 정죄해야 한다. 바른 마음이 아니면 참선은 물론 세상의 어떤 일도 이룰 수가 없다. 그것이 수행의 첫 자세다.

고타마는 태어나서부터 지금까지 저지른 죄를 낱낱이 밝혀내고 속죄와 참회를 시작했다

그는 마을로 내려가 탁발도 하고 네란자나 강을 따라 걸으며 명상에 빠지기도 했지만, 건강도 소홀히 하지 않았다. 그로 인해 고타마는 옛 인도 시절의 제왕들이나 위인들이 지닌 32가지의 강한 신체를 지니게 된다. 피부는 금빛 윤기가 서리고, 미간에는 흰털이 돋고, 혀가 길고, 목청이 우렁차게 바뀌면서 그가 깨달음을 얻게 되었을 때는 1천1백억 개의 각기 다른 부처의 형상을 나타냈다고 경전은 전하고 있다.

해탈, 삶과 죽음이 풀리는 열쇠

고타마는 선경에 든 지 나흘 만에 무거웠던 마음의 짐이 가벼워지면서 모든 집착에서 벗어난다. 그즈음 고타마의 해탈을 방해하려고 브라흐만으로 위장한 마왕 파피아스 마라와 대결 끝에 고타마는 끝내 마왕의 굴복을 받아낸다.

그 순간 고타마는 잠재의식 속에 갇혔던 신성과 불성이 크게 열리고, 주위가 황금빛 대낮처럼 밝아지면서 우주의 진리를 깨우친다. 고타마의 의식은 점차 빠르게 확대되면서 보리수나무 아래 가부좌로 앉아 있는 자신을 내려다볼 수 있게 된다. 그는 점차 우루벨라의 숲과 가야다나 숲과 강과 지구와 하늘의 모든 천체가 한눈에 들어온다. 그는 자신이 신의 뜻에 따라 숨 쉬고 있다는 느낌을 받고 놀라서 소리친다.

「깨달았다!」

고타마는 드디어 희열의 목청을 크게 높인다. 고타마는 마침내 우루벨라의 숲에서 지난 6년간의 모든 회의와 고뇌를 끝내고 소망을 이룬다. 이어 목동 스바스티가 다가와 말했다.

「고타마 싯다르타께서는 지난 6년 동안 이 나무 아래서 명상에 잠기신 후에 어젯밤에 마침내 깨달음을 얻으셨습니다. 마기다의 말로 깨달은 사람을 붓다(Buddaha)라고 합니다. 이제부터 저희는 스승님을 붓다라 불러도 되겠습니까?」

고타마 싯다르타는 그의 말에 고개를 끄덕인다.

「그래, 그리 불러도 좋다.」

「붓다 님, 이 보리수는 숲에서 가장 아름다운 나무입니다. 우리가 이 나무를 「깨달음의 나무」라는 이름을 붙여도 되겠습니까?」

「그래도 좋다.」

그 후로 고타마 싯다르타는 붓다로 불리게 된다. 붓다는 깨달음을 얻은 후에야 그간 사람들이 영혼에 대해서 너무 깊은 무지 속에서 살고 있다는 것을 깨달았다. 물론 깨달음을 얻기 이전의 그도 그와 똑같았다. 사람들이 왜 이 세상에 태어났으며 자신은 어디서 왜 이곳에 와서 왜 큰 고통 속에서 삶을 살아야 하는지조차 모르고 사는 것이 너무 안타깝다.

붓다는 자신의 깨달음을 사람들에게
전할 수가 없다는 사실 때문에 큰 고뇌에 빠진다

아아! 내가 얻은 깨달음을 글과 말로는 도저히 다른 사람들에게 전할 수가 없구나. 이 깨달음은 스스로 깨닫는 자만이 알 수 있는데, 그냥 나만 알고 있다는 것은 너무 안타까운 일이다. 하지만 말로서는 전할 도리가 없으니 어쩌겠는가. 이대로 어디론가 자취를 감출 수밖에 없구나. 붓다가 그렇게 마음먹은 순간 창조의 신 브라흐마가 나타난다.

「거룩한 붓다여! 당신의 깨달음을 세상 사람들에게 전해야 합니다. 세상에는 영혼이 순수한 사람들이 너무 많습니다. 그들이 당신에게 깨달음을 배우지 못하면 인류는 영원히 어둠 속에서 자신이 누군지 모르고 살아야 합니다. 이제 당신에게는 진리의 문을 열 책임이 있습니다.」

이 대목은 붓다의 으뜸 제자인 마하 갓파사(가섭)가 집대성한 불교 경전의 율장 대품(律藏大品 Vinaya Mahavagga)에 나온다.

이 경전에는 붓다가 깨달음을 이루는 전 과정이 수록되어 불교의 근간을 이루고 있다

경전에 나오는 창조의 신 브라흐마는 천지를 창조한 존재의 근원인 비슈누(Vishnu)로부터 나온 존재, 즉 붓다 자신이다. 인류는 브라흐마로부터 나왔고, 인류 최초의 조상은 마누(Manu)다. 이것은 기독교 성서의 아담과 하와처럼 불교 창세기 인류사의 시조가 된다.

여기서 창조주 브라흐만이 붓다에게 세상을 구원하도록 간청하는 대목은 기독교에서 하느님이 세상을 구원하기 위해서 예수 그리스도를 세상에 내보낸 대목과 유사하다. 우리는 여기 언급된 모든 영적 현상을 가상과 판타지가 아닌 실제로 일어났던 사건이라는 것을 알아야 한다.

이 대목은 픽션이 아니라 붓다가 실제로 겪은 그대로를 고스란히 전하고 있다. 왜냐하면 붓다와 예수 그리스도처럼 영적 차원이 높은 위대한 영혼들은 평범한 사람들이 이해할 수 없는 감각적 파장으로만 혹은 텔레파시로만 서로가 인식하고 소통하기 때문이다. 붓다의 생애에 관련된 경전의 기록들은 기독교의 성서에 보이는 것처럼 많은 부분에서 신화 같은 영적 능력들이 발현되는 대목들이 나온다.

 그런 영적 기록은 인간의 미세한 두뇌로는 논리적인 이해가 불가능한 대목들이다. 하지만 인간의 두뇌로 증명될 수 없는 우주의 존재 자체가 이미 영적인 세계에 존재하고 있고, 그런 상황에서 그 영적인 능력으로 태어난 인간 역시 영혼을 지닌 존재이기 때문에 위대한 선각자들의 말을 믿을 수 있다.

 특히 붓다는 인간 석가였고, 아시타 선인의 말대로 이미 신의 계시를 받고 해탈을 통해 삶과 죽음을 깨달은 최초의 인간이자, 인간의 전생과 윤회의 전 과정을 파악한 유일한 존재다. 붓다로 인해 인간은 전생에 지은 죄를 현세(이승)에서 풀기 위해 다시 태어났다는 것을 알게 되었다.

 붓다가 아니었다면 우리 인간은 무명의 어둠 속에서 왜 살고 어떻게 살아야 하는지조차 모르고 살았을 것이다. 붓다 이후에 인간으로 현신한 예수 그리스도 역시 이 세상에서 지은 죄의 대가는 다음 세상에서 치러야 할 숙제로 넘기고 있다.

당신을 붓다로 불러도 되겠습니까

붓다 시절에 인도에 있던 배화교는 불을 우주의 기본원리로 삼는 종교였다. 베다 경전에도 불의 숭배에 관해 언급이 나온다. 불은 삶의 원천이다. 불 없이 생명은 존재할 수 없다. 불은 태양도 포함된다. 태양은 우주에 존재하는 에너지 입자를 만드는 원초적 물질이자 모든 생명체의 원천이라고 할 수 있다.

따라서 그 당시는 태양이 만물의 근원이라는 사상이 당연한 진리로 통했다. 사람은 늘 물질에 사로잡혀 살기 때문에 물질 중에 가장 중요하고 강력하며, 열과 빛과 바람을 일으키고 물질을 변화시키는 불을 섬기며 살았다.

붓다는 불을 신으로 숭배하는 배화교의 잘못을 바로잡아야 했다. 마침내 붓다는 과감하게 불의 축제에 가서 배화교의 중심 인물인 캇사파에게 면담을 청했다. 캇사파는 처음에는 면담을 거절했지만 붓다가 베다 경전에 관한 지식과 역사와 교리와 브라만에 관해 매우 해박하다는 말을 듣고 만나보기로 했다.

마침내 붓다와 캇사파의 단독 대담이 시작되었다. 두 사람은 숙소 밖의 나무 그루터기에 마주 앉았다. 캇사파는 붓다에게 먼저 불의 신성에 관한 강력한 주장을 폈다.

"그럼 캇사파 대사문 님께서는 물을 어떻게 생각하시는지요?"

붓다의 질문에 캇사파가 정색을 하고 말한다.

"잘 아시다시피 물은 아래로만 흘러내리고 땅속으로 스며들 뿐입니다. 우리는 물이 하늘로 솟구치지 않고 땅속으로만 스며들기 때문에 우리의 영혼을 구할 수 없다고 생각하고 있습니다."

"그럼, 왜 불이 사람의 영혼을 구원한다고 생각하십니까?"

"불은 위로 타올라 우리 영혼을 하늘로 끌어 올려 죽음의 연기를 통해 천상에 오르게 하지 않겠습니까?"

캇사파의 말에 붓다는 다시 말한다.

"하지만 물도 계속 증발하여 하늘로 오릅니다. 하늘에 떠 있는 구름은 실제로 모두 물입니다. 사문님께서는 만물의 순환 원리를 잘 아시지 않습니까? 만물의 기본 본질은 하나이며 모두 본질로 돌아갑니다."

"계속 얘기해 보시오."

캇사파는 붓다가 물이 하늘로 오른다는 말을 처음 듣고 매우 놀라면서 심각한 표정을 짓는다. 그는 지금까지 그런 놀라운 말을 들은 적이 없다. 순간 붓다는 옆에 있는 나무에서 푸른 잎사귀 하나를 따서 손바닥에 올려놓는다.

"대사문 님, 여기 나뭇잎 한 잎이 있습니다. 이 잎은 가지에 매달려 있었습니다. 가지가 없었다면 이 잎이 나올 수가 없습니다. 가지가 있었기에 잎이 있었고, 잎이 있었던 것은 가지가 있어서였습니다. 잎과 가지는 이처럼 존재의 좋은 인연입니다.

그렇다면 가지는 어디서 나왔죠? 줄기가 있었기에 나왔습니다. 줄기가 없었다면 가지도 없었습니다. 줄기는 뿌리에서 나왔습니다. 뿌리는 어디서 나왔지요? 씨앗이 땅에 뿌리를 내렸습니다. 그러기에 뿌리나 잎은 깊은 인연 관계가 있습니다.

씨앗이 트기 위해서는 흙과 물이 필요하다는 것은 아시지요? 흙과 물은 무엇입니까. 우리가 살고 있는 육지와 바다를 이루고 있는 바로 이 세상입니다. 잎은 또 자라나는 시간이 필요하고, 햇빛과 공기와 알맞은 온도가 있었기에 존재할 수가 있었습니다. 잎은 잎이 있다는 것을 깨닫는 대상, 즉 누군가 인식하는 존재가 필요합니다. 아무도 인식하지 않으면 그것은 없는 것이나 다름없습니다. 지금 제가 말씀드린 것 중에서 단 하나의 조건만 충족되지 않았다면 잎은 세상에 존재하지 못합니다.

그처럼 잎 하나도 수많은 인연이 얽혀서 존재하게 된 것입니다. 따라서 잎은 저 혼자 스스로 존재할 수 없는 존재입니다.

제가 잎을 예로 들었지만, 잎뿐만 아니라 세상의 어떤 존재도 저 홀로 존재하는 것은 없습니다. 모든 존재는 상호의존적인 인연 관계와 법칙에 의해 존재할 수 있는 것입니다.

이것이 세상의 원리이자 진리입니다. 모든 만물 존재의 근원은 지금 말씀드린 그 모든 것이라고 말할 수 있습니다. 사람도 그와 똑같습니다. 그 속에 저와 캇사파 대사문 님도 포함되어 있습니다."

두 사람은 한동안 말이 없다. 캇사파는 깊은 충격 속에 빠졌다. 두 사람은 연못가를 거닐면서 대화를 계속한다. 캇사파는 다소 긴장한 어투로 붓다에게 묻는다.

"허나, 세상의 모든 존재는 끝내 소멸합니다. 사람들도 태어나서 살다가 죽지 않습니까? 붓다 당신도 나도 죽음의 운명에서 벗어날 수 없겠지요. 그렇다면 인간 존재들은 죽어서 모두 어디로 간다고 생각하십니까?"

붓다는 캇사파의 질문을 기다린 듯 말한다.

"잎은 가을에 낙엽이 되어 떨어져 죽지만 다음 봄에 새잎이 태어납니다. 그와 똑같이 우리 인간도 죽은 후에 다시 태어납니다."

"그럼 나도 죽은 후에 다시 태어난다는 뜻입니까?"

"그렇습니다. 사람들은 지금까지 「나」는 독립된 영원한 존재(아트만)이며 우리는 몸이 죽어도 나 아트만은 계속 존재한다고 믿어 왔습니다. 말하자면 지금 캇사파 대사문께서는 죽어 저승에 가서도 여전히 인간 캇사파로 산다고 믿고 있었습니다만 그렇지 않습니다. 지금 저와 얘기를 나누시는 대사문 캇사파는 이승에서 살 때만 캇사파로 살 뿐, 신의 영혼은 죽은 후에 다른 몸과 다른 이름을 받아 이 세상에 환생해서 살게 됩니다. 마치 올봄에 갓 핀 잎 자리에는 내년에 나온 새잎이 싹트는 이치와 같습니다. 대사문 님께서 세상을 떠난 후에는 캇사파로 살았던 이승의 모든 기억이 전생이 되어버리는 순간, 우리 두뇌의 잠재의식 속에 갇혀버리고 다시 태어나서 새 이름을 받은 아기의 기억들만 기록됩니다. 모든 사람들은 비록 눈으로는 그 사실들을 볼 수 없지만 분명한 것은 우리는 캇사파로 살았던 전생과는 전혀 다른 몸을 지닌 채 살게 된다는 사실을 잊어서는 안 됩니다."

신의 영혼은 죽은 후에 다른 몸과 다른 이름을 받아 이 세상에 환생해서 살게 됩니다

여기서 붓다는 캇사파에게 삶의 윤회설에 관한 은밀한 비밀을 일러준다. 우리는 흔히 지금 세상을 「이 세상」이라고 하고 죽은 후의 세상을 「저세상」이라고 말한다. 그렇다면 붓다가 말하는 저세상이란 어디인가. 붓다가 말하는 저세상은 다른 이름으로 태어나 사는 바로 이 세상을 뜻한다.

이 세상 사람으로 살던 몸과 이름으로는 다시 저세상에서는 살 수가 없다. 우리는 이 세상에서 죽었기 때문이다. 하지만 우리가 전생에서 살던 몸과 기억을 모두 바꾸고 환생해서 이 세상에서 다시 살게 된다면 이 세상은 내가 전혀 다른 몸과 이름으로 새롭게 사는 저세상이 되는 것이다. 그러자 캇사파가 다시 붓다에게 묻는다.

"그럼, 사람은 무엇으로 이루어졌습니까?"

사람은 <몸>과 <감정>과 <지각>과 <정신>과 <인식> 다섯 가지가 결합하여 이루어졌습니다

"그것들은 어느 것도 각자 홀로는 존재할 수 없습니다. 그들은 홀로 존재할 수 없어야만 한 인간으로 존재할 수 있게 됩니다. 그것이 우리가 존재하게 된 인연입니다."

마침내 캇사파는 깊은 한숨을 내쉰다. 그날부터 매일 오후만 되면 붓다와 캇사파는 숲이나 연못을 거닐면서 많은 시간을 토론하면서 보낸다. 캇사파는 붓다에게 숙식을 제공하고 잘 돌보아 주었기 때문에 붓다는 마을로 탁발하러 가지 않았다.

어느 날 캇사파는 붓다와 네란자라 강가를 거닐면서 물었다.

"지난번에 말씀해 주신 것들은 잘 이해하게 되었습니다만 만일 독립된 자아가 없다면 인간이 이승에서 양심을 지키며 살아야 할 이유가 어디 있겠습니까? 또 영혼을 깨끗하게 지키거나 수행해야 할 이유도 없지 않겠습니까?"

독립된 나(자아)가 만일 악한 죄로 남의 재물을 훔쳤는데 죽은 후에 그 독립된 자아(영혼)가 전생에서 지은 모든 죄업의 기억이 잠재의식 속에 잠겨서 다시 태어날 때는 깨끗한 몸과 영혼이 된다면 굳이 선하게 살 이유가 없지 않으냐는 뜻이다.

그때 붓다가 묻는다.

"대사문 님께서는 괴로움을 인정하십니까?"

"인정합니다."

"그 괴로움에는 원인이 있다는 것을 인정하십니까?"

"괴로워하게 된 원인이 있으니 괴롭지 않겠습니까?"

"그렇습니다. 괴로움에는 반드시 괴로워하게 된 원인이 있습니다. 괴로움의 원인을 없애면 괴로움이 없어지겠지만 우리 괴로움의 원인은 대부분 무지에서 나옵니다. 왜 괴로워해야 하는지 몰라서 괴롭다는 뜻입니다만 당연히 진리나 진실을 모르기 때문에 괴로운 것입니다. 이 세상의 모든 만물은 변하고 어느 것도 영원한 것은 없다는 사실을 사람들이 모르기 때문입니다. 물론 내 지금의 마음도 자꾸 변하고 목숨도 잠시뿐이며 우리는 언제 죽을지도 모른다는 사실조차 자각하지 못하고 삽니다.

그걸 모르기 때문에 탐욕과 미움, 질투, 두려움 등을 끝없이 괴로워하게 됩니다. 만일 캇파사 당신이 내일 당장 죽는다고 가정해 보십시오. 탐욕은 부려서 무엇을 할 것이며, 또 그토록 남을 미워한들 무슨 소용이 있겠습니까. 죽음 앞에서는 탐욕도 증오도 그 모든 욕망도 그렇게 악착같이 번 돈도 한낱 휴지에 불과합니다. 그렇다면 우리가 해야 할 일은 무엇입니까. 딱 하나뿐입니다. 나는 당장 죽는다고 생각하고 욕심도 포기하고, 미움도 그만두고, 두려움도 그만두십시오. 인간이 괴로움으로부터 벗어날 수 있는 길은 오직 이 세상의 모든 것은 변하고, 이 세상의 모든 것은 저 홀로 존재할 수 없다는 진리를 잘 깨닫고,

그 사실을 인정하면 됩니다. 그러기 위해서는 사물을 무심히 바라보지 말고 깊이 바라보면 됩니다. 예를 들어 잎사귀 하나, 돌 하나, 물방울 하나도 자세히 바라보고 내가 사랑하는 사람들도 소중히 여기고, 나는 그들과 오래 함께 머물지 못한다. 잠시 이 세상에 머무는 동안 내가 참고 사랑하고 화목하게 살다가 헤어지겠다는 마음을 가져야 합니다. 그리고 매 순간 나는 반드시 죽는다. 우리 목숨도 이 세상에 잠시 머문다는 사실을 느끼면서 사시면 됩니다. 그것이 우리가 무지에서 벗어나는 길입니다. 그러면 그때야 비로소 괴로움이 극복될 수 있습니다. 그것이 진정한 구원에 이르는 길입니다."

"그렇게 모든 사물을 직시하고 욕심도 사랑도 잠시라고 여기고 포기하면 구원을 얻을 수 있다면 모든 신앙의식과 간절한 기도 역시 할 필요가 없지 않겠습니까?"

"캇사파님, 강을 건너기 위해서 우리는 어떻게 해야 합니까?"

"헤엄을 치거나 배를 타야겠지요."

"헤엄도 안 치고, 배도 안 타고, 강을 건너가게 해 달라고 기도만 하는 사람을 어떻게 생각합니까?"

"어리석은 사람이지요."

"그렇습니다. 인간은 무지로부터 벗어난 후에 자기 앞에 닥친 현실적인 어려움에 맞서 싸워야 합니다. 어렵더라도 고행을 거쳐서라도 이겨내야 합니다. 한평생 기도만 드린다고 구원에 이르는 맞은편 강가인 열반에 쉽게 갈 수가 없는 법이지요."

그 순간 캇사파는 울음을 터뜨리며 붓다의 발밑에 엎드린다.

"오! 성자여, 저는 너무나 긴 제 인생을 허송하고 살았습니다. 부디 저를 제자로 받아 주시어 해탈의 길로 이끌어 주십시오."

"좋습니다. 캇사파 대사문 님, 우루벨라 마을 사람들은 모두 나를 붓다라 부릅니다."

붓다의 말에 캇사파는 고개를 끄덕이며 말했다.

"저 역시 이제부터 당신을 붓다로 따르겠습니다."

캇사파는 살아온 과거를 반성하는 동안 마음에 커다란 지혜의 불빛이 켜지는 것을 느꼈다. 캇사파는 붓다에게 그동안의 무례에 대해 용서를 빌었다.

"저는 스스로 아라한을 사칭했습니다만 이 늙고 못난 수행자를 용서해 주십시오."

캇사파는 비로소 수행자의 자세가 되어 무릎을 꿇고 말했다.

"알겠소. 스승을 잃은 당신의 제자들을 어떻게 하시겠습니까?"

붓다가 슬픔에 빠져 있는 캇사파를 타일렀다.

"그 일은 제게 맡겨 주십시오."

캇사파는 5백여 명의 제자들을 모아놓고 말했다.

"여러분, 내 말을 잘 들으시오. 나는 지금부터 불의 신 아그니를 버리고 붓다의 제자가 되기로 했소. 붓다의 가르침으로 나는 진리의 눈을 뜨게 되었습니다. 이제 여러분들이 나를 따르겠다면 붓다에 귀의해야 할 것이오."

캇사파의 제자들은 놀라서 서로를 쳐다보며 웅성거리기 시작했다. 오랫동안 아그니를 믿고 그 교조를 따르던 제자들은 캇사파의 말에 큰 충격을 받았다. 경전에 의하면 그 당시 붓다는 캇파사와 그 제자들을 설득하기 위해 무려 3천5백 가지의 기적을 보여 주었다고 전해진다. 그것은 캇사파가 스스로 아라한을 자처하는 것을 보고 아라한이 되려면 실제로 어떤 공덕과 위력을 가져야 하는지 보여주기 위해서였다.

이어 캇사파의 세 형제와 제자들을 합친 9백70명의 수행자는 모두 삭발하고 노란 승복으로 갈아입고 라자그리하 마을로 대이동했다. 그들이 이동한 것은 모두 붓다의 제자가 되기 위해서였다.

9

죽어서 다시 사는 나

우리가 죽으면 몸은 썩어서 흙이 되어 형체가 소멸되지만,
개체의 본질인 영혼은 바뀌지 않고 영원하다.

내 전생은 줄루족의 전사였다

　우리는 죽은 후에 다시 태어난다. 그것이 불교의 윤회사상이다. 물론 다시 태어날 때는 새로 태어날 부모를 선택해야 해야 하고, 전생에 살던 몸과는 전혀 다른 새 육신과 이름을 받고, 전에 살던 곳과는 전혀 다른 환경과 조건을 받아서 환생하게 된다. 비록 아기는 새로 태어나는 부모의 살과 뼈와 피와 똑같은 99.9%의 유전자(DNA)조직을 받고 태어나지만, 본래의 본질(영혼)은 바뀌지 않는다. 단지 달라진 것이 있다면 전생의

의 기억이 잠재의식 속에 갇혀서 현생을 사는 동안 전혀 기억할 수가 없다는 것뿐이다.

인간의 생명은 반복 윤회하는 삶과 죽음의 고리로 연결되어 있다

인간뿐만 아니라 동물도 식물도 자연도 우주도 윤회한다. 꽃과 잎이 가을에 지고, 이듬해 봄에 그 자리에서 꽃과 잎이 돋는 현상은 자연의 윤회 사이클이다. 지난가을에 낙엽이 되어 떨어진 잎은 잎이 아니라고 말할 수 없다.

혹시 죽은 꽃잎과 나뭇잎들이 자신이 떨어진 나뭇가지에 새로 돋아난 잎을 보면서 저기 새로 난 잎은 내가 아니라고 말해야만 아닌 줄을 알겠는가. 그 의문에 대한 답변은 너무 명백하다. 지금도 인터넷의 검색 창에서 「세계 인구시계」를 클릭해보면 1초에도 헤아릴 수 없는 사람들이 죽어가고 있고, 다른 한편으로는 수많은 아기가 세상에 태어나고 있다.

어제는 뒷집 노인이 돌아가셨는데 오늘은 앞집 아낙네가 아기를 낳는다. 내가 본 세계 인구시계는 이 시간 (2024년) 현재 81억여 명을 기록하면서 그 숫자가 계속 바뀌고 있다.

꽃과 잎들처럼 인간의 삶과 죽음도 그와 똑같다. 새봄에 그 가지에서 핀 꽃은 지난해 그 자리에 피었던 꽃이 진 줄을 알지도 못하고 피어난 채, 삶을 구가하고 있다.

나는 지금 태어나서 살고 있지만 나는 오래전에 죽은 익명의 어느 한 사람의 대체 인간이라는 사실을 우리는 인식하지 않고 살고 있고, 그 뜻과 의미에 관심을 두지 않는다. 그걸 도대체 왜 따지느냐고 말할 수도 있다.

나는 누군가의 대체 인간이라는 사실 자체도 인정하기 싫은 것이다. 물은 햇빛에 증발해 기체인 수증기로 바뀌었다가 구름이 되고, 기온이 영하로 떨어지면 얼음인 고체로 변한다. 이렇게 물도 윤회를 통해 외모의 형체를 바꿀 뿐, 물도 수증기도 얼음도 물의 본질인 H_2O라는 화학기호는 절대 바뀌지 않는다.

꽃과 잎은 사라졌다가 다시 피지만 본질은 바뀌지 않는다

사람도 그와 똑같다. 우리가 죽으면 몸은 썩어서 흙이 되어 형체가 소멸하지만, 영혼은 바뀌는 법이 없이 영원하다.

<반야심경>에는 「관자재보살행심반야바라밀다(觀自在菩薩行深般若波羅密多)」라는 대목이 나온다. 그 말은 부처님처럼 높은 영혼의 경지에 오르면 잠재의식(무의식)에 갇혀있는 내 전생의 기억을 열어볼 수 있다고 씌어있다.

예를 들어 만일 돌이가 죽으면 육체는 썩어서 허물처럼 세상에서 버려지지만, 돌이의 본질인 영혼은 언젠가 다시 이 세상에 다시 태어나서 다른 몸과 다른 이름을 갖고 다른 곳에서 살게

된다. 돌이는 그처럼 환생을 통해서 지금의 삶은 전생이 되고 돌이는 다시 내세의 삶을 살게 되고, 그의 전생이나 내세 역시 모두 이승이 되어야 한다.

우리는 윤회가 어떻게 이루어지는지 몰랐지만, 붓다의 해탈을 통해 그 모든 과정들을 알 수 있게 되었다. 지금까지 전생을 볼 수 있는 경지의 능력을 갖춘 영혼은 붓다를 비롯하여 많은 선인들이 있었다.

평범한 수행자들에게는 득도가 영원한 꿈의 목표가 되겠지만 대부분은 이룰 수 없는 꿈일 수밖에 없다. 스위스의 분석심리학자 칼 구스타프 융은 인간이 태생적으로 가진 본능적인 성적 근원의 존재를 밝혀내고, 무의식 속에 잠재된 생명력의 근원을 현실로 끌어내어 초월 심리학의 이론을 처음 개념화한 정신분석학계의 황제였다.

그는 인간의 무의식 심층을 연구하는 동안 크리스천이었음에도 불구하고 전생을 인정할 수밖에 없다고 고백했던 학자였다. 우리가 죽은 후에 영혼이 가는 곳이 분명히 있고, 그곳이 바로 내세라고 가정한다면 그 내세의 전생은 바로 우리가 사는 지금의 이승이 될 수밖에 없다.

그 내세가 지옥인지 연옥인지 천국인지는 모르지만, 내세란 전생을 전제로 그 존재가 가능하기 때문이다. 여기서 우리는 경전에 나타난 전생과 윤회를 좀 더 구체적이고 적극적으로 살펴볼 필요가 있다.

왜냐하면 내가 전생에서 이승으로 환생해서 지금 다시 살고 있고, 우리는 죽어서 내세로 가야 하는 무한반복의 윤회라는 삶과 죽음의 고리에 얽매여 살고 있다면 우리의 목숨과 영혼이 관련된 그 일보다 더 중요한 일은 없다.

나는 여기서 한국인 돌이와 순이라는 이름으로 살고 있는 두 사람을 경전의 윤회방식에 대입시켜 보고 싶다. 경전에 의하면 지금 한국에 살고 있는 돌이와 순이는 윤회를 통해 한국에서 환생한 사람들이다. 그들은 전생에서 늘 내세라고 말했던 삶의 새 공간인 이승(지구)에 다시 와서 사는 중이다.

그들이 지구에 다시 태어날 때는 반드시 부모로부터 태어나는 절차를 거쳐야 한다.

내 전생의 데이터들은 두뇌에 재 부팅되거나 로딩이 될 수 없도록 설정되었다

두 남녀는 비슷한 시기에 한국에서 태어날 엄마를 선택하고, 엄마로부터 알콩이와 달콩이라는 태명도 얻었다. 그들은 각자 정자로 엄마의 몸체에 접속된 순간, 그들의 영혼에 저장되었던 전생의 기억들은 모두 잠재의식이라는 상념대에 갇혀버렸다.

여기서 무의식의 상념대란 전생에 살던 내 생애의 모든 전생의 기록들은 마치 컴퓨터의 데이터를 저장하는 앱이나 USB

처럼 격리되어 간직된다.

그들은 이승의 새 환경과 조건에 잘 적응해야 하므로 전생과 이승의 기억들이 재생되어 혼동을 일으켜서는 안 되기 때문이다. 예를 들어서 본래 돌이의 전생은 18세기 프랑스 명문 귀족 출신의 딸 이사벨라였고, 순이의 전생은 B.C 915년 경 아프리카 잠비아의 줄루족 전사 까챠였다고 가정해 보자.

이사벨라와 까챠의 내세는 그들이 전생에 살던 대륙이나 국가, 혹은 같은 민족과 혈통의 계보를 이어받고 태어날 수 없는 영혼의 법칙이 철저하게 적용된다.

또한 이사벨라와 까챠의 영혼이 내세에서 환생할 때는 삶의 환경과 조건이 전혀 다른 곳에서 각자 새 몸과 새 이름을 받아서 돌이와 순이가 살아야 할 공간과 시간이 바뀐다.

아프리카 줄루족의 족장이자 전사였던 까챠는 그가 살던 부락을 습격한 포르투갈의 탐험대와 싸우다가 전사했으며, 프랑스 왕족이었던 이사벨라는 사악한 영국 귀족의 아들 뱀파이어와의 거짓 사랑에 빠져서 사소한 시비 끝내 마침내 영국의 연인인 뱀파이어의 이빨에 목이 물려 죽게 된 운명이었다.

그 후 까챠는 죽은 지, 1천여 년이 지나서야 가까스로 아시아 한반도에서 갓 결혼한 한국 여자를 엄마로 선택하여 순이로 성별이 바뀌어 다시 태어난다. 이사벨라는 죽은 지 2백여 년 만에 그 역시 한국에서 조건에 맞는 엄마가 나타나서 돌이로 성별을 바꾸어 돌이로 환생할 수 있게 되었다.

까챠는 1천여 년을 기다렸다가 자신이 태어날 엄마를 만났고, 이사벨라 역시 2백 년을 기다렸다. 어떤 영혼은 수천수억 년 동안 기다려도 부모를 못 만나기도 하고, 어떤 영혼은 영원히 환생을 못 할 수도 있다.

그 이유는 자신이 태어날 조건과 환경을 가장 잘 맞는 부모가 나타날 때까지 기다려야 하기 때문이다. 그렇다면 까챠와 이사벨라는 이 세상의 하고많은 사람들 중에서 왜 각자에게 알맞은 조건을 가진 부모를 어떻게 선택하는 것일까.

내가 다시 태어나려면 속죄할 수 있는 조건을 갖춘 부모를 만나야 한다

도대체 알맞은 조건의 기준이란 무엇인가. 그 대답은 수학 공식처럼 단순하다. 부모의 자녀 잉태와 출산은 인류의 번식이라는 우주적 질서와 조화의 메커니즘 속에서 신의 예정된 절차가 진행되고 있다.

어떤 부모도 자신이 원하는 아기를 선택해서 낳을 수가 없는 이유는 아기가 모태부터 함께 살아야 할 최선의 조건을 가진 엄마를 이미 선택했고, 부모는 자녀의 조건을 받아들일 수 있는 합의가 이루어졌기 때문이다. 단 하나의 정자가 모태에 착상할 때는 수억 마리의 세포들이 살벌한 죽음의 레이스에서 승리의 월계관을 차지한 결과다.

그 절차 속에는 우연을 가장한 절대 비밀의 룰과 계시가 숨겨져 있다. 까챠는 줄루족의 족장으로 살면서 지은 죄의 대가를 치르기에 최선의 환경과 조건을 갖춘 부모를 선택해야 한다.

이사벨라 역시 죄에 대해 속죄할 수 있는 최선의 부모를 선택해야 한다. 그렇다면 우리가 내세에서 다시 태어나는 이유는 오직 전생에서 지은 죄의 값을 갚기 위해서라는 결론에 도달한다. 따라서 우리가 이 세상에 사는 이유는 오직 지은 죄의 참회와 반성을 통한 속죄에 있다. 그래서 우리 영혼은 자신의 죄업(카르마)를 치를 수 있는 조건에 맞는 부모를 찾을 때까지 기다린다. 그것은 마치 현실에서 죄인이 재판을 받고, 자신의 죄질에 맞는 징역형이나 종신형 혹은 사형을 언도받는 결정 판결을 받는 이치와 같다.

혹시 까챠가 아프리카 줄루족 족장 시절에 부족들에게 많은 자비와 사랑을 베풀었다면 그가 한국인 순이로 태어날 때는 유복한 부모의 금수저를 물고 나올 수도 있겠지만 까챠가 부족들을 괴롭힌 최악의 독재자였다면 불행한 환경과 조건을 갖춘 엄마를 모태로 선택할 때 흙수저를 물고 나와서 혹독한 고행을 치러야 한다는 뜻이다.

이사벨라 역시 프랑스 귀족으로 살면서 선하게 살았느냐, 악독하게 살았느냐 죄질에 따른 형벌이 달라져서 금수저와 흙수저로 운명이 엇갈린다. 그래서 우리는 자기의 죗값을 치르기 위해서 선택한 지금의 부모를 잘못 만났다고 원망해서는 안 된다. 오히려 자신의 선택을 받아 준 부모의 사랑에 깊이 감사해야 한다.

우주에 떠 있는 한 점의 기운 꼭 짜서 끌어오고/ 땅속 냉골로 죽은 듯 숨 쉬는 흙의 내공도 끌어와/ 죽을 힘 다해 밀어내는 태아/ 촌음과 촌음 사이 뜨거운 밀서 안고/ 세상에 혼자 떨어지는/ 기도와 고통 수억만 톤의 목숨값이/ 피붙이로 오는

― 장순금의 시 「열매」

윤회는 에너지 순환의 법칙이다

 티베트의 14대 법왕 달라이 라마는 4살 때인 1935년에 티베트의 아무드 지역 타크쉘 마을(지금의 중국 칭하이 성)에서 환생자를 찾는 수색대에 의해 발견되었다.

 그는 원로들의 면담 과정을 거치면서 그의 선대인 달라이 라마가 아니면 알 수 없는 질문에 정확히 답변함으로써 자신이 영적 능력을 갖춘 후계자라는 사실을 수색대원들에게 납득시킬 수 있었다. 그로 인해 그는 환생의 증거로 채택되어 티베트 차기 국왕으로 즉위할 수 있었다.

**한 나라의 국왕을 환생 절차로
뽑는 국가는 티베트가 유일한 나라다**

 환생이란 불교의 윤회개념이기도 하지만 과학적으로는 에너지 순환의 법칙이자 자연의 순리적 이치로 해석하기도 한다. 하지만 해탈을 한 붓다는 이미 그것을 깨달았고, 그 깨달음을 우리에게 전해주었다.

 고타마 싯다르타는 영적 수행을 통해서 마음의 문이 열리면서 자신은 물론 남의 전생 기록까지 꿰뚫어 볼 수 있는 관자재 능력을 갖추게 되었다. 경전의 화엄경십지품(華嚴經十地品)에는 우리가 전생을 볼 수 있는 대목에 대한 언급이 나오고 있다.

「우리는 수행을 통해서 마음을 조화롭게 만들고, 만물의 진리를 확실히 깨달음으로써 윤회하는 자신의 과거 세상을 볼 수 있게 된다. 나는 신불의 의지를 깨닫고, 실천함으로써 마지막 전생뿐만 아니라, 수백수천, 수만 번째의 전생과 영원한 전생을 기억할 수 있을 뿐만 아니라 수백수천, 수만 카르마(업보)를 기억할 수 있다.

거기서 우리는 어느 나라에서 어떤 이름으로 몇 살까지 살았으며 그곳에서 어떤 기쁨과 슬픔과 고통을 겪고 살았는지, 어디에 숨어 있다가 다시 환생할 수 있었는지 모든 윤회의 역사와 경험을 기억할 수 있다. 나는 지금의 부모를 만나게 된 것이 누구의 탓이 아니라, 자기 탓에서 비롯되었다는 것도 깨닫게 되었다.

자식들이 부모가 마음에 안 든다고 왜 나를 낳았느냐고 대드는 일이 얼마나 적반하장인가도, 알게 되었고, 나의 천국과 지옥이 우리가 살고 있는 현실이라는 사실도 깨달았다.」

천국의 꽃동산과 지옥의 가마솥은
상징적으로 극대화해 본 상상에 불과하다

따라서 모든 역경과 고통은 자신이 지은 죄 탓이라는 것을 인정하면 세상은 훨씬 살기 편해진다. 그것이 가톨릭교회가 한 때 자신의 죄를 자기 탓으로 여기는 캠패인의 구호였던

「내 탓이오! 내 탓이오!」처럼 겸손과 속죄의 구호가 될 수 있다.

우리와 부모의 인연은 전생과 이승의 나들목에서 이루어지는 경이적인 수학적인 결과로 이루어졌다는 사실 하나만으로도 이미 속죄에서 한 발짝 벗어난 것이다.

나는 그동안 건강하던 사람이 갑자기 병원에 실려 와서 자신의 처지가 참으로 어처구니없다고 말하는 사람들을 수없이 보았다. 까짓 돈이 뭐길래, 그토록 미친 듯이 주워 모았단 말인가. 그따위 감투를 움켜쥐려고 그토록 남한테 할 짓 못 할 짓 다 해가며 아귀다툼을 벌였단 말인가.

왜 남의 가슴을 못 박는 비수 같은 말의 폭탄들을 머리를 쥐어 짜서 만들어 내고, 그 말에 갈채를 보내는 사람들 앞에서 어깨를 으스대면서 잘난 체하는 재미를 누렸단 말인가. 나는 왜 친구라는 이름으로 내미는 악마의 손을 부여잡고 함께 맞장구를 치며 살았을까. 뒤늦게 후회해도 이젠 늦었다. 나는 그동안 많은 사람들에게 죄를 지었다. 그래, 모두 모두 이 세상에 남겨두고 가야지. 어쩌겠는가.

남들처럼 나도 빈손으로 눈 감아야지 어쩌겠는가. 세월은 흐르는 강물처럼 거스르는 법이 없다. 만일 전생의 카챠와 이사벨라였던 지금의 돌이와 순이가 다시 태어나 한국에 살면서도 그런 후회스러운 삶을 마감했다면 죽은 후에 내가 다시 환생할 때 내세에 어떤 부모를 선택하게 될지는 너무 결론이 확실하게 나와 있다.

　이 세상에서도 인과응보의 법칙은 서슬이 푸르다. 돌이는 내전에 휘말린 지옥 같은 나라에서 무고한 시민들을 무차별 몰살시키기 위해 폭탄을 안고 시장 한복판에 뛰어든 무장 자살 테러리스트가 된 엄마를 선택해서 태어나거나, 순이는 사형 언도를 받은 어느 살인자를 아버지로 선택할 수밖에 없다. 그들이 험악한 운명의 불길 앞에 놓인 부모를 선택하지 않으려면 어떤 삶을 살아야 하는지 경전은 답을 내놓고 있다.

　예를 들어, 과수원에서 마지막 남은 사과 한 개가 떨어져 있다고 하자. 그때 두 사람이 동시에 그 사과를 보는 순간 「저 사과는 내 꺼다」하고 달려든다. 이어 두 사람은 사과를 차지하기 위한 목숨을 건 싸움을 벌인다. 마침내 힘센 자가 상대를 쓰러뜨리고 영광의 사과를 차지하게 된다. 눈앞의 먹이를 놓고 서로 쟁취하려는 욕심을 가진 자들을 경전에서는 자기중심의 이기주의적 탐욕을 가진 자라고 말한다.

　그 탐욕은 즉각 죄악으로 연결되어 상대방에 대한 증오와 폭력을 통해 죽음을 불러온다. 동물들의 본능적인 약육강식의 탐욕이 그와 같다. 네가 죽어야 내가 산다. 상대를 죽이지 않으면 내가 사과를 가질 수 없다. 내가 너를 죽이거나 너는 내 손에 죽어야만 하는 파국적인 운명을 맞는다.

　하지만 다른 경우가 있다. 두 사람이 사과를 발견하고 달려든

순간, 「저 사과는 나누어 먹어야지」 그렇게 두 사람이 동시에 사과를 상대와 나누어 갖겠다는 생각을 하는 사람들이 있다. 이것을 경전에서는 「중용의 마음」을 가진 자로 일컫는다. 경전에서 말하는 자비롭고 바른 생각이다. 거기에는 시기와 미움과 질투와 탐욕이 존재하지 않는다.

고타마님, 우리가 굶어 죽은 후에 득도를 한다면 무슨 소용이 있겠습니까

그런 생각을 하는 사람이 많은 사회가 행복한 세상이다. 그것은 바른 생각이 천국이다. 천국이 내 마음에 있다는 것을 그런 마음을 두고 한 말이다.

두 사람이 동시에 사과를 나누려는 바른 생각이 들었다면 좋겠지만 한쪽은 나누겠다고 생각하는데 한쪽은 혼자 독차지하겠다고 한다면 어떻게 해야 할 것인가. 그때 사과 반쪽을 포기하고 혼자 독차지하려는 사람에게 양보하는 것이 바른 생각이다. 상대방의 욕심을 넉넉한 마음으로 포용하는 마음을 경전에서는 「인욕」을 가진 자라고 말하고 있다.

인욕은 단순히 사과를 포기하고 참는다는 뜻의 인내와는 다르다. 그저 어떤 이유로든 사과를 포기하겠다는 인내심만으로는 내 마음속의 독기나 스트레스가 고스란히 남아있을 뿐이다. 경전에서는 그것을 인내가 아니라 인욕이라고 말한다.

인욕은 인내보다 한 수 높은 생각이다. 인욕은 사과를 상대에게 다 주고 포기해도 마음속에 독기나 스트레스가 바다 같은 평화를 갖는 일이다.

이렇게 경전은 마음의 평화를 사과 반쪽보다 더 중요하게 여긴다. 사과 반 쪽 보다 왜 마음의 평화가 중요한 가를 깨닫지 못하면 경전을 잘못 읽은 것이다.

사람들은 대부분 그 사실을 모르거나 잊고 산다.

마음의 평화를 잃는 것은 사과 반쪽을 싸워서 얻는 것 보다 더 크게 잃는 것이다

하지만 사과를 혼자 독차지하겠다는 마음은 그 사과를 폭력과 살인의 독기를 함께 먹는 치명적인 독배를 마시는 셈이 된다.

그 사실을 깨닫지 못하는 사람이 대부분이다. 그가 빼앗은 사과, 즉 약탈자의 사과에는 그처럼 잔인한 패륜의 독기가 사과를 씹을 때마다 느끼는 그 단맛 속에 깊은 독기로 스며든다.

죄악의 독기는 내 영혼에 검은 먹구름으로 남아서 세포 구석구석에 지옥의 눈물로 스며들게 된다. 그는 지옥으로 스스로 걸어 들어간 것이다.

그러나 사과를 포기한 자에게는 큰 선물이 남아있다. 그것이 곧 마음의 평화라는 더 큰 사과다. 당장 배고프고 굶주려도 마음의 평화와 축복의 사과 맛은 죽음보다 더 크고 달다.

마음의 평화보다 더 큰 사과는 이 세상에 없다고 경전은 수없이 반복하고 있다. 사과는 하나의 예에 불과하다. 우리는 일상생활에서 이해득실과 손익계산을 하면서 살고 있다. 바로 그 과정에서 함께 노력해서 얻은 수확을 그 일로 땀 흘린 이웃들과 어떻게 나누어 갖느냐에 따라 선과 악이 갈리고 그로 인해 천당과 지옥이 극명하게 갈린다는 사실을 잊어서는 안 된다.

우리는 살아가는 동안 부모로부터「전생에 무슨 죄가 있어서 네가 나한테 태어났는지 모르겠다고 불쌍히 여기는 말」을 주위에서 듣게 된다. 혹은 친구나 인간관계에서「너와 내가 전생에 무슨 악연으로 만났는지 모르겠다.」는 말을 듣기도 하지만, 이 대목에서 이해가 되었을 것이다.

지금 우리 주위에서 가장 괴롭히고 피곤하게 갈구는 사람이 있다면 그 사람은 악연이 아니라 우리를 속죄시키기 위한 교도관이라고 여기면 된다. 우리는 어려운 환경과 조건을 선택한 속죄로 그 시련과 고통을 인내와 극복의 의지를 배워야 하고, 겸손과 자비를 배워야 한다.

그것이 우리가 당면한 운명을 책임지는 카르마라는 것을 경전은 준엄하게 가르친다. 우주와 대자연의 법칙은 한 치의 오차도 허용하지 않고, 우리 삶의 전 과정을 냉정한 객관자의 눈으로 지켜보고 있다.

영혼이 우리 뇌세포를 쥐고 있다

고대 중국의 대표적인 사상가 장자는 한 때 영혼에 관한 깊은 의구심을 나타낸 글이 있다. 장자가 살던 당시는 서구의 기독교가 전해지지 않았을 때였고, 중국에서도 하느님에 관한 탐구가 없던 시절이었다. 장자는 인간의 영혼이 존재한다는 것을 느끼면서도 그 의문을 해소하지 못한 안타까움을 글로 표현하고 있다.

「영혼은 잠들거나 깨어있거나 우리 몸을 지배하고 있음이 분명하다. 영혼은 가을 햇살처럼 그 열기가 점차 쇠퇴하면서 활기를 되찾지 못하고 끝내 시궁창처럼 막혀서 마음의 빛을 보지 못한다. 사람은 기쁨과 슬픔, 분노와 근심, 탄식과 변덕, 두려움과 방탕이나 허세 등 온갖 감정들이 마치 피리의 빈 구멍에서 음률이 흘러나오듯 혹은 버섯이 습지에서 자라듯 나온다. 그것들이 어디서 유래되는지 도대체 알 길이 없다.

그런 감정이 없으면 나 자신이 없고, 나 자신이 없으면 그것들을 느낄 수가 없을 것이다. 사람은 왜 사는지 존재 이유를 밝혀내지도 못한 채 우리는 살고 있다. 세상에 그걸 아는 자가 누가 있으랴. 영혼의 형체는 본 적도 없지만 그것이 실제로 존재하고 삶에 영향을 미치고 있지 않은가. 어떤 이는 사람이 영원히 산다고 말하는데 도대체 어떤 방식으로 영원히 산다는 것인가.

육체는 썩어 없어져도 영혼은 살아서 어디로 간다는데 도대체 어디로 간다는 것인가. 그것을 유독 나만 바보라서 모르는 것인지 다른 사람도 모르는지 답답하기만 할 뿐이다.」

 장자가 가졌던 영혼에 대한 의문은 오늘날에도 여전히 풀리지 않은 수수께끼로 남아있다. 사람은 죽은 후에 몸을 버리고 영혼은 어디론지 떠난다. 그럼, 영혼은 우리의 몸이 숨이 붙어있을 때까지만 유효하다는 뜻이다. 그뿐만 아니라 내가 살아있을 때 내 것이었던 집과 땅과 보석이며, 지위와 명예 등 모든 것들도 죽는 순간 내 것이 아니다.

나는 타인의 죽음을 통해 죽음을 알 뿐이다
그리고 누구나 저 혼자 세상을 떠난다

 누구와 함께 동반자가 되어 나그네처럼 함께 떠나는 것이 아니다. 사랑하는 사람들도 가족도 친구도 이웃도 세상에 놔두고, 내가 가진 통장의 잔고도, 내가 어제까지 쓰던 일기장도, 내가 만나기로 한 친구들과의 약속도, 폐기되어야 한다. 작품을 쓰던 작가나 작곡가도 작품이 곧 마무리 단계가 되었는데도 아쉬움이 크지만, 집필이나 작곡이 중단된다.

 우리는 죽음이 부르는 순간 모든 것을 팽개치고 달려가야 한다. 너무 아쉽고 억울하고 한탄스러운 일이지만 죽음은 잠시의 유예도 허락하지 않는다.

사람의 운명은 애초부터 그렇게 예정되어 있다. 시인 천상병은 그의 시 <귀천>에서 우리의 삶을 지상에 소풍 나온 것으로 비유한 대목이 나온다. 세상이 아름다웠다고 어디 가서 누구에게 전한단 말인가. 시인은 하늘로 돌아간다고 쓰고 있다. 그의 하늘이 고향이기 때문이다. 사람들은 죽어서 흙이 되지만 영혼은 고향인 하늘로 돌아간다는 뜻이다. 그의 시처럼 이 지상에는 81억 명이나 되는 사람들이 소풍을 나온 것처럼 살고 있는 것일까.

인간의 대뇌는 생각과 기억의 기능이 있다. 그런데 잠들면 감각이 뇌에서 반응을 딱 멈춘다. 밤에 도둑이 들어와도 까맣게 모른다. 자는 사람 귀에 대고 불평을 털어놔도 들리지 않는다. 귀와 눈이 분명 소리의 진동을 뇌에 전하는데도 뇌가 작동을 멈추고 외면하는 이유는 무엇일까. 사람이 평생 세월의 반을 잠으로 세월을 보내야 하는 이유는 무엇 때문인가.

사는 데 피곤하고 지쳤으니, 밤에는 잠의 휴식이 보너스로 주어진 것인가. 아니면 또 다른 이유가 따로 있는 것인가.

우리의 뇌를 지배하는 영혼이 밤의 휴식을 위해 잠시 몸에서 떠난다고 말한다. 영혼이 깨어있다면 그렇게 죽은 듯 잠에 빠져 있을 수 없다. 몸 안의 신경들은 뇌세포에 전기 반응을 일으키고, 뇌파의 진동(통신)을 통해 외부의 반응을 전달해 주는 메커니즘이 존재한다. 우리 몸의 뇌세포는 영혼이 장악하고 있다. 영혼은 우리가 잠든 사이에 잠시 몸에서 떠나 삶의 에너지를 재충전한다. 그 시간에 뇌 세포는 닫혀 있어서 외부의 반응을 감지하지 못한다.

    그것은 인간의 뇌가 영혼의 기억을 인식하거나 재생하는 미디어플레이어의 기능만 갖고 있을 뿐이기 때문이다. 모든 기억은 영혼이 접속되는 뇌에 저장된다. 물론 사람이 죽는 순간 뇌세포 역시 사멸되지만 우리 영혼은 육체가 환생할 때까지 4차원의 공간에서 3차원에서 재생될 때까지 저장되어 있을 뿐이다. 우리는 그 사실을 최면술을 통해서 전생을 증언하는 놀라운 사실을 통해서 확인할 수 있다.

우리가 죽는 순간 뇌세포는 사멸되지만
모든 기억은 4차원의 공간에 저장된다

    신약성서의 사도행전 2장에는 영적 능력을 가진 갈릴래아 12명의 사도들이 예루살렘에 모인 세계 각국의 유다인들에게 예수의 죽음과 부활을 증언하는 대목이 나온다. 고대 이스라엘의 둘째 왕 다윗이 이미 하느님의 말씀을 통해서 예수의 죽음과 부활을 예언한 적이 있었다는 증언을 사도들에게 일러주는 대목이다. 다윗은 비록 하늘에 오르지 못했지만, 예언의 기록이 성서에 전해진다.

"하느님께서는 유다인의 소생 가운데 한 사람을 하느님의 왕좌에 앉혀주시겠다고 맹서하셨습니다. 하느님께서는 기원전 시대에 이미 훗날 예수그리스도의 부활을 예견하셨고, 그분을 저승에 버리지 않으실 것이며, 그분의 육신은 죽음의 나라를 보지 않게 하신다고 우리들의 조상 다윗을 통해 예언하셨습니다. 우리들은 모두 그 증인들입니다. 이스라엘의 가문들은 분명히 알아두십시오. 하느님께서는 여러분이 십자가에 못 박은 예수님을 일찍이 주님의 메시아로 삼아두셨습니다."

당시 세계 각지에서 온 유다인들은 예수의 제자 갈릴래아 사람들이 외치는 말을 들었다. 「지금 말하고 있는 저들은 모두 갈릴래아 사람들이 아닌가? 그런데 우리가 저마다 자기 지역의 말로 듣고 있으니 어찌 된 일인가?」

제자들은 갈릴래아 말로 하고 있는데 듣는 사람들은 모두 저절로 통역이 되어 귀에 들리는 기적이 일어난 것이다. 만일 사람의 기억이 사람의 뇌세포에 저장되어 있었다면 죽은 사람의 뇌세포조자 썩어서 사라졌을 터인데 유다 사람들은 어떻게 고대 이스라엘의 둘째 왕이었던 다윗의 증언을 듣고 먼 훗날에 일어날 예수의 죽음과 부활을 말해줄 수 있는가.

우리의 몸은 지상에서 썩어서 사라져도 삶의 기록들은 영혼 속에 저장되어 영원히 남아있다. 우리의 몸은 하느님의 영성이 머물렀다가 떠난 영혼의 집이기에 우리의 영혼은 영원불멸한 존재라는 것을 우리가 믿을 수 있게 된 것이다.

탐욕의 단맛과 포기의 쓴맛

경전에서 「본다」는 말은 눈이 아니라 마음이 본다는 뜻이다. 「본다」는 말은 인도 중부와 스리랑카나 미얀마 등지에서 쓰던 팔리어에서 유래되었지만, 본래는 남방불교의 위파사나(Vipassana)에서 쓰던 말이라고 한다. 마음의 집중력을 통해 집착과 욕망을 소멸시키는 수행법이다. 인간의 지나친 집착과 끝없는 욕망이 죄의 근원이기에 수행을 통해서 초월하기 위한 명상 수행 방법이다.

우리가 전생에 지은 죄를 소멸시키기 위해서는 늘 「바르게 생각하는 힘」을 기르는 일이 가장 중요하다고 말한다. 예수와 붓다는 똑같이 「네 불우한 이웃에게 사랑과 자비를 베풀라」는 메시지를 유독 강조하고 있다. 불우이웃을 돌보는 마음은 바른 생각을 하는 사람들의 마음에서만 나온다. 그 미덕이 자기 죄업을 기워 갚는 길이기도 하다.

사악한 생각이 초래하는 결과는
삶의 근본 기둥을 무너뜨린다

아주 잠깐 양심의 눈을 감으면 얻는 것들이 너무 많지만, 악마의 속삭임은 언제 들어도 달콤하다. 바로 그 순간을 초월해야 한다. 우리는 죄를 저지르면서 본 사람도 들은 사람도 아무도 없다는 것을 위로 삼고 싶지만 큰 잘못이다.

그 사실은 내가 먼저 알고, 그 순간 내 영혼이 상처를 받고, 이어서 놀랍게도 밤말은 쥐가 듣고, 낮말은 새가 듣는다는 속담처럼 이웃들이 눈치를 채고 쉬쉬하기 시작하면 돌이킬 수 없는 죄인이 된다.

이 험악한 세상에서 악과 조금씩 타협하고 거래하지 않고 어떻게 살 수 있느냐고 반문하는 것도 자기 위로에 불과하다. 그 말도 악마에게 회유당한 사람의 변명이다. 우리 곁에 있는 대자연의 순리를 보면 지구는 한 치의 오차도 없는 톱니바퀴처럼 태양을 돌고 있고, 달도 지구를 돌고 있다.

가을에 낙엽 지고, 봄에 꽃이 핀다. 내 몸에 임시거처를 두고 살고 있는 영혼은 우리가 굴리는 잔머리를 낱낱이 지켜보고 있다. 성서에는 하느님이 내 머리카락 수도 모두 파악하고 있다고 씌어있다. 다른 사람은 다 속여도 나 자신을 속이고 숨길 재주를 가진 사람은 없다. 자신을 속이는 행위는 하느님을 속이는 일이기 때문이다.

나 자신을 속일 수 있다면 그가 곧 하느님이 아니겠는가
인류 중에 그런 사람은 단 한 사람도 없다

그 사실을 알면 진리가 얼마나 무서운지 알 수 있다. 왜냐하면 우리의 영혼은 신의 영역에 속해 있기 때문이다. 우리가 쓰는 컴퓨터나 IT제품 역시 제조자가 환경설정을 해놓은 경계선을 한 치의 오차도 벗어날 수 없는 것처럼 우리의 삶도 무서우리만치 치밀한 존재의 순환구조에서 벗어날 수가 없다. 그것이 우리 존재의 법칙이다.

혹시 이 세상에는 정의가 사라졌다고 불평해서는 안 된다. 사악한 마음이 지은 죄는 반드시 내세의 앱에서도 함께 공유하는 파일이어서 이승에서 빠져나간 죄는 내세에서 더 큰 대가를 치르게 된다. 우리는 전생에서 지은 죄 역시 이승으로 이송되어 그 대가를 지금 치르는 중이다.

전생에서 지은 죄를 낱낱이 뉘우치고 그 죄의 값을 치른 후에 깨끗해진 내 영혼은 내세의 행복한 삶으로 이어진다. 그 말은 이미 경전이 헤아릴 수 없이 많이 반복한 말들이다.

우리는 지금 전생에서 등에 짊어지고 온 죄의 보따리를 내려놓아야 한다. 그것이 내가 지금 이 세상에 살고 있는 유일한 존재 이유다. 그것이 각자가 지상에서 짊어진 삶의 전략이다.

내가 이 세상에 사는 이유가 속죄라면 그것을 위해 나의 삶을 전력투구해야 한다. 그것이 내 영혼을 가치 있고, 위대하게 만들기 위한 사명이라는 것을 알고 있기 때문이다.

성서에서는 내가 모르는 죄와 기억하지 못하고 있는 죄와, 내가 남으로 인해서 지은 죄와 남이 나로 인해서 지은 죄의 용서를 고해 성사를 통해서 자백하고 또 후회하고 속죄하는 일을 의무로 여긴다.

그런데도 우리 가운데에는 전생의 죄를 반성하고 속죄하기는커녕 아직도 내 등에 전생의 죄를 배낭에 잔뜩 짊어진 채, 자기 배낭에 다시 죄악의 물품들을 차곡차곡 채우느라 정신이 없는 사람이 가득하다. 그것을 어디로 가져갈지는 자신도 모른다. 그저 탐욕이라는 동물적 본능 이외에는 없다. 내가 짊어진 죄악의 배낭이 가득 차서 더 이상 죄를 담을 수가 없게 되면 어떻게 되는가.

어느 날 갑자기 죽음의 손아귀가 우리 몸을 야수처럼 덮친다. 나의 죽음이란 가족들이 모인 가운데 침대에 누워서 유언을 남기고 가족들의 슬픔의 오열을 들으며 세상과 작별하는 장면만 상상해서는 안 된다. 죽음의 저승사자는 어디서 우리들의 뒷덜미를 와락 잡아챌지 아무도 모른다. 이어 죽음의 안내자는 이렇게 말할지도 모른다.

**네 죄악의 배낭은 차고 넘쳐서
더 이상 주워 담을 수가 없구나**

더구나 넌 속죄를 통해 죄악을 덜어낼 가망이 전혀 없는 것 같으니, 이제는 널 내세로 빨리 보내어 전생과 이승에서 지은 죄를 한꺼번에 기워 갚게 하겠다.

그때 병원에 실려 간 우리가 "아니! 내가 왜? 내가 그동안 얼마나 열심히 살았는데… 나만은 이렇게 될 줄 몰랐는데 어떻게 이럴 수가?" 도저히 믿기지 않는 자신의 운명을 어느 누구도 알 수가 없다. 우리 주위의 죽음을 너무 많이 보아 오지 않았는가. 죽음의 불행은 내 몫이 아니고, 늘 타인의 몫이라고만 여겼는데 나도 예외가 아니었다. 왜 나는 깨닫지 못하고 타이밍을 놓쳤는가. 나는 그동안 건강하던 사람이 갑자기 병원에 실려 와서 자신의 처지가 참으로 어처구니없다고 말하는 사람들을 수도 없이 보았다.

특히 심근경색이나 뇌경색으로 실려 온 사람 중에서 다행히 목숨을 건진 사람들은 하나같이 내가 그 병의 주인공이 된 사실을 인정하고 싶지 않다고 했다. 건강에 자신감이란 없다. 까짓 돈이 뭐길래, 그토록 미친 듯이 벌어서 쌓아두기만 했단 말인가.

그따위 감투는 왜 움켜쥐려고 그토록 남한테 할 짓 못 할 짓 다 해가며 아귀다툼을 벌였단 말인가. 참으로 어리석구나. 왜 남의 가슴을 못 박는 비수 같은 말의 폭탄들을 어떻게 한 방에 터뜨려서 상대방과 주위를 경악시킬 수 있을까 고민의 밤을 보내는 사람들은 자신을 테러리스트라고 여기지 않는 것일까. 그런 말의 유희와 희롱에 사로잡혀서 어깨를 으스대면서 잘난 체하는 재미로 사는 인생은 어떨까?

나는 왜 동지의 이름으로 내미는 악마의 손을 부여잡고 함께 맞장구를 치며 살았을까. 뒤늦게 후회해도 이젠 늦었다. 타이밍

이 늦었다. 나는 너무 많은 사람들에게 죄를 지었다. 그래, 모두 모두 이 세상에 남겨두고 가야지. 어쩌겠는가. 남들처럼 나도 빈손으로 눈 감아야지 어쩌겠는가.

세월은 흐르는 강물처럼 거스르는 법이 없다. 만일 전생의 카챠와 이사벨라였던 지금의 돌이와 순이가 그런 후회스러운 삶을 마감했다면 죽은 후에 다시 환생할 때 내세에는 어떤 부모를 선택하게 될지 결론이 확실하다.

이 세상에서도 인과응보의 법칙은 서슬이 푸르게 무섭다는 것을 잘 알 것이다. 돌이는 내전에 휘말린 지옥 같은 나라에서 무고한 시민들을 무차별 몰살시키기 위해 폭탄을 안고 시장 한복판에 뛰어든 무장 자살 테러리스트가 된 엄마를 선택해서 다시 태어나야 한다.

순이 역시 사형 언도를 받은 어느 살인자를 아버지로 선택할 수밖에 없게 될 것이다. 그들이 그런 험악한 운명의 불길 앞에 놓인 부모를 선택하지 않으려면 이승에서 어떤 삶을 살아야 하는지 경전은 이미 답을 내놓았다.

마음의 평화를 지키는 것이
죄를 짓지 않는 최선의 지혜이자 방법이다

「어떤 경우에도 마음의 평화를 포기하지 않는 자가 이긴다.」
성서에도 예수는 누가 왼쪽 뺨을 치거든 그에게 오른쪽 뺨도 내어주라고 말하고 있다. 그 이유는 뺨 맞는 굴욕보다 마음의 평화가 더 크고 소중하기 때문이다.

그런 사소한 일로 내 위대한 영혼의 혈압을 올리게 해서는 안 된다. 대도무문, 큰길에는 문이 없다. 문은 규제이자 걸림돌이다. 내 곁으로 오는 차는 모두 추월하라. 내 마음은 왕복 10차선이다. 나는 네 비아냥과 가시 돋친 말들을 모두 소화할 수 있을 것이다.

그래서 경전이나 성서는 무조건 죄를 짓지 않는 쪽을 선택하라고 강조하고 있다. 결국 승리의 기쁨은 마음의 평화를 지킨 자의 월계관이다. 화를 내고 상대에게 말의 폭력이나 주먹을 휘두른 사람의 마음에서 나온 나쁜 파장은 자신에게 부메랑이 되어 돌아온다. 그것이 마음의 순환 법칙이다.

「한쪽 귀로 듣고 한쪽 귀로 흘려버린다. 내가 그 말을 듣게 된 이유를 반성하고 내게 잘못이 없다면 상대를 불쌍히 여기고 위로하고 기도해야 한다.」 이 말은 틱낫한 스님이 한 말이다. 그 말은 실천한 사람만이 가질 수 있는 천국이다.

내가 외로울 때 누가 위로해 주지?

 내가 만약 외로울 때면 누가 날 위로해 주지? 가수 윤복희의 노래 가사 한 구절이 떠오른다. 이 노래를 듣고 누군가 위로해 줄 한 사람이 떠오르면 그 사람은 행복한 사람이다. 내 주위에 아무리 가족도 있고, 이웃과 친구가 많아도 정작 외로울 때 위로해 줄 수 있는 사람은 아주 드물다.

 더구나 위로는 아무나 해준다고 위로되는 것도 아니다. 우리는 외로움이 파도처럼 밀려오면 인간은 이 세상에 홀로 왔고, 이 세상을 떠날 때도 홀로 가야 한다는 슬픈 존재라는 사실을 새삼 깨닫고 더욱 외롭고 서글퍼진다.

이 세상에서 진정한 친구는 하나면 족하다
둘은 너무 많고, 셋은 불가능하다

 그런 격언이 실감 나게 들리는 순간이다. 진정한 친구 한 사람이 절실하기 때문이다. 물론 성격과 개인차가 많지만 내 속내를 스스럼없이 털어놓을 수 있는 친구 한 명을 얻기는 여간 힘들지 않다. 단 하나 진정한 친구를 만나는 일은 노력과 정성만으로 되는 일이 아니다.

 그런 친구는 전생의 인연과 관련이 깊고, 아니라면 큰 행운이고 약속된 운명이기도 하기 때문이다.

그 인연은 부부와도 다르다. 그렇다고 세상에 그 많던 친구 중에서 내가 외로울 때 위로받을 사람이 한 명도 없다는 자괴감에 빠질 필요는 없다.

세상은 넓고, 사람은 많지만 내가 사는 세상은 아주 좁고, 평생 만나고 사는 사람도 지극히 제한되어 있다. 그런 외로움은 나 혼자만 겪는 서러움만은 아니다. 다른 사람들은 친구도 많고, 위로해 줄 사람도 많은데 나는 잘못 살았다고 자책감을 느끼지 않아도 된다.

그런 생각을 하다 보니, 문득 유대계 체코 작가 프란츠 카프카가 떠오른다. 그는 체코의 수도 프라하에서 태어나서 세상을 마칠 때까지 유대인들의 빈민가에서 한 번도 벗어난 적이 없었다. 카프카는 어느 날 집에 온 방문객에게 2층 창밖에서 보이는 광장을 향해 손가락으로 동그라미를 그리면서 고백했던 기록이 남아있다.

「저기는 내가 다니던 김나지움(공립학교)이고, 그 맞은 편 건물이 제가 다닌 대학이고, 그 왼쪽 조금 떨어진 곳이 제가 평생 근무하던 보험회사입니다. 제 손가락으로 바라보이는 작은 원형의 공간에서 나는 평생 살았습니다.」

나는 체코에 갔을 때 수도 프라하의 유대인 거주지에 있는 카프카 집을 찾아간 적이 있다. 지금 작가의 집은 박물관처럼 관광명소가 되어 개방되어 있었다. 나는 카프카의 집 2층

창문에서 손가락으로 동그라미를 그린 원형 속에 드러난 광장을 바라보며 깊은 감회에 사로잡힌 적이 있었다.

카프카는 결핵으로 퇴직하고 요양원에서 숨질 때까지 40여 년 동안 집과 학교와 직장이라는 삼각형의 좁은 공간에서 한 번도 떠난 적이 없었다. 그의 작품 <아메리카> 역시 미국에 가보지도 않고 쓴 작품이었고, 그 불멸의 명작 <성城>도 작가의 상상력이 구축한 가상공간이었다.

그의 작품이 인간의 실존적 소외감을 집요하게 다룬 것은 작가적 삶의 지형적 감성에서 연유되었다는 평가도 나와 있지만, 그의 대표작 『변신』 『심판』과 『시지프스 신화』 등 작품마다 철저하게 소외된 인간의 실존 상황을 극대화해 묘사하고 있다. 그의 작품이 왜 세계 실존주의 문학의 효시로 불리는지 알 수가 있다. 그는 평생의 소망이었던 「프라하를 떠나서 창 너머로 사탕수수밭이나 회교도의 공동묘지가 바라보이는 먼 나라에 가서 글을 쓰고 싶은 소망」을 끝내 이루지 못했다.

일기에는 「로빈슨 크루소의 무인도를 활기차고 아름다운 나라」로 상상하면서 가난한 가족을 부양하기 위해 평생 직장생활을 하다가 불행하게도 폐결핵으로 죽었다. 비록 카프카가 아니더라도 우리들 역시 지극히 제한된 삶의 공간과 시간에 살고 있다.

이따금 독거노인의 자살을 오랫동안 방치해둔 뉴스를 듣

게 되면 이미 고령화 사회로 진입한 우리 사회의 슬픈 자화상이 비치는 것 같아서 마음이 우울해진다. 오늘도 어제도 그제도 상처받은 마음을 위로받지 못하고 혼자 죽음의 벼랑으로 내몰리는 사람들이 늘어나고 있다.

한 사람의 진정한 친구를 얻은 사람은
이 세상에서 큰 행운과 축복을 받은 자이다

한국이 OECD 국가 중에서 노인 자살률 1위 기록을 수년째 고수하고 있고, 교통사고나 이혼율과 암 발병률에 높은 비율을 차지하는 것을 볼 때마다 우리는 물질적인 풍요의 바다에 밀어닥친 정신적 빈곤의 쓰나미를 피하지 못하고 산다. 그래서 이제는 내가 외로울 때 위로해 줄 사람을 찾는 일보다 스스로 자신을 위로하고 달랠 수 있는 지혜를 찾는 일이 더 시급해지고 있다. 그렇다면 나는 나 스스로를 어떻게 위로하며 살 수 있을까. 러시아 작가 레오 톨스토이가 쓴 글 가운데 지혜를 찾아내는 얘기가 나온다.

톨스토이는 몹시 괴롭고 외로워서 누군가의 위로가 절실하게 필요할 때마다 늘 찾아가는 곳이 있었다. 그곳은 성당도 수도원도 절간도 아니고, 도시에 있는 종합병원 응급실이었다. 특히 야간 응급실은 돌발사 고나 생명이 위독한 환자들이 앰뷸런스에 실려 오는 아비규환의 생지옥이나 다름없는 곳이다. 그는 응급실을 찾아가서 죽음과의 사투를 벌이는 현장에서 위로를 받았다고 고백했다.

이미 앞에서 언급한 대로 단테가 쓴 신곡의 지옥에는 고통으로 일그러진 사람들이 발가벗긴 채 허우적거리면서 서로 움켜잡고 걷어차고 물어뜯는 비참한 장면이 나온다. 악독한 마귀에게 혹독하게 채찍을 맞고, 똥물에 튀김구이처럼 튀겨지고, 땅 구덩이에 처박힌 채로 불길에 휩싸여 발버둥 치는 처참한 광경들, 바로 그런 지옥의 계곡에서 벌어지는 현실이 병원응급실에서는 매일 생생하게 재현되고 있다.

그 모습을 지켜본 톨스토이는 그들을 바라보면서 자신이 바로 끔찍한 불행의 주인공이 아니라는 사실에 크게 안도하면서 지금 이렇게 멀쩡하게 숨 쉬고 살아있는 자신이 얼마나 행복한 존재인 가를 실감하고 돌아간다.

병원 응급실에 가서 단 5분만 지켜봐도
인간 비극을 라이브로 목격할 수 있다

지금의 내 모습은 저 고통스러운 사람들이 모두 부러워하는 내가 아닌가. 그리고 나는 어제 죽은 사람들이 그토록 바라던 내일 하루를 살고 있다. 비록 마음은 고통스럽지만 죽음과 사투를 벌이는 저들보다 내가 얼마나 더 행복한 존재인가를 그는 병원 응급실에 갈 때마다 새삼스럽게 느끼면서 큰 위로는 받앉다고 말했다.

톨스토이는 두 살 때 어머니를 잃고, 9살 때 아버지마저 세상을 떠났다. 그는 고아가 된 후에 아버지의 첫사랑이었던 타치야나의 손에서 자랐다. 부모를 일찍 잃은 불행한 유년기에 타치야나의 따뜻한 사랑은 어린 시절의 톨스토이를 대문호로 성장시킨 문학적 자양분이 되었다.

하지만 그것도 잠시뿐, 그가 젊은 시절에 쓴 일기를 보면 톨스토이의 위악적 삶의 형상들이 지옥의 현장처럼 드러나고 있다. 그는 청년 시절의 자기 모습을 「죄와 악덕과 성욕의 포로가 되어 번민 속에서 살았던 지옥의 계절」이었다고 고백하고 있다. 그는 대학을 중퇴하고 모스크바에서 방탕한 생활에 빠져 살던 한 단면을 이렇게 묘사해 놓고 있다.

「나는 도대체 누군가? 어려서 고아가 되었고, 지금은 돈도 없고, 사회적인 지위도 없고, 나 혼자만의 주관적인 삶도 사상도 주장도 없고, 꿈도 목표도 없이 세월만 허송하면서 큰 빚을 지고 카프카스로 달아나 군에 입대한 한심한 놈이 되었다.」

그는 십여 년 동안 공포와 혐오감의 고통 속에서 헤맸다. 전쟁에도 참전하고, 카드 도박으로 큰돈을 잃고, 무일푼이 된 후에는 강탈, 강간, 음주, 살인까지 저질렀을 뿐만 아니라, 끝내는 자살을 시도했으나 미수에 그쳤다.

그런 방탕과 욕망의 세월 속에서도 소설을 포기하지 않았기에 살 수 있었다. 톨스토이는 아내 소피아와의 정신적 갈등을 이렇게 고백하고 있다.

「나를 기독교로 되돌려 놓은 것은 신학도 역사도 아니었다. 나이 오십이 되어서야 나는 삶의 목적은 무엇인가? 스스로 질문을 던지면서 철학자들과 담판을 벌였다. 삶에는 아무런 목적이 없고, 삶 자체가 악이라는 결론을 내렸다. 나는 절망 끝에 자살을 기도했지만 뜻을 이루지 못했다.」

톨스토이는 그처럼 정신적으로 불행한 삶이 계속되는 동안에도 소설 창작에 매달렸고, 끝내는 위대한 문학작품들을 수없이 남겼으며, 오늘날까지도 세계적인 대문호로서 수많은 사람들의 존경과 추앙을 받고 있다. 그의 생애는 지옥의 현장을 모두 거쳐 온 것처럼 끔찍한 불행을 껴안고 살았던 작가였다.

톨스토이는 아내와의 불화로 끝내 집에서 뛰쳐나가 도피 생활 중에 82세의 나이에 폐렴으로 쓰러져 아무도 모르는 작은 시골의 기차역 아스타포브에서 쓸쓸하게 눈을 감았다.

늙어서 병들고, 외로웠을 때 톨스토이 곁에는 죽음을 지켜준 사람이 없었다

그의 유해는 고향 야스나야 폴랴나로 옮겨졌고, 그를 추모하는 수많은 독자의 애도 속에서 장례식이 성대히 치러졌다. 그의 생애는 그가 쓴 어느 작품보다 더 외롭고 비극적인 작품의 주인공이 되었다. 그는 지옥의 계절을 헤매고 살면서도 잊지 않고 하느님에게 참회록을 남김으로써 영성적으로 한층 더 위대한 작가가 될 수 있었다. 그의 어록을 보면 그가 인생의 후반기에 얼마나 하느님을 깊이 사랑하고, 하느님의 사랑을 받았는지 그가 남긴 다음과 같은 명언으로도 알 수가 있다.

「하느님을 사랑한 사람은 끝내 사랑을 완성한 사람이라고 말할 수 있습니다. 우리의 삶 자체가 의식적이거나 무의식적이거나 하느님에 대한 사랑의 완성으로 계속 나아가고 있기 때문입니다.」 톨스토이가 외롭고 괴로울 때마다 병원 응급실을 찾아가서 받은 마음의 위로는 큰 교훈을 시사해 주고 있다.

나는 지금 숨을 쉬고 있다는 그 사실이 지금 막 병원 응급실에서 목숨이 경각에 달린 사람보다 얼마나 행복한가를 톨스토이는 매 순간 깨달으며 살았던 것이다. 그의 말대로 우리는 지금 살아서 숨 쉬는 것 자체가 위로이며 축복이 아닌가 싶다.

인도의 지혜

박시시는 힌두어로 「당신에게 적선할 수 있는 기회를 드린다」는 뜻이다.
내가 그들에게 적선을 안 하면 나는 영원히 빚쟁이로 남아야 한다.

아침마다 다시 사는 소녀

인도의 갠지스강에서 연꽃에 싼 촛불 기도를 마치고 배가 부두에 도착했을 때 나는 강가에서 열두 살짜리 인도 소녀를 만났다. 내가 바라나시 골목길에서 밟은 소똥을 닦기 위해 가트로 내려갔을 때 소녀는 강가에서 머리를 감고 있었다.

내가 소녀와 조금 떨어진 곳에서 등산화에 찰떡처럼 들러붙은 소똥을 열심히 파내고 있을 때, 소녀는 고개를 들더니 인도식 영어 발음으로 내게 꾸짖듯 말했다.

"아저씨, 지금 뭐 하시는 거예요?"

소녀의 말투에는 장난기도 반쯤 섞여 있는 듯했다.

"몰라서 묻니?"

나는 소녀의 당돌한 말에 반발하듯 대꾸했다.

"똥은 안 되죠."

"그럼 되는 게 뭐냐?"

"똥 말고는 죄다."

나는 순간 웃음이 터졌다. 세상에 똥보다 깨끗한 것이 무엇이며 똥보다 더러운 것이 무엇인가. 갠지스강의 바라나시에 가본 사람들은 잘 알겠지만, 그곳 사람들은 시가지며 강이며 들판을 온통 똥으로 도배해 놓고 산다.

관광객들이 골목에서 소똥을 밟으면 그날은 재수 좋은 일이 생긴다고 엄지를 들어 올리며 축하한다. 그런 말을 들었던 내게 소녀의 말은 어처구니가 없다. 사실 그들이 강에 버리는 것이 어디 똥뿐이랴. 강에는 시체를 태운 재도 버리고, 빨래도 하고, 멱도 감고 많은 순례자는 강물에 들어가 목욕도 하고, 쉬도 한다. 사실 갠지스강은 바리나시의 하수구나 다름없는 곳이라고 해도 무방하다.

내가 갠지스 강이 아무리 더럽다고 말해도 소녀에게는 소귀에 경 읽기일 뿐이다. 인도인들에게 갠지스 강은 천상에서 흘러드는 성스러운 강물이며 신성한 어머니의 젖줄로 여긴다.

그 말을 귀 아프게 들어왔던 나는 사실 인도의 갠지스강에 온 순간부터 그들의 신성이라는 말에 약간 주눅이 들어있었다. 갠지스강은 신성하다. 갠지스 강은 온갖 오염과 부패에도 불구하고 자체의 정화 능력이 기적처럼 뛰어나서 강물을 마구 퍼마셔도 끄떡없다.

인도인들의 갠지스강에 대한 강력한 믿음은 그 강을 신성한 강으로 만들어 주고 있다

나는 가트에 내려가 등산화를 벗고 똥을 닦아내면서 소녀를 바라보았다. 남의 신성한 강에 똥 닦는 일이 그다지 유쾌한 일은 아니다. 소녀의 장난기 어린 커다랗고 서글서글하고 둥글둥글한 눈에는 조금도 악의가 없어서 다소 안심은 되었다. 소녀는 사실 이방인 나에게 호기심으로 말을 건넸을 뿐이다.

"넌 어디서 왔니?"

"여기 살아요."

"세수하러 나왔구나?"

"매일 아침 여기서 머릴 감아요."

"넌 참 복도 많다. 신성한 강에서 매일 머리를 감으니까."

인도인들에게 갠지스강은 영원한 성지 순례지다. 그리스도인들의 성지가 예수 그리스도가 태어난 나사렛인 것처럼 인도인들에게는 갠지스강은 신성한 어머니와 같다. 갠지스강에서 목욕하면 지금까지의 모든 죄가 깨끗이 씻기고, 영혼이 맑아진다고 그들은 철석같이 믿고 있다. 그래서 인도인들은 갠지스강이 흐르는 바라나시 순례가 평생의 소원이 되었다. 인도 대륙은 엄청나게 넓고, 교통편이 비싸고 불편해서 북인도 갠지스강에 오는 일이 결코 쉬운 일은 아니다.

  남인도나 동인도 사람들이 갠지스강까지 가려면 데칸고원을 횡단해야 하고, 빈드야산맥을 넘어야 한다. 인도의 수도 뉴델리에서 바라나시까지도 기차로 13시간이 걸리고, 남인도 마드라스에서 뉴델리까지 무려 17시간이나 기차를 타야 한다. 그런데도 소녀 미루는 자기가 왜 큰 복을 타고났는지 잘 모른다. 그 말을 하고 보니 소녀가 나한테 누가 여길 와달라고 했느냐고 되묻는 것 같았다.

"아저씬 어디서 왔어요?"

"한국에서 왔다."

"한국 사람들 여기 무지 와요. 돈도 많고…"

"돈이 많다니…"

"달러 펑펑 쓰잖아요. 아저씨도 부자죠?"

"난 가난뱅이다."

"그런데 어떻게 여길 왔어요. 카메라도 있잖아요."

"어험! 우린 가난뱅이도 카메라는 있다."

소녀는 자기 눈으로 내 재산을 평가하고 있다. 가난한 인도 소녀의 눈에는 카메라만 있어도 큰 부자일지도 모른다. 내 눈에 소녀의 옷은 누추했고, 맨발이었지만 별빛같이 초롱초롱한 눈빛을 가진 영혼의 부자처럼 보였다.

"이름이 뭐니?"

"미루."

"몇 살이지?"

"열두 살."

"오늘은 학교에 안 갔니?"

"이모가 먼 데서 오시니까 땡땡이칠 거예요."

나는 웃음이 피식 나왔다. 이모가 온다고 학교에 안 간다니. 핑계가 너무 어설프다. 나는 여기 오는 동안 인도의 공립학교 실정을 잘 알고 있다. 인도는 사립학교를 제외하면 공교육 기능이 거의 무너져 있다고 들었다.

특히 가난한 시골 학교일수록 상황은 심각하다. 학교에서는 출석도 안 부르고, 선생님들도 학생들이 오거나 말거나 관심도 없고, 시험도 안 본다. 부모들도 애들이 학교에서 뭘 배우는지 모른다. 그래도 학교는 여전히 잘 돌아간다.

교사들의 급여는 높은 편이지만 초등학교 선생님들은 대부분 월급날만 출근한다. 그래도 누가 뭐라는 사람이 없다. 천국의 학교에 다니는 천국의 선생님들이다.

"그게 어떻게 가능하죠?"

"여긴 인도니까요."

내 질문에 인도에 사는 사람이 그렇게 대답했다. 인도에서는 우리들이 불가능하게 여기는 일들이 모두 가능하고, 우리가 가능한 일들은 모두 불가능하다. 인도에 와서 우리가 말도 안 된다고 펄쩍 뛰는 일들은 모두 인도라는 이유로 말이 된다.

오후 3시에 출발하는 기차 시간에 맞춰 헐레벌떡 도착했는데 출발이 40분이나 지연되었다. 우리는 잔뜩 열을 받았지만 인도니까 참아야 했다. 인도는 상식도 초월하고 진리도 뒤집어지는 나라다. 나는 콩당콩당 말대답을 잘하는 소녀를 잘 만났다 싶어 내친김에 더 물었다.

"넌 여기 사는 게 좋니?"

소녀는 엄지손가락을 들어 올렸다. 우리말로 짱이라는 뜻이다. 부모가 있고, 언니 동생이 있고, 갠지스강이 있고, 멀리서 친척들이 찾아오니 행복하다. 자기 집은 베이샤(상인) 출신의 집안이어서 굶을 걱정이 없다. 미루는 바라나시가 살기 좋은 이유를 열 가지도 더 둘러댔다.

영어 발음이 까다롭게 들리는데도 소녀의 말이 귀에 솔솔 들어오는 것도 신통했다. 미루가 주섬주섬하는 말들을 대략 요약해 보니 한 마디로 '나는 힌두니까 행복하다.'는 뜻이다. 행복을 자신 있게 말할 수 있는 아이는 행복하다. 미루의 말을 뒤집어 보면 힌두가 아니면 모두 불행하다는 뜻도 된다.

미루는 내게 엉뚱한 말도 했다.

"할아버지는 아침에 깨어날 때마다 다시 태어나는 거랬어요."

아침마다 다시 태어난다면 인생은 하루살이란 뜻이다. 그 말을 듣고 보니 우리는 아침마다 죽음의 잠에서 깨어나고 밤마다 죽음의 잠 속으로 돌아가는 하루하루를 반복하며 살고 있다.

해 뜨면 먹고 해 지면 자고, 그게 일상의 삶인데 갠지스강에 와서 생각해 보니, 인간의 삶이 벌레의 일상처럼 느껴졌다. 우리는 매일 삶과 죽음을 반복하며 살고 있다. 윤회가 낮과 밤으로 계속된다. 문득 어림계산을 해보니 12살의 소녀 미루는 12년 동안 4,380번에 걸친 하루만의 생애의 사이클을 반복하면서 살아온 셈이 된다.

당신에게 적선할 수 있는 기회를 준다
그 말은 인도인이 아니면 할 수가 없다

그럼 나는? 계산조차 불가능할 정도로 많이 살았다. 내가 미루의 말을 이해하기 위해서는 힌두인의 관점으로 봐야 한다. 미루소녀의 평범한 말이 내 귀에는 잠언처럼 들리는 이유도 그 때문이다.

그런 생각은 인도인들의 신앙적 근본 뿌리가 태생부터 견고하기 때문이다. 나는 아침에 깨어나면서 이 세상에 다시 태어난다는 생각을 한 번도 해본 적이 없었다.

내 속에서 그런 발상이 자연스럽게 나오려면 오랜 고행과 수행을 거쳐도 안 되고, 시인이 되어도 어렵다. 하지만 갠지스 강의 힌두 소녀는 그런 말들을 자연스럽게 한다. 인도가 계속 신비화되는 이유는 바로 그 때문이 아닐까 싶다.

"사진 한 장 찍어도 되겠니?"

내 말에 소녀는 고개를 가로저었다.

"아뇨. 난 모델이 아닌걸요?"

"모델료 줘도?"

"노땡큐."

나는 약간 당황했다. 조금 전 들판에서 소를 모는 한 농부의 사진을 찍었다. 그때 농부가 내 곁에 가까이 다가오더니 손을 내밀었다. 사진을 찍었으니 돈을 내라는 것이다. 바라나시 사람들은 이방인들을 보면 걸핏하면 손을 내민다.

아아, 이 사람들은 모두 거지 근성을 가진 것인가? 그것도 인도인의 입장으로 보면 잘못이다. 내 눈에는 거지 근성이지만 그들 눈에는 박쉬시다. 힌두 말로 당신에게 적선할 수 있는 기회를 드린다는 뜻이다.

내가 적선하는 것은 전생에 진 빚을 갚는 행위다. 그들의 적선을 거절하는 순간 우리는 다시 영원한 빚쟁이로 남아야 한다. 그렇다면 그들을 만나지 않으면 나는 빚쟁이가 아니란 말인가?

인도의 거지들은 적선을 받고도 고맙단 말은커녕 다시 손을 내민다. 그것은 내가 적선할수록 전생에 카드대출을 많이 쓰고 이승으로 내뺐다는 뜻이 된다. 그런 생각이 들자 사진 찍기를 거절하고 손도 내밀지 않는 소녀 미루와 나 사이에는 전생에 부채 관계가 전혀 없었던 관계였던 것 같았다.

 나는 미루에게 손을 흔들며 아쉽게 헤어졌다. 인도식으로 미루와 나의 만남은 우연이 아니었을까? 맞다. 우연이다. 그때야 비로소 나는 우리가 전생에서 이미 갠지스강에서 잠깐 만나서 허튼 말을 하기로 약속했을지도 모른다.

바라나시의 안마사

동트기 전 갠지스강변의 바라나시, 어스름이 안개처럼 깔린 골목길로 들어섰다. 어젯밤 설친 잠 때문에 눈꺼풀이 무겁고 온몸에 나긋나긋한 피로가 느껴졌지만 나는 좀 더 아침의 갠지스강 강가에 나가서 명상에 빠지고 싶었다.

여기저기 흐린 불빛을 켜놓은 상점들이 눈에 띄었지만 이른 시간이어선지 거리는 여전히 어둡고 인적도 드물다. 바라나시 골목의 미로를 벗어나자, 눈앞에는 광활한 갠지스강의 풍광이 한눈에 들어온다.

갠지스강은 어제보다 폭이 더 좁아 보였지만 우기에는 강물이 까마득한 강 건너 모래펄이 끝난 숲까지 범람한다고 한다. 그 정도라면 우기의 갠지스강은 바다라고 할 수 있다. 도대체 히말라야는 그 엄청난 비를 어디에 저장했다가 강으로 흘려 내보내는 것일까.

내가 하염없이 강을 바라보고 있을 때, 한 남자가 어슬렁거리며 내 곁으로 다가왔다. 갠지스강에 사는 주민들은 먼 이국에서 온 손님을 잠시도 그냥 두는 법이 없다.

그 남자는 도티를 걸치고 수염을 길러서 얼핏 노인처럼 보이지만 실제 나이는 30대 초반의 청년이다. 그는 나를 보고 싱긋 웃으며 '굿모닝!'하고 인사를 하더니 큰 손을 불쑥 내밀고 악수를 청했다. "나이스 투 밋추, 아임 알리." 그는 자기 이름까지 대가며 내게 통성명을 원했다.

조용한 강에서 잠시 명상과 호흡을 원했던 나는 그의 접근이 달갑지 않았다. 하지만 거기까지는 새벽의 강가에서 낯선 사람끼리 만나서 인사를 나눌 수 있는 으레적인 예의일 수가 있다. 물론 낯선 사람이지만 악수까지도 문제가 될 수는 없다. 나는 주저 없이 알라의 손을 선뜻 잡아주었다.

한국에서는 산책길에 자주 만나는 사람끼리도 인사를 나누는 데 인색하고, 그게 오히려 자연스러운 일이지만 갠지스에서는 낯선 사람끼리 아침 인사로 악수하는 것이 관습일 수도 있겠구나. 그런 내 생각은 순진한 발상이었다.

인도 남자는 갈퀴같이 크고 긴 손의 악력으로 나를 순식간에 빨아들였다. 그는 내 손을 낙지의 흡착판처럼 척 감아쥐더니, 곧이어 자기 팔로 내 팔을 뱀처럼 휘감으면서 능숙한 손으로 안마 솜씨를 발휘하기 시작했다. 나는 그 순간 그의 손아귀에서 벗어나려고 안간힘을 썼지만 어림 반 푼도 없었다.

내 손과 팔은 어찌 된 셈인지 족쇄처럼 빠질 수 없도록 교묘하고 완강하게 옭아매어 있었다. 대단한 기술이었다. 나는 거의 꼼짝달싹도 하지 못하고 그가 하는 대로 놔둘 수밖에 없었다. 그의 두 손은 긴 덩굴처럼 내 팔뚝 위로 스멀스멀 기어 올라왔고, 그의 손끝은 내 어깨와 목덜미의 급소를 정확하게 찔러댔다.

"으아아아 악!"

내 입에서 신음이 저절로 새어 나왔다. 내가 그렇게 알라의 손에 붙들린 순간, 어디서 나타났는지 그의 동료들인 듯싶은 청년들이 우르르 몰려와서 순식간에 우리를 에워쌌다. 그들은 갠지스강 강가에서 외국 관광객들을 상대로 영업행위를 하는 직업 안마사들이었다.

잠시 후 당신의 몸은 깃털처럼
가벼워져서 훨훨 날아갈 것이오

대강 헤아려 봐도 7명이 훨씬 넘었다. 지금 고참 안마사 알리는 나를 붙들고 후배들에게 강제 안마 시범 행위를 실습 삼아 보여주고 있는 중이었다.

"어엇! 이 친구, 지금 뭐 하는 거야. 어서 이 손 놓지 못해!"

나는 당황해서 알리에게 큰 소리로 외쳤다.

"뭐하다니 보면 몰라요? 난 지금 피로로 똘똘 뭉친 근육을 풀어주고 있습니다. 그대로 좀 있어요. 잠시 후에 당신 몸은 깃털처럼 가벼워서 훨훨 날아갈 것이오."

나는 알리의 말이 어처구니가 없어서 웃음부터 나왔다.

"난 당신에게 안마를 부탁한 적이 없잖소."

그러자 그가 정색을 하고 말했다.

"뭔 말이오. 당신이 원하거나 원치 않거나 나는 지금 안마를 하고 있고, 당신은 안마를 받고 있습니다. 내 안마 기술은 아무나 받을 수 없습니다. 당신은 오늘 나를 만나서 운이 좋은 줄 아시오. 잠시 후면 끝날 터이니 움직이지 말아요."

그의 손이 내 어깨 쪽으로 기어 올라왔을 때 우리 일행 중의 한 사람이 '한 푼 쥐여주고 빠져나와요.' 하고 외쳤다. 나는 예기치 못한 함정에 빠졌다는 것을 알았다. 안마사의 함정에서 빠져나가려면 대가를 치러야 한다. 그것은 현찰로 해결할 수밖에 없다.

"얼마면 되죠?"

그러자 알리는 능청스럽게 말했다.

"주든지 말든지 맘대로 하쇼."

그는 세상을 초월한 구도자처럼 말했다. 참으로 멋진 말이었다. 그의 말에는 욕심이 없었다. 서비스료는 딱히 정해진 것이 없으니 자비심에 맡기겠다는 뜻이다.

내가 원 달러를 꺼내 주자 그가 다시 내 왼손을 완강히 잡아채더니 다시 안마를 시작했다. 나는 화가 났지만 불쾌한 표정을 감추었다. 이미 원 달러를 움켜쥔 그가 잡은 미끼를 순순히 놓칠 리가 없었다. 내가 그의 손아귀에서 빠져나가려면 원 달러가 더 필요했다.

상황은 한 마디로 노 웨이 아웃이었다. 내가 그에게 2달러를 주었을 때도 그는 아무 반응이 없이 완강하게 안마를 계속했다.

마침내 나는 5달러를 쥐여 주고 난 후에야 그의 손아귀에서 벗어날 수 있었다.

나와 알리가 그렇게 다투고 있는 동안 7명의 직업 안마사들은 옆자리에 몰려온 외국인 관광객들 모두 한 사람씩 갈퀴손으로 꿰차고 강제 안마를 시작하고 있었다. 그들에게 벗어나려면 대부분 원 달러를 다섯 번은 손에 쥐어 줘야 한다는 것을 안 것은 숙소로 돌아온 후였다.

안마사 알리의 강력한 갈퀴손이 십여 분 동안 주물러 놓은 내 어깨와 목덜미는 놀랍게도 그의 말대로 깃털처럼 가볍고 부드러워졌고, 나는 솜털처럼 날아갈 것 같았다. 알리는 뭉치고 꼬였던 내 어깨의 근육들을 해체해 버린 것 같았다.

행위를 행동으로 바꾸는 지혜

바다가 한눈에 내려다보이는 망루 같은 곳에 숙소를 정하고 오직 창작에만 몰두해 본 적이 있었다. 내게 스스로 채운 족쇄는 원고가 끝날 때까지 전화도 안 받고, 아무도 안 만나고, 누구에게도 숙식 신세도 안 지고, 입산 스님이나 트라피스트 봉쇄수도원의 수사처럼 침묵 수행을 결행하기로 한 것이다.

그렇게 작업을 시작한 지 두 주일째 될 무렵, 이상한 증세가 나타나기 시작했다. 내가 누군가와 계속 씨부렁거리는 것이다. 물론 괴담 영화에 나오는 산발 귀신과 속닥거린 것은 아니지만 내가 누군가와 자꾸 두런두런 얘기를 주고받고 있는 것은 사실이었다.

「배고픈데 어떡하지?」「원고도 안 써지는데 오늘은 바닷가 횟집에 가서 매운탕 한 그릇 때리고 올까?」「넌 뱃속에 상거지 하나 모셨구나. 맨 날 입만 열면 배때기 타령이니」 나는 그런 말을 하는 나와 그런 말을 듣는 나와 얘기를 주고받고 있었다.

내 안에 말하는 나와 듣는 내가 있었다. 대체로 내가 의견을 말하면 딴지를 거는 내가 맞장구쳤다. 그러다 보니 입씨름이 길어지고 거칠어지기도 한다.

내 안의 두 존재는 주로 하고 싶다는 쪽과 해서는 안 된다는 갈등이었다. 착한 애가 말하면 악동이 거절하고 나섰다.

예쁜 말을 하는 나와 추악한 나도 있었고, 감성적인 나와 냉철한 나도 있었다. 선이 이기고 악이 지는 것도 아니었다. 그렇다고 악이 이기고 선이 지는 것도 아니었다.

나는 착한 편을 든 적도 있었고, 악의 편에 손을 들어주기도 했다. 그게 정상인지 비정상인지는 판단할 수가 없었다. 훗날 그 말을 듣던 J스님이 이런 말씀을 하셨다.

"내 안에도 둘만 아니라, 아주 많은 내가 삽니다. 대립하는 존재는 승부 관계가 아니라 타협하자는 것인데, 듣기에는 서로 다투는 것처럼 보이는 것이지요. 하지만 결과적으로 내 안에 여러 명의 내가 있다는 것은 심리적으로는 강박관념에 사로잡혀 있다는 뜻입니다. 사실 내 안에 있는 놈들끼리는 대립과 갈등이 있어서는 안 됩니다. 서로 묻고 대답하고 타협하지 않아도 텅 빈 무념무상의 경지가 올 때까지 침묵 수행을 계속할 수밖에 없습니다."

그래서 내가 물었다.

"스님께서는 그런 무념무상의 경지가 있었습니까?"

"그건…득도해야만 있죠."

"수행은 득도가 목적인가요. 득도의 수단인가요."

"수단도 목적도 아니죠? 모든 수행은 나 자신이 목적이 되어야 한다고 큰스님께서도 늘 말씀하셨습니다만…그걸 깨닫는 사람이 아주 드물죠."

"왜 드물까요?"

"수행을 시작하는 사람은 많지만, 끝을 보는 사람이 드뭅니다."

나는 무식한 질문이 나오기 전에 입을 다물고 만 적이 있었다. 가톨릭 수사들의 침묵 수행에는 많은 이유와 명분이 복합적으로 얽혀있지만, 대체로 수행은 세속으로부터의 이탈인 동시에 거부 그 이상의 뜻이 포함되어 있다고 말한다. 한 가톨릭 수사는 침묵 수행을 「단순과 투명」이라는 마음의 상태로 비유하기도 한다. 좀 어려운 말이지만 불교의 침묵 수행에서 선행되는 「마음을 비운 상태」를 말한다.

**침묵 수행은 마음속에 오직 없음만 있어야 한다
아니다. 없음조차 없어야 한다**

수행 행위 자체는 마음의 휴식에 비유되기도 한다. 진정한 휴식은 지금 나에게 필요한 것이 전혀 없는 상황을 만든 후에야 가능해지기 때문이다.

옛 인도의 힌두교는 정신 치료를 목적으로 신비주의적 명상을 수행하는 곳도 있었다. 그들의 명상법은 상징적인 언어를 통해서 삶의 방식을 스스로 자각시키고 깨닫게 한다.

예를 들면 인간의 「행동」과 「행위」라는 말의 정확한 이해를 통해서 우리 삶에 행동이 필요한지 행위가 필요한지를 제시한다. 먼저 행동과 행위는 다르다.

행동은 배고프면 먹고, 목마르면 마시고, 잠이 오면 자고, 가려우면 긁는 것처럼 모든 동작이 자연발생적인 반응으로 나오는 것이다. 그래서 행동은 즉각적이고 꾸밈이 없고, 억지도 없는 본능적이고 순수한 동작 그 자체라고 정의를 내린다.

  그러나 행위는 자연발생적인 반응이 아니다. 오랫동안 마음속에 축적되어 온 습관화된 의식의 프로그램이 작동한다는 뜻이다. 쉬운 예로 미국의 프로야구를 보면 선수들이 필드에서 껌을 잘근잘근 씹는다거나, 애연가들이 담배를 습관적으로 피워대는 동작이 행위다.

 배가 고파서 밥을 먹었다. 밥 먹는 것은 배고픈 데서 유래된 자연스러운 행동이지만 밥을 먹고 배고픔이 가셨는데도 맛이 있다거나 혹은 심리적인 욕구불만의 대리 충족을 위해서 배고픔과 상관없이 무의미한 밥을 계속 먹는 것이 행위다.

금연이 어려운 것은 휴식이 필요한
심리적 갈망의 관습적 집착 탓이다

  특히 무엇인가 불안·초조를 대신하는 욕망의 폭력을 재촉하는 대리 욕구의 표현, 혹은 짐승처럼 물어뜯는 본능적인 폭력 테러를 보여주는 심리적 갈망의 표현이 행위라고 말할 수 있다. 그런 동작은 동물적 본능을 답습하고, 건강에 해를 끼치는 강박관념의 표현이므로 그것은 병에 해당한다.

만일 어떤 사람이 휴식 중이면서도 껌을 계속 씹고 담배를 피워대는 행위를 계속한다면 그에게는 휴식이란 없다. 휴식이 없는 현대인은 그 반대개념인 노동도 없다. 휴식도 노동도 없는 마음은 지옥이다. 지옥은 텅 빈, 단순하고 투명한 것과는 반대되는 행위기 때문이다.

우리는 자주 멍때리는 순간을 경험한다고 말한다. 그 순간이야말로 어떤 요구나 의욕도 없는 가장 순수한 마음의 비어있는 상태를 말한다. 하지만 우리가 평소에 그런 모습을 보이면 넋 나간 사람 취급을 받아야 한다. 가장 순수하고 인간적인 천사의 시간에 넋 나간 사람이라니. 시간 낭비가 미덕이 아니라고 배운 우리가 왜 지금은 멍때린 시간이 넋이 나간 바보 취급을 받는단 말인가.

우리는 너무 자신이 자신에게 혹은 남으로부터 끊임없이 무엇인가 말하고 생각하고 움직이기를 강요하거나 강요당하고 있다. 나를 갈구고 남을 갈구고 그 갈굼을 너무 당연시해서 잠시 자신에게 침묵이 오면 침묵의 충격에 빠진다.

악마는 우리의 마음을 늘 장터처럼 떠들썩하게 만들고, 복잡하게 얽혀들게 하고 서로를 속이고 빼앗고, 원하고 밀고 당기고 부딪치고 사랑하고 미워하고 울부짖는 바글바글한 지옥의 장터로 유혹한다. 하지만 선인들은 이미 깨달음을 통해서 우리 마음이 늘 텅 비어있고 단순하고 투명해서 신이 언제라도 들어

올 수 있는 빈자리를 늘 마련해 두어야 한다고 말하고 있다. 그게 말이나 되고 가당키나 한 말인가?

우리는 잠시 눈을 감고 명상하거나 책을 읽거나 이웃과 시선을 맞추고 웃거나 멋쩍어하거나 표정과 패션을 감상해야 할 버스나 전철 안에서, 이어폰을 끼고 음악을 듣거나 전날 못 본 영상을 보거나 카톡을 하고 게임을 한다. 우리는 그런 행위에 길든 탓에 잠시의 침묵도 즐길 여유가 없다.

그 잠시의 시간에 찾아온 뇌의 휴식 시간이 자신에게 얼마나 소중한 기회인지를 깨닫지 못한다. 그런 천사의 시간이 닥쳤는데도 사람들은 잠시의 침묵을 참지 못하고 안절부절 못하며 지옥의 시간을 보내고 있다.

침묵에 길들지 않은 사람들은
천사의 시간을 의식하지 못한다

스마트 폰으로 손가락을 놀리는 행위에 길들인 우리는 스마트 폰이 없으면 온 세상을 잃은 것처럼 황당한 경험을 한다. 스마트 폰이 없는 동안, 우리는 소외되고, 고립되며, 단절된 충격에 사로잡힌다. 그보다 더 놀라운 일은 갑자기 엄습해 온 쓰나미를 당한 심리적인 충격을 이겨낼 수가 없다.

눈과 입과 손이 갑자기 수갑에 채워진 듯, 활기를 잃고, 스마트 폰에 저장된 인연들과 실 끊어진 방패연처럼 저 멀리

하늘로 사라지는 듯한 공포에 사로잡히고 만다. 이미 우리는 스마트 폰에 행위의 노예가 되어버렸다.

끝없이 꿈틀거리는 욕망의 행위는 휴식은 물론 잠깐의 숨소리조차 무의미하게 만든다. 사유를 유발하는 일들은 부담스럽다. 독서는 지금까지 축적되어 온 사회관습과 교육행위에 의해 길들여진 우리와 결별한 지 오래되었다.

우리는 그런 사유 행위로는 잠시도 살 수가 없다. 우리는 끊임없이 무엇인가 저질러야 하고, 계속 도전하고 추구해야만 하는 행위에 사로잡혀 있다.

잠시라도 스마트폰이 내 손에 없으면
우리는 소외, 고립, 단절의 충격에 빠진다

이미 우리는 자기 폐쇄의 상자 속에 기어들어 가서 스스로 말하고 듣고 대답해야만 직성이 풀리고, 무엇인가 되풀이해야 하는 도돌이표 환자가 되어버리고 말았다.

고대 인도의 무굴제국을 통일한 강력한 군주였던 황제 샤자한은 죽은 왕비 뭄타즈 마할을 추모하기 위해 22년이라는 세월 동안 궁전 묘지 타지마할을 지어 왕비에게 바쳤다.

인류 역사상 사랑하는 황비를 위해 그처럼 아름다운 묘지를 지어준 로맨티스트는 인도의 황제 샤자한밖에 없었다.

타지마할은 인도를 여행하는 사람들에게는 관광의 필수적인 코스가 되었다. 황제 샤자한은 재위 기간 동안 인도, 방글라데시, 파키스탄, 아프가니스탄을 통일한 강력한 황제였던 그는 아들 아우랑제브의 친위 쿠데타로 권력을 빼앗기고 아그라 요새의 탑에 감금당한다.

샤자한이 갇힌 아그라 요새는 말만 요새였지, 사실상 작은 궁전이나 다름없는 시설을 갖춘 곳이다. 단지 샤자한의 고통은 출입이 금지된 채, 아무것도 못하고 죽기만 기다려야 하는 일이다. 그러자 샤자한은 어느 날 아들 황제에게 아그라 요새 안에 삼십여 명의 아이들을 보내 달라고 간청한다. 그 이유는 소일거리로 아이들의 선생님이 되겠다는 것이다. 그러자 아들 아우랑제브는 아버지의 간청을 들어주었고, 샤자한은 어린 소년들의 선생이 되었다.

어린아이들은 선생님 샤자한의 명령에 따라 글을 배우기도 하고, 앉기도 하고 서기도 했으며 강요된 행진도 강행하기도 했다. 그처럼 샤자한과 소년들은 마치 왕과 신하들처럼 매일매일 명령과 복종의 행위가 계속되었다.

황제는 궁정 관리의 감시를 통해서 아버지가 사실상 소년들의 왕 노릇을 한다는 보고를 듣게 된다. 훗날 아우랑제브는 자신의 자서전에서 아버지 샤자한 황제의 아그라 요새의 감금 생활에 대해서 언급한 글을 썼다.

「아버지는 옛 습관대로 서른 명의 아이들 앞에서 매일 황제

노릇을 재현하는 재미에 빠져서 살았다. 나는 아버지의 그런 도취 행위를 말리지 않았다. 아버지가 더 원한다면 3백 명의 아이들도 아그라 요새에 보낼 생각을 하고 있었다. 아버지는 그것만으로도 행복한 여생을 살고 있는 것 같았기 때문이다.」

 여기서 샤자한은 옛 황제 시절부터 오랫동안 마음속에 축적된 습관화된 통치행위의 재현을 통해 마음의 안정을 누린 것으로 해석한다. 그것은 엄밀한 의미에서 보면 행동이 아니라 과거 속에 누적, 내재 된 억압을 재현함으로써 얻는 대리만족의 행위에 불과하다.

 하지만 샤자한은 자신의 내재 된 행위를 행동으로 바꿈으로써 스스로 평생 수행자가 되었다. 수행자에게는 폭군적인 욕망도 없고, 타인에 대한 환심이나 기대도 없고, 무엇이 되고자 하는 마음도 없고, 무엇을 누군가에 인정받으려는 열망도 없고, 남에게 좋은 감명을 주려는 욕망도 버린 상태로 존재한다.

행동은 준비하지 않고, 계획하지 않는다
그래서 행동은 늘 창조적이고 새롭고 신선하다

 실제로 심리학자들은 학교 교사들이 학생들을 상대로 하는 여러 억압과 명령행위를 통해서 학생들을 자신의 통치권 안에 묶어두는 고도의 정치 심리학적 지배 욕망의 대리 표현에 익숙해 있다. 그 이론은 수행에 가치 있는 방식으로 보인다.

그러나 행위는 늘 악령처럼 우리를 습관 속에 처넣고 공간과 시간을 무력화시키고 있다. 인간은 늘 행위를 통해서 노예가 되고 끝내는 삶을 낭비하고 무력화시키는 데 익숙해져 있다. 우리는 여기서 인도인들의 명상법의 하나에 해당하는 「행동과 행위」를 잘 구별하고 대처함으로써 내 삶의 에너지를 행위에서 행동으로 바꾸는 지혜를 배울 수 있다.

11

신성한 지옥의 노래

너희들이 전생을 기억할 수 있는 위대한 지혜를 터득하는 문은
내가 열어 주는 것이 아니라 너희가 스스로 열어야 한다.
—붓다의 말씀

염라대왕의 핏빛 갑옷

세계문학의 금자탑으로 불리는 『단테의 신곡』은 지금까지 단테 이외에는 아무도 쓴 적이 없는 인간의 사후세계를 그린 유일한 대작이다. 그 작품은 누구도 감히 상상할 수도 없는 인간의 내세를 쓴 작품이라는 이유 하나만으로도 높이 평가될 수밖에 없다.

단테는 우리가 살았을 때 지은 죄악의 징벌이 얼마나 무서운가를 자신이 지옥의 현장에 파견된 특파원의 리포트처럼

묘사하고 있다.

단테의 『신곡』에 등장하는 지옥의 현장을 읽어보면 소름이 돋을 만큼 무시무시한 악마의 계곡을 헤매는 공포에서 헤어날 수 없다. 사실 지옥이란 현실에서도 가장 극단적인 두려움과 고통의 체험을 비유적으로 쓰고 있는 말이다.

하지만 살아서 당하는 지옥 같은 경험도 무서운데 하물며 죽음 이후에 무간지옥에 혼자 떨어져서 당하는 고통은 얼마나 큰지 상상도 할 수 없다. 단지 우리가 바라는 것은 살아있을 때 죄짓지 말고 지옥 벌만은 면해야 한다.

단테의 지옥은 우리의 상상을 뛰어넘는 소름 돋는 공포의 현장이다

우리는 살았을 때, 특별한 경우가 아니라면 뜨거운 숯불 잿더미 위를 걸어본 적이 없고, 들끓는 시체와 인분의 구렁텅이에서 구더기들이 뼛속으로 파고드는 경험을 하기 힘들다. 더구나 날카로운 칼날에 온몸이 찢기거나, 펄펄 끓는 쇳물 속에 던져지는 공포는 상상도 할 수 없다.

우리가 책에서 읽는 상상의 지옥이 아니라, 전쟁터나 병원의 응급실 현장에서 볼 수 있는 지옥보다 훨씬 무서운 곳이 사후의 지옥인 것만은 분명하다. 우리 세대는 어려서부터 죄를 지으면 살아서도 그 벌을 받아야 하지만 죽어서도 죗값은 반드시 치러야 한다는 말을 어른들로부터 많이 들어왔다.

특히 지금의 노년 세대들은 자녀를 사랑과 벌로 키우면서 권선징악으로 표현되는 징벌의 교육을 받으며 자랐다. 게다가 만화나 동화에서는 뿔 달린 염라대왕이 왕방울 큰 눈과 가시 돋친 몽둥이를 들고 지옥으로 오는 사람들을 노려보는 레이저 같은 강렬한 눈빛에도 익숙해 있다. 착한 사람은 천당에 가고, 악한 사람은 지옥에 간다는 말이 불멸의 공식이다.

내가 지옥을 처음 알게 된 것은 불교를 통해서였다.

불교에는 죄를 짓고 죽으면
수미산 대륙의 섬 밑에 있는 지옥으로 떨어진다

거기서 염라대왕과 첫 대면을 해야 한다. 고대 인도의 산스크리트 대서사시 『마하바라타』에 나오는 염라대왕은 핏빛 붉은 옷에 왕관을 쓰고 네 개의 눈이 달린 두 마리의 개가 끄는 마차를 타고 나타난다.

손에는 곤봉과 올가미가 들려져 있다. 그자의 손에 든 올가미는 죽은 자의 영혼을 묶는 포승줄이고, 곤봉은 악을 궤멸시키는 무기로 세상의 어떤 군대도 감히 대적할 수가 없다. 그곳에는 붉은 눈에 곤두선 머리와 까마귀 부리의 코를 가진 저승사자들이 검은 망토를 쓰고 죽은 자의 영혼을 염라대왕 앞에 대령시켜 무릎을 꿇린다.

세상에 살 동안 로마 천하를 다스리던 폭군 네로황제나 유럽을 평정한 전쟁의 영웅 프랑스의 보나파르트 나폴레옹이며 독재의 대명사가 된 히틀러도 죽은 후에는 염라대왕 앞에 무릎을 꿇고 단죄를 받았다. 염라대왕은 죽은 자들의 영혼이 낱낱이 기록된 죄의 명부를 보면서 들어갈 방을 결정한다. 지옥에는 열 개의 형장이 준비되어 있다.

　형장의 벌은 죄의 값에 따라 달라진다. 칼의 산이나 펄펄 끓은 솥 가마 속에 떨어지는 사람도 있고, 빙하의 얼음 지옥 속에 갇히는 사람, 혀가 뽑히거나, 독사에게 물리는 사람, 몸이 톱에 잘리거나 불판 위에 던져지는 사람, 폭풍이나 혹은 아무것도 볼 수 없는 암흑 속에 내던져지는 사람, 어느 지옥도 고문 장면들이 등장한다.

지옥의 현장은 현실 세상에서도 실재하고 있고, 천당도 현실에 존재한다

　하지만 우리에게 가장 큰 관심사는 나 자신은 지옥에 갈 것인가 천국에 갈 것인가에 대한 관심사다. 사람 중에서 혹시 내가 천국에 가지 않을까? 낙관적인 생각을 하는 사람들에게 단테의 <신곡>은 냉혹하게 절망시킨다.

　단테의 신곡 < La Divina Commedia 신성한 노래>는 불교의 사후세계를 다룬 산스크리트 서사시와는 달리 시인 단테가 직접 현장을 답사한 끝에 자신의 시점으로 쓴 리포트다.

그는 신곡을 쓸 때 영적인 예감을 받은 것처럼 썼다는 말도 있지만 그의 작품이 발표된 당시의 독자들은 그의 작품에 큰 공감을 표시했다는 기록이 있다. 사실적이면서 공감이 갔다는 뜻이다. 이 작품은 이탈리아의 피렌체를 배경으로 신성 로마 제국의 가톨릭교회를 적나라하게 비판한 작품이지만 단테가 당대의 역사적인 인물들을 작품에 실명 그대로 대거 등장시키고 있다는 점이 다른 작품들과 다르다.

지옥문 입구에는 마치 염라대왕처럼 죄인을 심판하는 재판관 미노스가 이빨을 드러내고 험악한 표정으로 버티고 서서 죄질에 따라 지옥을 결정해서 이동시킨다. 부모 형제나 가족을 욕보이거나 살인, 강간, 불륜, 폭행 치사시킨 자들, 은혜와 우정을 베푼 자들을 배반한 자들, 교만과 질투, 부귀와 재물의 탐욕에 빠진 자들, 돈을 쌓아놓고 인색과 낭비를 일삼은 자들, 항상 불평불만을 일삼은 자들은 입에 늘 거품을 부걱부걱 물고 살아야 한다.

거짓 신을 섬긴 자들, 남의 피를 도륙하고 재산을 강탈한 자들, 난폭한 자들과 자살한 자들, 도박과 고리대금을 일삼은 자들, 폭정을 일삼은 왕들도 모두 포승줄로 줄줄이 엮여서 지옥의 문턱을 넘어선다.

아첨과 간계를 부린 자들이며 안수기도로 성령의 권능을

돈으로 산 자들, 성직과 성물을 매매한 자들, 그리고 거짓 예언자들과 점술가들, 뇌물을 받은 자들이며 하느님의 이름을 팔아 돈을 번 자들과 하느님을 거짓 증거하고 거역한 자들은 가장 무거운 쇠사슬에 묶여서 지옥의 깊은 계단까지 떨어뜨린다.

그들은 모두 죄질의 경중에 따라 제1의 지옥에서부터 제10의 지옥까지 분류되어 혹독한 형벌을 영원히 받는다.

지금까지 지옥에 간 영혼들 중에 석방되거나 탈출한 자는 단 한 명도 없다. 그 많은 죄인들은 찬 겨울에 철새들의 무리처럼 날개를 퍼덕거리며 악령에 이끌려 지옥문에 들어선 죄인들이다.

저들 무리 중에는 깜짝 놀랄 역사적인 인물들이 수없이 등장한다. 이탈리아 피렌체시를 배경으로 신성로마제국의 운명을 비판한다.

단테는 동시대에 로마교황을 역임했던 7명 중에서 5명을 지옥으로 떨어뜨렸다

하느님의 이름으로 탐욕과 명예와 권세를 남용한 자들의 형벌은 더욱 혹독하다. 그 유명한 로마의 영웅 줄리어스 시저와 시저를 죽인 친구 부르투스와 카시오가 지옥에 있고, 트로이 전쟁의 영웅 핵토르와 시인 아에이네스, 마케도니아의 정복자 알렉산드리아 대왕도 지옥에서 괴로운 울부짖음을 외치고 있다. 더 놀라운 것은 철학자 아리스토텔레스, 소크라테스,

플라톤, 키케로, 세네카와 함께 오늘날 의학의 아버지로 추앙받고 있는 히포크라테스는 물론 이집트의 여왕 클레오파트라, 그리스의 학자 에피클로스, 그리고 스승 예수 그리스도를 배반한 유다와 회교도 교주 마호메트도 지옥에서 신음하고 있다. 우리들이 역사에서 읽은 영웅, 혹은 역사 교과서에 등장하는 위인들이 지옥에 있는 것을 보면, 우리가 현실에서 이룬 업적과 공덕을 쌓기 위해 지은 죄들이 의외로 많다는 것을 알 수 있다.

위대한 업적을 쌓은 사람들이나, 저명한 사람들이나 철학자들도 지옥에 있다

그들이 세상에 쌓은 공과와 인기와 존경의 대상은 겉으로 보이는 것일 뿐, 지옥에서는 그들이 사생활에서 저지른 죄와는 별개라는 것을 깨닫게 해준다.

『신곡』의 천국 편은 인류의 간절한 이상향으로 그려진다. 단테는 그가 사랑했던 베아트리체를 등장시켜 천국의 순례를 안내함으로써 사랑의 열망을, 작품을 통해서 실현하고 있다. 천국을 항해하는 쪽배는 일찍이 산 사람이 건너간 적이 없는 바다의 파도를 가르며 바람 한 점 없이도 오직 미네르바의 숨소리에 의해 떠가고 있다.

그 배는 예지의 여신 미네르바가 돛이 되고, 빛과 노래의 신 아폴로가 키가 되며, 예술의 신 뮤세가 나침반이 되어 안내한다.

단테는 천국에서 순례를 마칠 즈음 마지막으로 성 베르나르도를 만난다. 성 베르나르도는 생전에 사상과 영성 면에서 뛰어난 시토회 수도원장 출신으로 저술과 기도문을 통해 성모 마리아에 대한 깊은 사랑과 존경을 보낸 교회 학자이다.

마침내 성 베르나르도가 단테를 안내하자, 하늘 위에서 장미꽃이 날리면서 성모 마리아가 나타난다. 천 명의 천사들이 성가를 합창한다.

천사들은 목숨이 햇수로 정해진 것이 아니라 영원한 천국의 기쁨을 누리고 산다

"보시오, 성모 마리아의 발아래 있는 여인은 인류 최초의 여인 이브와 그다음 라헬과 베아트리체이십니다."

단테의 『신곡』을 읽고 독서 경험을 통해 지옥 순례를 거치다 보면 우리는 어느 누구도 사후에 천국을 꿈꾸는 상상의 김칫국을 마실 수도 없다는 점이다.

대부분 사람들이 죄를 안 짓고 살 수가 없기 때문에 자신이 이웃으로부터 착한 천사라는 말을 듣지 않는 한, 거의 지옥에 떨어질 수밖에 없다는 자괴감에 빠진다. 누구나 자기 과거를 되돌아보면서 감히 천국에 가겠다고 손을 들어 자청할 수가 없다는 것을 자기 자신이 더 잘 안다.

특히 천국은 단지 죄짓지 않은 자들만 가는 곳이 아니라,

깊은 인류애를 통해 가난하고 소외된 사람들에 대한 헌신적인 사랑과 희생들, 곧 하느님이 인간에게 내린 명령을 잘 수행한 영혼에게는 영예로운 특권이다.

이 세상에서 죄 안 짓고 사는 방법은 천사로 태어나는 수밖에 없다. 천사는 따로 태어나는 것이 아니다. 내 안에 천사도 살고 악마도 함께 살고 있다. 단지 우리는 천사의 말보다 악마의 말을 듣거나 악마와 타협하면서 산다.

내가 천사의 말에 따를 수 있는 의지와 용기가 없다면, 나에게 천국은 없다

그 말은 하느님이 율법의 계시를 통해서 이미 일러주었다. 선택은 저승의 판관 미노스가 하는 것이 아니라 이미 살아서 숨 쉬는 내가 이미 판단하고 있다. 누구보다 자기 자신이 천국에 갈 것인지 지옥에 갈 것인지를 안다.

그래서 우리는 죄의 용서를 빌고 죄업을 풀고, 하느님의 방식대로 살아야 하지만 자신의 죄를 감추고 모르거나 생각해 내지 못한 죄는 저승의 판관 미노스의 수첩에 기록된다.

그렇다면 판관 미노스가 어떻게 내가 생전에 그토록 완전 범죄로 감쪽같이 지은 죄를 낱낱이 알 수 있단 말인가. 그게 가능하냐고 묻는 사람은 어리석은 죄를 짓게 된다. 왜냐하면 하느님은 내 생각과 말과 행위를 지켜보고 있기 때문이다.

이미 우리가 이 세상에 반납한 육체는 땅에서 썩어서 사라져 버린 후에도 하느님 앞에 불려 간 내 영혼의 블랙박스에는 머리칼 한 올을 숨긴 죄악의 데이터가 복제되어 있다. 우리가 이 세상에 살 때 하느님은 사랑과 용서의 하느님이지만 우리가 죽은 후에는 죄를 심판하는 하느님이다.

난 결코 대중을 구원하려고 하지 않는다./ 난 다만 한 개인을 바라볼 뿐이다./ 난 한 번에 단지 한 사람만을 사랑할 수 있다./ 한 번에 단지 한 사람만을 껴안을 수 있다./ 단지 한 사람, 한 사람, 한 사람씩만… / 따라서 당신도 시작하고/ 나도 시작하는 것이다.

— 마더 테레사의 시 「한 번에 한 사람」 중에서

아케론 강의 뱃사공

우리가 화를 벌컥벌컥 내는 동안에도 몸에서는 독기가 벌컥벌컥 뿜어 나온다. 화를 참으면 스트레스가 쌓여서 병이 된다는 말은 스트레스가 쌓이지 않도록 화를 내서는 안 된다는 말의 우회적인 표현이다.

화를 내면 나만 손해라는 답은 이미 나와 있다. 우리는 답을 알면서도 화를 내면서 살고 있는 어리석은 삶을 살고 있다. 그 책임이 화를 나게 한 사람인가 나인가를 살펴보면 책임 소재도 어딘지 알게 된다.

그렇다면 화를 한두 번 낼 것도 아니고 평생을 살면서 이런 저런 일들로 화가 날 텐데 그 화를 모두 내고 살아야 한단 말인가. 어떻게 해야 하는가.

우리가 화를 버럭 낼 때의 독기는
어항의 금붕어 네 마리를 즉사시킨다

우리는 화가 나면 더 큰 화를 내면서 그 화를 화로 제압하려고 한다. 하지만 그것은 불길을 불길로 잡으려는 것처럼 어리석은 일이다. 마치 소방사가 불길을 잡기 위해 화염방사기를 쓰면 안 된다는 말이다. 그런 상식이 안 통하는 것이 화의 세상이다.

화를 한 시간 이상 지속적으로 내면 그 독기는 쥐를 서너 마리

즉사시킬 수 있다. 그만큼 화를 낼 때의 독기는 무섭다. 특히 조용히 있다가 갑자기 화를 벌컥 내는 것은 자기 몸에 테러하면서 폭탄을 던지는 일이다.

 화가 머리끝까지 날 때는 숨이 가빠지고 맥박이 빨라지고, 가슴이 답답해지며 눈도 시큰거리고 어지러움도 동반한다. 얼굴빛이 붉으락푸르락하는 것은 이미 내 몸의 일부가 테러의 공격을 받아서 파괴된 증상이 살갗으로 드러난 것이다.

 그만큼 화의 독기가 몸을 망친다는 뜻이다. 승용차는 휘발유를 태운 에너지로 바퀴를 굴리지만 사람은 산소를 태우는 힘으로 움직인다. 우리가 화를 내는 순간 근육은 동시에 긴급 비상사태를 선포한다. 온몸은 긴장하고 산소 소모량이 급격히 늘어나고 혈류가 빨라지고 혈압도 폭등하는 생리현상이 나타난다. TV 드라마에서 화를 벌컥 내는 회장님들이 목덜미를 움켜잡고 쓰러지는 것은 연기지만 실제상황이기도 하다.

 얼마 전에 60대 중반의 이웃 한 분이 세상을 떠났다. 그분은 모범적인 은퇴 교수로 평소에 운동과 식이요법으로 비만과 당뇨와 고혈압을 치유한 의지력도 강한 분이었지만 천성이 결백하고 경우에 어긋나는 일은 그냥 넘어가는 법이 없었다.

 그는 자신에게만 엄격했던 것이 아니라 남에게도 똑같은 잣대를 들이대서 스트레스도 키우고 남의 미움도 많이 샀다. 그런 분이 한 번 크게 화를 낸 탓에 뇌일혈로 쓰러져 회복

할 수 없어졌다.

「사람들은 몸 관리를 애쓰지만, 마음 관리의 노하우는 거의 없습니다. 저수지가 수위를 관리하듯이 마음의 저수지를 관리하지 않으면 백약도 무효입니다.」

나는 그 의사의 말에 고개를 끄덕였다. 마음은 영혼의 거울이다. 우리 몸은 두뇌의 신경 세포에 직접적인 지배를 받고 영향도 받는다. 뇌가 부실해지면 몸은 기능을 유지할 수 없다.

그동안 몸을 통제하고 관리하던 나의 영혼은 그때가 오면 육신의 허물을 벗고 사라진다. 영혼은 시간과 공간을 초월해서 존재하는 4차원에 속하는 에너지다. 만일 스트레스 같은 충격 파장이 뇌세포의 감각을 통해 온몸의 신경세포에 민감한 파장을 전하게 되면 나쁜 에너지 파장들이 우리 몸에 지속적인 충격을 주고, 몸이 감당할 수 없게 되면 떠난다. 그 후로 내 영혼은 사후의 세계로 돌아간다.

**우리 육체는 세월이라는 파도에 허물어져서
숨이 멎는 순간 썩어 없어지는 유기질에 불과하다**

단테의 『신곡』은 천국에서 대천사 미카엘의 부름을 받아 지옥과 연옥과 천국을 순례하면서 사후세계의 모습을 문학적으로 구성했다고 하지만 당대의 실존 인물들을 가려내어 지옥과 연옥과 천당에 보낸 작업 과정을 거친 것을 보면 근거 없이 주관적인 판단으로 쓴 것만은 아닌 듯싶다.

『신곡』에 의하면 인간은 죽으면 곧바로 근심의 아케론강을 건너기 위해 뱃사공 카론이 젓는 배에 올라탄다. 카론은 울부 짖으며 꾸물대는 벌거숭이들에게 노를 들어 사정없이 후려 친다. 그 장면은 옛 아프리카 노예선의 한 장면을 연상시킨다. 그중에 연옥이라는 곳이 있다.

연옥은 살아있는 동안 죄를 뉘우친 사람들이 죽어서 회개하기 위해 대기하는 장소다

그들은 살아서 자기 죄를 뉘우쳤다는 이유로 지옥 벌을 면하고 반성할 시간을 주는 곳이다. 그것을 보면 우리는 죽기 전에 자신이 태어날 때부터 죽기 직전까지의 전 생애를 돌아보고 자신이 지은 죄를 뉘우쳐야 한다. 붓다 역시 그가 득도한 숲속에서 명상 정진 수행을 시작하면서 가장 먼저 한 일이 갓 태어난 후부터 하나도 빼놓지 않고 생각과 행위를 거슬러가며 죄를 기억해 내고 반성하고 뉘우치며 참회했다.

우리는 붓다처럼 한자리에 앉아서 명상 수행 반성 참회를 할 수 없지만 하루하루 살아가면서 그날 하루에 지은 죄들을 메모에 기록하고 반성하고 후회하고 죄지은 사람들에게 사죄를 받아야 한다.

그 일이 얼마나 어려운 일인가. 그래서 천국은 아무나 가는 곳이 아니다. 신곡의 연옥에는 어린이와 항해자들의 수호천사로서 가난한 이웃을 정성껏 도운 성 니콜라우스(훗날 산타클로스인)가 회개의 기도를 하고 있다. 니콜라우스 성인은 연옥의 참회를 통해서 천국에 올랐다.

또 연옥에는 우리가 너무 잘 아는 성인으로 제2의 예수로 불리던 성 프란치스코가 있다. 그는 연옥에 간 후에 사흘간의 반성 기간을 거친 후에 천국으로 갈 수 있었다.

연옥도 그처럼 영성이 높은 사람이 가는 곳이라면 대부분의 사람들도 감히 엄두도 내지 못할 곳이다. 하지만 지옥보다 우리는 연옥이라도 가도록 해야 한다. 제5 지옥의 으스스한 늪 속에는 화가 잔뜩 난 사람들이 허우적거리며 입에 거품을 부격부격 내면서 서로 물어뜯고 있다. 이곳에는 살면서 너무 화를 벌컥벌컥 잘 낸 죄로 불만의 늪 속에 빠진 사람들이 형벌을 받는 곳이다.

내가 화를 내면 그 화가 남에게는 물론 나에게도 미쳐, 죄를 짓기 때문에 지옥에는 화를 많이 낸 사람들을 따로 모아두는 곳이 있다. 그들은 거기서 서로 물어뜯고 뜯기는 고통을 통해서 속죄 하고 있다. 우리는 화를 내는 것쯤은 죄가 아니라고 생각할 수도 있고, 현실의 법정에서는 화내는 것은 죄로도 여기지 않지만, 화는 모든 죄의 시작이며 근본이라는 점에서 제5 지옥에 가야 할 만큼 중죄로 취급되고 있다.

지금까지 지옥에 빠진 영혼 중에서 연옥으로 등급이 올라간 사람들은 하나도 없다. 물론 연옥에서 회개와 반성을 마친 사람 중에는 천당으로 곧장 간 사람들은 있다. 지옥에 간 사람 중에서 단 한 사람도 지옥을 벗어나지 못했다는 것은 우리가 살아있는 동안 지은 죄는 죽은 후에 지옥에서도 결코 용서 받지 못한다.

죄 지은 자의 영혼은 성서에서나 경전에서도 똑같이 무서운 체벌을 받는다

예수 그리스도가 죄지은 자에게 용서하라고 말한 것은 그가 살아있는 동안 죄를 회개하여 지옥 벌을 면하고 연옥으로나마 갈 수 있도록 해주기 위한 연민의 뜻이 깊다.

불만의 늪에 빠진 사람들은 죽은 후가 아니더라도 살아 있을 때도 이미 지옥에서 헤맨다. 마음이 늘 불만에 차 있는 사람의 죄악을 경고하기 위해 현실에서도 마음의 지옥에서 미리 지옥을 준비시키고 있다.

현실에서도 불만의 지옥에 빠진 사람이 지금도 평화와 행복을 얻지 못하고, 죽은 후의 지옥을 예비 체험하고 있다는 뜻이다. 살아서나 죽어서나 불만이 가득 찬 사람이 너무 많다. 단테의 『신곡』은 죽은 사람의 영혼을 위해 하느님에게 정성껏 기도를 드리는 신앙인들에게 이런 말을 하고 있다.

「하느님이 정한 일은 기도로도 바꿀 수 없습니다. 단지 우리는 하느님에게 죄의 용서를 구할 뿐입니다. 연옥의 영혼들은 살아있는 자들의 기도로 구원을 받을 수도 있지만 하느님이 지옥에 보낸 영혼은 우리의 기도로 구원해 낼 수가 없습니다.」

그렇다면 우리는 이 세상에서 마음을 다스리는 자의 천국에서 살아야 하고, 죄를 후회하고 참회해서 죽은 후에도 지옥 벌을 면해야 한다. 우리가 누구에게 죄를 지었다고 생각하면 죄를 후회하고 뉘우치고, 용서를 구해야 한다. 용서를 구하지 못하는 사람은 자신의 자존심을 지옥 벌과 바꾸겠다는 어리석은 사람이다.

내가 화를 내면 그 독으로 나 자신이 파괴되지만 남도 파괴하기에 그 죄가 더욱 크다

음주 운전의 벌칙이 큰 이유는 그로 인해 남에게 끼치는 죄가 더 크기 때문이다. 일부 국가에서 음주 운전자를 사형시키는 것은 그 때문이다. 화를 내는 것은 살아서 지옥에 헤매는 일이고, 죽어서도 지옥의 제5 계곡으로 떨어진다는 『신곡』의 경고를 잊어서는 안 된다.

우리에게 중요한 가치는 가난하게 살거나 최악의 상황에 굶어 죽는 일이 있어도 남의 돈을 훔쳐서 살거나, 강도질하거나, 사기를 치거나 해서 자신의 배를 불리면 살아서도 마음의 지옥에 살고 죽어서도 제5의 지옥행이다.

더구나 지금 내가 욕심을 내는 돈, 권력, 명예, 사랑은 본래 내 것이 아니고, 죽어서 가져가는 것이 아니기 때문이다. 하지만 우리는 남을 용서하지 못하고, 그 죄로 인해서 증오감이 점차 커지는 것이 두려울 뿐이다. 나는 그 문제를 어떻게 풀어야 할지 이해가 깊은 가톨릭 사제에게 물어본 적이 있었다.

"사람이 미우면 용서가 안 되는데 신부님은 어떻습니까?"

그 질문에 나는 신부님으로부터 뜻밖의 답변을 얻었다.

"당연한 말입니다. 용서가 안 되면 용서하지 마세요. 저도 용서를 잘 못하는 편입니다만 미움은 마음에서 절로 우러나는 것이어서 노력으로는 안 됩니다. 우리가 노력으로 어떻게 막겠습니까."

"그럼, 용서를 안 해도 된단 말인가요?"

용서는 하느님만 할 수 있으며, 용서를 기도로 부탁하면 하느님이 대신 용서해 줄지도 모릅니다

그 말을 듣는 순간 나의 오랜 죄책감은 눈 녹듯 사라졌다. 그렇다. 용서는 하느님만 할 수 있다. 그동안 내 힘으로는 왜 용서가 안 되는지 처음 깨달았다. 마침내 나는 용서를 포기하고, 용서를 하느님께 맡겨버렸다. 한동안 용서를 잊고 살았더니 나도 모르게 화가 풀렸다. 화가 풀리자, 관심도 사라지면서 미움도 이내 잊혔다. 용서도 욕심이라는 것을 깨달았다. 용서를 포기하면 화가 풀리고, 용서할 일을 잊으면 용서할 일도 없어진다. 나는 그 후부터 화나는 일이 닥치면 먼저 그 화염의 소용돌이에서 벗어나려고 애썼다. 화를 안 내는 일도 노력 없이 공짜로 얻는 것은 아니다. 화를 안 내는 수행은 어렵지만 용서하려고 노력하는 것보다 훨씬 낫다는 것을 깨달았다.

나는 너희에게 말한다/ 아무리 거룩하고 거룩한 자라도/ 너희 각자 속에 있는/ 저 지극히 높은 것을 초월할 수 없고/ 아무리 사악하고 연약한 자도/ 너희 각자 속에 있는/ 가장 낮은 것보다/ 더 아래로 떨어질 수 없다/ 단 한 장의 잎새일지라도/

— 칼릴 지브란의 시 「죄와 벌」 중에서

법수 거사에게 들었다

얼마 전, 새로 산 노트북에 쓴 문서를 낡은 노트북에 옮겼더니 글이 뜨지 않았다. 헌 노트북이 고장 났나 싶었는데 이내 새 노트북의 한글 버전이 높아서 낡은 노트북이 높은 버전을 읽지 못했다. 낮은 인격은 높은 인격을 이해하지 못한다.

애써 신형 폰을 구입했는데 1년이 지나자, 기능과 버전이 높은 최신 스마트 폰이 나온다. IT 시대에는 하루가 다르게 제품들을 바꾸고 수시로 업그레이드해야만 달리는 문명과 그 시대에 보조를 맞출 수 있게 된다.

「문명은 토끼처럼 뛰는데 우리는 거북이처럼 걷는다.」

영국 역사학자 아놀드 토인비의 말이 새삼스럽게 기억난다. 우리가 문명 생활을 유지하기 위한 비용도 만만치가 않다. 개인뿐만 아니라 국가의 예산도 예외가 아니다. 국방비를 예로 들어도 마찬가지다. 국가가 국방을 위해 애써 큰돈을 들여 신예기를 들여놨는데 불과 몇 해도 안 되어 스텔스 기능에 마하의 속도와 수직 이착륙 등 신예 기동성을 갖춘 최신예 전투기 F-22 Raptor가 등장한다.

최신예기는 모의 공중전에서 기존 전투기들을 144대 0으로 완벽하게 격추하는 성능을 발휘한다. 기존의 각국 주력 전투기들이던 F-15, F-16 등은 그로 인해 허탈감에 빠진다. 현대의 전쟁

무기들은 갈수록 센 놈들이 나오면서 가격도 엄청나게 비싸지고 있다. 나라가 가난하면 이웃 강대국에 먹힐 수밖에 없는 정글의 강육 약식 세상과 다를 바가 없다.

우리 한국의 신예 전투기 KF21이 개발되면서 한국도 하늘에서 그 위용을 드러낼 날개를 준비하고 있다. 무기뿐만 아니다. 바둑도 신예 최강 프로들이 대거 등장해서 랭킹 1위가 수시로 바뀌고 아마존의 베스트셀러 책들이나 빌보드 차트 음반들의 상위 랭킹도 뒤바뀌는 게 다반사다.

어느 분야도 최강 1위를 지키기 어려운 시대가 되었다. 오늘의 하수가 내일은 고수를 밀어내고, 어제의 고수는 내일은 하수의 뒤로뒤로 랭킹이 쭉 뒤로 빠지면서 시쳇말로 한물이 간다고 말한다. 그만큼 세상의 세대교체도 엄청나게 빨라지고 있다.

영혼의 등급 역시 FIFA 랭킹처럼
세계 인구 81억여 등분의 순위가 매겨져 있다

우리 인간의 영혼에도 당연히 고수와 하수가 존재하고 있다. 영혼의 등급은 누가 객관적인 심사 과정을 통해서 급수가 정해지는 것은 아니다. 시험을 치르거나 FIFA 랭킹처럼 월드컵이나 경기의 승점을 기본으로 결정되는 것도 아니다.

더구나 증권처럼 시장에서 스스로 가격이 정해지는 것도 아니다. 영혼의 고수는 대체로 인격이 높고 수행이 깊어서 덕망과 예의나 도덕성과 정의감, 혹은 사랑과 자비심도 많아야 할 것이다. 말하자면 영혼의 등급 역시 81억 단계라는 뜻이다. 아니! 도대체 그런 것도 있어? 그 등급은 누가 정하는데? 가장 먼저 떠오르는 질문이 누가 정하느냐다.

우리는 조금만 집중해서 상대방을 잘 살펴보면 그 사람의 인품이나 도덕성 혹은 살아온 과거의 행적을 통해서 영혼의 등급이 나보다 높은 사람인지 낮은 사람인지 금세 감지할 수 있다고 한다. 그런 비교는 단순 상대 비교 방식이지만, 내가 인류 전체의 등급 가운데 어디쯤 되는지는 그래프가 공개되지 않아서 알 수가 없다.

영혼의 상위 랭킹에는 두 영혼뿐이다
영혼들은 등급을 볼 수 없는 까막눈들이다

도대체 그게 무슨 뜻인가. 그것은 붓다가 전도 생활을 하던 중에 영혼의 서열과 등급에 관한 설법을 제자들에게 들려주고 있다. 붓다는 한 때 죽림정사에 있는 자신을 찾아온 제자 사리불과 목건련을 그곳 제자들에게 소개하면서 모든 수행자는 앞으로 신참인 두 사람에게 지도를 받으라 지시를 내렸다.

그 말을 들은 죽림정사의 기존 제자들이 큰 불만을 품었다. 스승님께서는 이제 절에 갓 귀의한 신참 후배들에게 도대체 뭘 배우라는 것인가. 이건 선후가 뒤바뀐 처사가 아니냐. 당시

인도의 카스트 제도는 선후배에 대한 서열 의식과 차별이 아주 극심하던 시대였다.

특히 죽림정사의 고위 지도자들은 대부분 고타마 붓다를 카필라 궁궐 시절부터 모셔 온 고참 제자들이었다. 그래서 사리불과 목건련의 등장은 절의 서열 권위를 흔드는 일이다. 마침내 고타마 붓다의 오랜 호위 무관이자 제자인 코스타니아가 붓다에게 현장의 불만 사항들을 자세히 보고했다.

그러자 붓다는 이미 그들의 마음을 읽고 조용히 입을 연다.
"우리 영혼의 등급은 이승의 나이나 계급과 서열에 따르지 않는다. 여기 새로 오신 사리불과 목건련은 전생에서 이미 나의 제자였고, 보살의 깨달음을 이루신 고귀한 분들이시다. 이 두 분은 내가 여섯 부처의 전생을 모두 체험하는 동안 한 번도 빠짐없이 내 곁을 지켜왔던 분들이시다. 너희들 중에 이미 마음의 눈으로 저들이 누군가 순식간에 알아본 사람도 있을 것이다.

너희들이 전생의 체험을 기억해 낼 수 있는 위대한 지혜를 터득하는 문은 내가 열어주는 것이 아니라 너희들 스스로 열어야 한다. 네 마음의 주인은 내가 아니라 너희들 자신이기 때문이다. 위대한 지혜 마하반야바라밀다의 경지에 이르기 위해서 수행하는 자들이 세속의 서열이나 선후배 따위에 집착하고 있으면 어찌 마음의 평안을 찾아서 피안의 목표에 이를 수 있겠느냐. 그런 불만들은 현세의 욕망에 사로잡힌 하수들의 행위에 불과하다. 불만은 욕망으로 마음을 왜곡시켜 남을 해치고 자신을 고뇌에 빠뜨린다. 너희들은 왜 고수가 되지 못하고 옹졸한 욕망을 받아들이느냐?"

붓다의 설법을 들은 제자들은 모두 입을 다문 채 숙연해진다. 제자들은 자신들의 좁고 편협한 마음이 부끄러워서 어쩔 줄 모른다. 우리들 눈에 다른 사람의 영혼의 등급이 차이가 크게 나면 쉽게 알아보지만, 그 차이가 엇비슷하면 누가 단계가 높은 고수인지 잘 알 수 없다.

마치 바둑에서 2급끼리 대국을 해서 서로 승패가 반복되면 서로의 우위가 구별될 수 없는 이치와 같다. 영혼의 등급이 낮은 사람은 높은 등급의 영혼을 이해하지 못한다. 높은 등급과 낮은 등급의 영혼끼리는 서로 소통이 안 되고, 서로 적응하고 화해하지도 못하게 된다.

영혼의 등급 순위는 마치 낮은 버전의 노트북이 높은 버전과 호환을 못 하는 이치와 같다

중국의 옛 도학자 장자의 글에는 북해에 사는 곤(鯤)이 나온다. 곤은 바다에서는 어족이고 하늘에서는 새지만 등 넓이가 수 천리나 되는 큰 존재다. 곤이 남해로 가려고 날개를 퍼덕거리면 파도가 9만 리나 솟구치고, 바닷물이 3천 리나 넘친다. 매미와 비둘기가 곤을 보고 놀라서 이내 비웃기 시작한다.

"허어! 우리야 기껏 공중 높이 솟구쳤다가 갈대밭을 빙빙 돌다 내려오면 그만이고, 날개 가진 새가 그 정도 날아봤으면 되는 거지. 저 놈은 뭘 어쩌자고 저리 큰 것이며, 남해는 왜 가겠다고 저리 소란을 피우는지 모르겠네 그려."

"내 말이네. 우린 좁쌀 한 줌에 참 이슬 한 모금이면 배가 부른데 저놈은 어디서 무엇을 먹고 저리 큰 배를 채울 것인지 참으로 한심하고 어처구니가 없네, 그려."

매미와 비둘기는 온종일 머리를 맞대고 궁리를 해봐도 곤의 정체를 알 도리가 없다. 아침 한나절만 사는 버섯은 밤의 존재를 모르고, 여름의 매미는 겨울의 추위를 상상도 하지 못한다. 하루살이는 내일이 무슨 말인지 알 수가 없다.

작은 눈으로 보이는 세상과 작은 날개로 날아본 새는 작은 세상만 보일 뿐이다

작은 지혜로는 큰 지혜가 보이지 않기 때문이다. 사람도 그와 똑같다. 인간의 영혼도 곤과 매미처럼 영혼의 등급이 다르다는 뜻이다. 지금까지 인류 역사상 가장 높은 등급의 영혼은 예수 그리스도와 붓다 이외에는 없다고 해야 한다.

두 영혼을 최고위급 랭킹 위에 올려놓고 그 밑으로 가장 낮은 단계의 영혼에 이르는 수십억 등급의 영혼들은 시시각각 증권시세처럼 랭킹이 바뀐다.

영혼의 등급이 비천한 아랫자리에 있던 누군가가 어느 날 큰 깨달음을 통해서 개과천선을 하면 영혼의 등급지수는 마치 신제품 개발로 상한가를 올리는 증권시장처럼 그래프가 가파르게 상승하지만, 높은 랭킹의 영혼이 어쩌다가 실수로 죄의 나락에 떨어지면 영혼 지수 역시 바닥을 치기도 한다.

　내 영혼의 랭킹이 어느 수준에 올라 있는지 참으로 궁금해진다. 이건 너무 황당한 얘기 같지만 높은 경지의 영혼은 그것을 보고 있다. 불교에서 아라한(阿羅漢)의 지위는 첫 번째 깨달음의 경지에 이른 사람을 일컫는다. 아라한은 속세에서 더는 어떤 죄의 유혹에도 흔들리지 않고, 다시는 그릇된 미망에 사로잡히지 않는 보살의 계위에 오른 분들이다.

영혼의 그래프는 우주와 대자연의 법칙이 만든 저울대에서 오르내림을 계속한다

　그들은 삼생을 관통하고, 세속인들이 가진 영혼의 눈금이 보인다. 언젠가 나는 우연한 기회에 일본에서 오신 야마기 스님을 만난 적이 있었다. 그분과 가까스로 인터뷰 약속이 되었다.

　내게 야마기 스님을 소개해 주신 법수거사(法水居士)는 그 스님이 「아라한의 경지에 오르신 분」이라고 미리 귀띔을 해주었다. 야마기 스님의 숙소에서 법수거사의 일어 통역으로 나는 그분과 꽤 많은 얘기를 나눌 수 있었다. 그때 나는 처음으로 인간 영혼의 등급이라는 말을 처음 듣고 매우 놀랐다.

내가 지금 쓴 영혼의 등급과 관련하여 언급한 내용은 모두 야마기 스님에게서 들은 말이다. 야마기 스님은 법수거사와 내게도 각기 영혼의 등급을 은밀히 일러주었지만 우리는 서로 각자의 서열을 공개하지 않기로 했다.

지금 생각해 보면 내가 아라한을 만난 것도 예삿일이 아니었다. 숭산스님께서 화계사에 계시던 시절에 깊은 사적 친분을 맺고 늘 만나시곤 하던 법수거사는 절간에 명단만 오르지 않았을 뿐, 그분은 분명 산문 밖의 스님이나 다름없었다. 숭산스님이 입적하신 후에는 자신도 속세와의 이별을 준비하는 기분으로 사셨다. 법수거사 역시 지금 이 세상에 계시지 않는다.

산문 밖에서 쓴 에세이 여시아문
**보이지 않는 것을 보는
어리석음**

초판 인쇄 2024년 7월 25일
초판 발행 2024년 7월 30일

지은이　유홍종
편　집　이미숙
펴낸곳　해누리북스
등　록　제2024-000014호
주　소　경기도 파주시 운정4길 222-31. 1F (우)10610
전　화　1577-2935, (031)942-1280
팩　스　(031) 943-1280
이메일　haenuribooks@naver.com

ⓒ Publisher Bookddle 2024 Printed in Republic of Korea
ISBN 979-11-988442-0-0

* 이 책은 저작권법에 따라 보호를 받는 저작물로
  무단전재와 복제를 금합니다.
  이 책의 내용 또는 일부를 이용하려면
  저작권자와 해누리북스의 동의를 받아야 합니다.
* 잘못된 책은 바꾸어 드립니다.